Lutz von Werder / Barbara Schulte-Steinicke

Schreiben von Tag zu Tag

Wie das Tagebuch zum kreativen Begleiter wird

Übungen für Einzelne und Gruppen

Walter Verlag Zürich und Düsseldorf

Die Deutsche Bibliothek – CIP-Einheitsaufnahme

Werder, Lutz von:
Schreiben von Tag zu Tag : wie das Tagebuch
zum kreativen Begleiter wird ; Übungen für Einzelne und Gruppen /
Lutz von Werder ; Barbara Schulte-Steinicke. – Zürich ;
Düsseldorf : Walter, 1998
ISBN 3-530-30038-1

Satz: Jung Satzcentrum, Lahnau
Druck und Bindung: Grafo
ISBN 3-530-30038-1

Inhalt

Anhang

Einleitung

«In Frankreich, 1940, beim Anrücken der Nazikolonnen, vergrub ich die Tagebücher, in eine Ölhaut gewickelt, im Garten der Waschfrau Manetti im Dörfchen Bomes.»
ALFRED KANTOROWICZ

Viele Menschen haben sich das Schreiben in Notizbüchern zur Gewohnheit gemacht. Nach neueren Umfragen schreibt ein Drittel aller deutschen Jugendlichen regelmäßig mehr als Notizen, nämlich regelrechte Tagebücher. Diese anspruchsvollere Form des täglichen oder doch häufigeren Auf- und Beschreibens, aber auch des Hinterfragens konkreter Lebenssituationen und der Kultivierung des inneren Dialogs möchten wir in diesem Buch für einen großen Personenkreis aufbereiten.

Nach anderen Umfragen des Hochschuldidaktischen Zentrums der Alice-Salomon-Fachhochschule, Berlin, werden heute in Deutschland etwa zweitausend Schreibwerkstätten an Volkshochschulen angeboten, in denen rund vierzigtausend Menschen vorwiegend autobiographisch schreiben (HDZ-Info 1997, Heft 6). Menschen, die schreibend ihre Individuationsprozesse vorantreiben – zum großen Teil Frauen. Diese Menschen möchten wir mit unserem Buch erreichen und anregen. Insbesondere folgende Aspekte machen das regelmäßig genutzte und gekonnt geführte Tagebuch zu einem wertvollen Motor innerer Entwicklungsprozesse:

Das Tagebuchschreiben kann einen Menschen mit Wahrheiten über das eigene Leben vertraut machen, weil es im Tagebuch möglich ist, sich offen, ohne große Angst vor Sanktionen zu äußern.

Dadurch hilft es längerfristig dabei, sich selbst im Hier und Jetzt besser verstehen zu lernen und auch schrittweise die eigene Lebensgeschichte aufzuarbeiten. Das Tagebuch ist ein sehr konkreter und stets zuverlässig verfügbarer Begleiter auf der langen Lebensreise. Als ein solcher kann es, kontinuierlich genutzt, helfen, Vertrauen in die eigenen Fähigkeiten und Gelassenheit Lebensfragen gegenüber zu entwickeln. Letztlich kann so Tagebuchschreiben helfen, das eigene Bewußtsein kontinuierlich weiterzuentwickeln, die

Kenntnis des eigenen Unbewußten zu vergrößern und auch die meditativen Prozesse von Selbsterkenntnis zu unterstützen.

Schließlich: Meist beginnt das Tagebuchschreiben in einer Lebenskrise. In dieser Situation hilft es häufig, durch das Ausdrücken von Gefühlen und Gedanken, durch das Definieren und Ausloten von Lebensmöglichkeiten und durch das Überwinden von Blockaden, Probleme konstruktiv zu managen und als Wachstumsimpulse zu nutzen.

Der Frankfurter Psychoanalytiker M. L. Moeller (1978) hat schon in den siebziger Jahren nachgewiesen, daß die Arbeit mit Selbsthilfegruppen therapeutische Effekte zeitigt. Therapie in Selbsthilfe, kostengünstig und unabhängig, das kann Tagebuchschreiben, wenn auch natürlich nicht in allen Fällen, nachgewiesenermaßen leisten. In den USA gibt es Tagebuchschreibworkshops als Selbstmanagement-Angebote und eine ‹Journal Therapy› (‹Tagebuchschreibtherapie›, vgl. z. B. K. Adams 1996).

Im Rückgriff auf die Erforschung des Tagebuchschreibens in Amerika und auf berühmte europäische Tagebücher wollen wir deshalb zeigen, wie vielfältig die Möglichkeiten sind, aus dem Tagebuchschreiben mehr zu machen als ein bloßes Notieren alltäglicher Eindrücke. Dabei nutzen wir die Vielfalt der Techniken des kreativen Schreibens, die Anregungen geben können, Schreibimpulse für das Intensivieren und Bewußtmachen innerer Prozesse einzusetzen und aus Notizen und Textfragmenten lebendige kleine textuelle Formen zu gestalten.

Die Entwicklung der Kunst des Tagebuchschreibens ist unserer Erfahrung nach notwendig, um über das bloße Herausschreiben einer aktuellen Befindlichkeit hinaus ein Tagebuch über Jahre hinweg mit Lust und Gewinn weiterzuführen, die Beziehung zu ihm so zu kultivieren, daß aus einer bereitliegenden Kladde ein regelrechter Begleiter, eine Hilfe, Medium der Inspiration wird. Häufigster Anlaß, mit dem Führen eines Tagebuchs zu beginnen: eine besondere, komplizierte Lebenssituation, die wir im Schreiben besser zu verstehen und zu bewältigen suchen. Häufigster Anlaß, das Schreiben wieder einzustellen: Der Alltag hat uns wieder, das Schreiben ins Tagebuch erscheint auf einmal überflüssig, mühselig, zeitraubend – womöglich bis zu einer neuen Phase des emotionalen Aufruhrs und des Bedürfnisses nach Selbstreflexion. Manchmal aber bleiben Menschen auch am Tagebuchschreiben ‹dran› – begleitet das Buch ihn oder sie ein Leben oder doch ein halbes Leben lang, wird zum guten Freund, der stets Zeit hat, der aufnahmebereit ist, der Erinnerungen, Erlebnisse, Gedanken und Gefühle aufbewahrt und bei Bedarf jederzeit wieder zugänglich macht. Diese besondere, bereichernde Beziehung zum eigenen Tagebuch und damit auch zum eigenen Selbst und zur eigenen Lebensgeschichte gründet meist auch in einer besonderen Befähigung, sich das Schreiben in diesem Buch zur Gewohnheit zu machen, es sich angenehm und abwechslungsreich zu gestalten, es mit Lust auszuführen. Einige Geheimnisse, die diese lustvolle Gewohnheit ausmachen, möchten wir mit diesem Buch gerne gemeinsam mit Ihnen lüften.

Tagebuchschreiben, sowohl das kontinuierliche wie das diskontinuierliche Schreiben von Tagebüchern, hat eine lange Geschichte: Schon aus der Antike sind Tagebücher überliefert, berühmte Journale berühmter Menschen vor allem, vorwiegend Aufzeichnungen von Herrschern und Staatsoberhäuptern, fast ausschließlich geschrieben von Männern, die in diesen Büchern Einzelheiten aus Ihrer politischen Tätigkeit und die Höhepunkte ihres politischen Lebens festhielten.

Bekannt sind z. B. das Tagebuch des römischen Kaisers Marc Aurel, das des Seneca oder auch das des Rhetors Aelius Aristides von Smyrna: Bücher, die ihren Wert, wohl auch bestimmungsgemäß, eben nicht rein als Ort von Erinnerungen für den jeweiligen Autor, für diesen bestimmten Menschen in sich tragen, sondern die auch uns heute nach fast zweitausend Jahren noch vieles zu sagen haben, die uns Geschichte in Geschichten erzählen können – und an manchen Punkten sicherlich lebendiger als jedes Geschichtsbuch.

Das Tagebuch also als Chronik, als Aufzeichnung von Lebenszeit einzelner Menschen, aber auch von der Zeit menschlicher Geschichte – geschrieben aus der Sicht einzelner, und zwar zunächst solcher einzelner, die ihrem Leben und ihrer Zeit auf diese Weise ein Denkmal zu setzen suchten.

Und doch gab es wohl auch damals, gibt es auch in diesen antiken Tagebüchern bereits ein Aufschimmern von mehr – von mehr dessen, was ein Tagebuch sein kann. Aelius nutzte seine Tagebuchaufzeichnungen offenbar auch zum Festhalten seiner Träume, Marc Aurel zur ‹Selbstbetrachtung›[1], über die er sagte, (schreibendes) Denken sei ihm eine Art Gespräch der Seele mit sich selbst (Hocke 1986, S. 37f.).

Tagebuchschreiben damit auch als Weg der Selbstfindung, als Weg, uns selbst, unserem Denken, unserer eigenen Existenz genauer auf die Spur zu kommen.

Tagebuchschreiben spielt in der Geschichte der Menschheit eine Rolle, seit Menschen begonnen haben zu schreiben, und je mehr Menschen des

1 «Selbstbetrachtungen» war der Titel, den Marc Aurel seinen tagebuchartigen Aufzeichnungen gab.

Schreibens mächtig waren, um so mehr Tagebücher wurden geschrieben. Neben der ursprünglichen Hauptfunktion der Chronik von Ereignissen, insbesondere aus staatsmännischer Sicht, wie sie aus der Antike ins Mittelalter und bis in die Neuzeit hinein üblich war, wurden seit der Renaissance, seit dem Auftauchen des abendländischen Individuums mit seinem dezidierten Ichbewußtsein, immer mehr auch andere Funktionen wichtig und schließlich sogar wichtiger als jene ursprüngliche: die Funktion des Beschreibens und des Befragens, ja, des kritischen Hinterfragens öffentlicher und privater Ereignisse durch Privatpersonen zum Beispiel – und insbesondere seit der Romantik auch diejenige, sich selbst und die eigene Existenz zu befragen.

Das Tagebuchschreiben wurde zu einer Domäne für beide Geschlechter und schließlich mehr und mehr zu einer weiblichen – die in der Romantik begründete Tradition eines spezifisch weiblichen Tagebuchschreibens hat sich bis in die heutige Zeit erhalten.

Und zum Glück für uns heute sind viele dieser über lange Zeiten der menschlichen Geschichte hinweg geschriebenen Tagebücher aufbewahrt geblieben: längere und kürzere, teils veröffentlicht, teils unveröffentlicht, geschrieben von berühmten Persönlichkeiten, die in der Neuzeit häufig bereits bekannte Autorinnen und Autoren sind, wie von Privatmenschen. Für das zwanzigste Jahrhundert stehen beispielsweise die Tagebücher von Zeitgenossen und Denkerinnen und Denkern wie Anne Frank, Anais Nin, Simone de Beauvoir, Max Frisch, Heinrich Böll, Albert Camus, J. P. Sartre. Tagebücher von Zeitgenossen – Privatmenschen wie gesellschaftliche Größen – eröffnen uns ein lebendiges Bild vom Denken und Fühlen anderer Menschen in unserer Zeit – Tagebücher aus anderen Zeiten verbinden uns mit diesen Menschen und mit den Möglichkeiten menschlichen Denkens und Fühlens über die Zeiten hinweg.

Zwei Forderungen der hellenistischen Antike seien es, die im abendländischen Menschen das Bewußtsein einer unteilbaren Persönlichkeit geweckt haben, schreibt René Hocke in seiner berühmten Betrachtung ‹Tagebücher aus vier Jahrhunderten›, und beiden sei mit dem Führen eines Tagebuchs gleichermaßen nachzukommen. Die beiden heißen ‹Erkenne dich selbst› und ‹Werde, der du bist›.

Dieses ‹Gleichermaßen›, das Bemühen um Aufrechterhaltung einer Balance zwischen diesen beiden altehrwürdigen Forderungen ist unseres Erachtens und unserer Erfahrung nach wesentlich für das Entstehen eines lebendigen, inspirierenden Tagebuchs. Das Ringen um die Balance zwischen kontinuierlicher Selbsterkenntnis und dem immer genaueren Suchen nach unserem Weg, nach dem, was wir ‹eigentlich› sind, ist wohl die kreative Kraft, die den Weg ebnen kann vom bloßen ‹Aufzeichnen› im Tagebuch zum lebendigen inneren Dialog. Den Weg von der Chronik, die zu führen wir vielleicht nicht immer Zeit und Lust haben, zum geschätzten Begleiter und Ratgeber, den aufzusuchen uns ein stetes Bedürfnis ist.

Das jedenfalls ist unsere eigene Erfahrung, die Erfahrung im Prozeß unseres eigenen Tagebuchschreibens wie auch im Prozeß der Begleitung anderer Menschen in der Arbeit an und mit ihrem Tagebuch.

‹Erkenne dich selbst› und ‹Werde, der du bist› – für das Ringen um die Balance zwischen beiden, zwischen Selbsterkenntnis und Selbstfindung möchten wir mit diesem Übungsbuch Anregungen, Anstöße und konkrete Hilfen geben. Dieses Ringen erscheint uns heute nicht nur ebenso aktuell wie vor zweitausend Jahren, sondern womöglich sogar bedeutsamer denn je: Uns selbst verstehen und aus diesem Verständnis heraus unseren Weg zu finden ist existentielle Herausforderung unserer Zeit für jedes Individuum. Vorgegebene Wege und Werte gibt es kaum noch: Wer sich selbst und seinen eigenen Weg nicht findet, droht verlorenzugehen und im Dschungel der Werte und Lebensmöglichkeiten unserer Kultur zu scheitern. Und nicht nur das: Er oder sie ist auch schlecht dafür ausgestattet, irgendwie einen Beitrag zur gesellschaftlichen Entwicklung zu bringen – als bräuchte unsere Gesellschaft nicht jede und jeden einzelnen, um Wege zu finden, die ihre Weiterexistenz auf diesem Planeten sichern.

‹Erkenne dich selbst› und ‹Werde, der (oder auch die) du bist› – zwei Funktionen, eine Balance. Und sicher gibt es viele Wege, diese Balance zu halten. Tagebuchschreiben kann einer sein – es ist ein traditionsreicher und ein funktionaler. Aber wir müssen ihn bewußt einsetzen. Uns bewußt sein und bleiben, daß es sich dabei um einen Balanceakt handelt. Wissen, daß jeder Balanceakt auch einmal entgleiten kann. Und Wege kennen, solchem Entgleiten vorzubeugen, es möglichst rechtzeitig zu bemerken, nicht die Augen zu schließen, wenn wir straucheln, unseren Gleichgewichtssinn zu schulen und immer wieder einmal auch neu zu beginnen im schreibenden Spiel mit unseren Potentialen. Auch die Unterstützung beim Tagebuchschreiben durch das Aufzeigen solcher Hilfsmöglichkeiten ist Anliegen unseres Buches.

Krisen und Chancen des Tagebuchschreibens

Jedes Tagebuchschreiben – in unserer eigenen Schreiberfahrung, in der therapeutischen und pädagogischen Arbeit und in der Literaturrecherche hat es sich uns immer wieder bestätigt – birgt gleichermaßen Chancen wie Gefahren. Jedes Tagebuchschreiben kann beides – uns auf dem Weg zu uns selbst helfen und sich uns gerade auf diesem Weg ‹in den Weg stellen›. Jedes Tagebuchschreiben kann verstehen helfen und Verstehen gerade verunmöglichen: Indem die Konzentration nach innen, die Konzentration auf ein schwer lösbares Problem möglicherweise, Energien bindet, statt sie freizusetzen, uns in die Isolation treibt, uns letztlich resignieren läßt. Dann scheint der naheliegendste Weg für viele Menschen zu sein, das Tagebuch beiseite zu legen. Nicht nur für den Moment, sondern gleich für eine längere Zeit ihres Lebens. Ein anderer Weg kann sein, die Situation als solche zum Anlaß zu nehmen, uns genauer ‹auf die Spur› zu kommen, uns ein bißchen besser zu ‹erkennen› und in Zukunft – schreibend und handelnd in unserem Lebensalltag – etwas sanfter und wieder ein Stückchen klüger mit uns umzugehen. Dafür stehen in diesem Buch die Angebote zum Umgang mit Schreibproblemen, dafür die Einteilung ‹von Tag zu Tag›, die Einteilung in kleine ‹Schreibportionen›, die Zeit genug lassen zur Verarbeitung der Schreiberfahrungen und zur Umsetzung in den konkreten Lebensalltag, in unseren eigenen Weg hinein, den Weg zu uns, zu dem, ‹was wir (eigentlich) sind›.

Das Tagebuch ist ein Weg zu uns selbst, ein Weg, uns besser zu verstehen, um auf diese Weise unseren eigenen Weg durchs Leben zu finden und auch die Kraft, diesen zu gehen. Das Tagebuch als Medium, das uns das Leben erleichtert, nicht uns vom Leben abhält. Die amerikanische Tagebuchschreibtherapeutin K. Adams beklagt in ihrem Buch ‹The way of the Journal› (K. Adams 1996), daß Menschen sich häufig tiefer in Leiden hinein als von ihnen frei schreiben, weil sie zu ungeschult und deshalb zu ‹frei› schreiben. Schreiben, um loszulegen, um etwas loszuwerden, und dann bleibt das, was wir loswerden wollen, was wir schreibend ‹losgetreten haben, gerade und erst recht an uns hängen – wie die lange verdrängten Erfahrungen, die auf manchen Selbsterfahrungswochenenden ‹losgetreten› werden und dann nicht integriert werden können in das eigene Selbstbild, in die eigene Lebensgestaltung, nachdem der Workshop längst vorbei ist.

Adams schlägt als Gegenstrategie ein ‹strukturiertes Journal› vor, dessen Struktur sie je nach psychischer Befindlichkeit der Schreibenden unterschiedlich gestaltet sehen möchte. Ihr Vorschlag hierfür: Nicht immer frei schreiben, sondern auch regelmäßig durch bestimmte Hilfsmittel Struktur ins Tagebuch und auch ins eigene Schreiben bringen – Umsetzen von Empfindungen in Gedichte z. B., oder die Konzentration auf innere Bilder sind Vorgehensweisen, mit denen sie arbeitet.

Dieses Strukturieren ist in unseren Augen etwas sehr Wesentliches. Auch andere Autoren betonen es. Der Psychotherapeut und Tagebuchtrainer I. Progroff schlägt eine strenge Struktur im Tagebuch nicht nur für den Schreibprozeß, sondern sogar für den Aufbau des Buches vor. Unser Vorschlag der Strukturierung des Tagebuchs geht weiter: Mit unserer Aufteilung der ersten vier Kapitel dieses Buches möchten wir Vorschläge machen für vier Abteilungen des Tagebuchs, die einander instruieren und ergänzen können.

Das Buch ist entstanden im Rahmen der Forschungsgruppe ‹Tagebuchschreiben› an der Alice-Salomon-Fachhochschule für Sozialpädagogik und Sozialarbeit, Berlin. Alle vorgestellten Übungen wurden vielfach praktisch erprobt.

Für die Möglichkeit, das Buch fertigzustellen, sind wir vielen Menschen dankbar: In erster Linie unseren Studierenden, Workshopteilnehmern und Klientinnen. Ohne den Austausch mit Kolleginnen und Freunden an der Hochschule und am Institut für Kreatives Schreiben e. V. wären manche Ideen sicher nie umgesetzt oder letztendlich weiterverfolgt worden. Mit unserem Kollegen Frank Schubert haben wir manches Schreibprojekt an der Hochschule gemeinsam entwickelt und durchgeführt. Seine musikalischen Inspirationen haben die Gruppenarbeit stets bereichert. Frau Sibylle Duelli vom Walter-Verlag danken wir für die engagierte Begleitung während der Entstehung des Buches und für die in jeder Phase anregende Zusammenarbeit.

Berlin, im Februar 1998

Prof. Dr. Lutz v. Werder
Barbara Schulte-Steinicke (Dipl. Psych.)

Literatur

Adams, K.: The Way of the Journal, Lutherville 1951.

Görner, R.: Das Tagebuch, München 1986.

HDZ-Info 1997, Heft 6.

Hocke, R.: Europäische Tagebücher aus vier Jahrhunderten, Frankfurt/M. 1991, München 1978.

Moeller, M. L.: Selbsthilfegruppen, Reinbek 1978.

Shell-Studie 1992.

Kapitel 1

Schreibtechniken für das kreative Tagebuch: Starten und eine autobiographische Orientierung finden

«Unbewußtes braucht das Licht des Bewußtseins.
Bewußtsein braucht die Energie des Unbewußten.
Schreiben erlaubt diesen Austausch.»

Marion Goodman

«Ich hoffe, von diesem Tage an
drei Vorsätzen beim Tode meiner Frau treu zu bleiben:
– Früh aufzustehen
– Keine Zeit zu vertrödeln
– Ein Tagebuch zu führen.»

Samuel Johnson

Aller Anfang sei schwer, sagt ein Sprichwort – wenn das für das kreative Tagebuch nicht so sehr stimmt, dann sicherlich aus zwei Gründen:

Einmal haben Sie sich dieses Buch gekauft – oder haben es geschenkt bekommen und auch begonnen, es zu lesen –, weil Sie selbst interessiert sind, auf kreative Weise Tagebuch zu schreiben. Ihr Eigeninteresse, Ihre Motivation, ist also vorhanden, wir oder Sie selbst müssen sie nicht ‹herauskitzeln›. Und das wissen wir wohl alle zur Genüge aus eigener Erfahrung, daß Dinge, die wir freiwillig und gern tun, leichter und oft auch vergnüglicher gelingen. Weil aber das Schreiben – ganz gleichgültig, ob das Tagebuch-, Briefe-, Berichte- oder was auch immer -schreiben manchmal dennoch schwerfallen kann, schlagen wir in diesem Buch eben nicht einfach vor, irgendwie loszuschreiben im Tagebuch. Diese Erfahrung des ‹Irgendwie Losschreibens› haben sicherlich viele von Ihnen im Laufe ihres Lebens bereits gemacht und haben gemerkt: Das läuft eine Zeitlang, dann gibt man oder frau es wieder auf. Wie häufig beginnen z. B. Jugendliche damit, ein Tagebuch zu schreiben, oder Menschen mit Liebeskummer oder Menschen in akuten Krisensituationen. Wenn die Situation vorbei ist, wird auch das Tagebuch wieder beiseite gelegt. Und das ist schade – denn Tagebuchschreiben kann wesentlich mehr Funktionen haben als die momentan entlastende in einer momentan besonderen Situation.

Deshalb haben wir unsere Anleitung so aufgebaut, daß sie verschiedene Zugangsmöglichkeiten für verschiedene Lebenssituationen enthält. Sie selbst können entscheiden, ob Sie zunächst vorwiegend selbstanalytisch oder eher spielerisch-literarisierend an Ihr Schreiben herangehen möchten, ob Sie tiefergehende philosphische Lebensfragen stellen und schreibend nach Antworten suchen möchten oder ob Sie die Zusammenhänge zwischen der Versenkung in den Schreibprozeß und der selbsthypnotischen Versenkung ausprobieren möchten und sich selbst dabei genauer kennenlernen. Und selbstverständlich sind auch all diese Vorschläge nichts anderes als ebendas: Vorschläge. Vorschläge, die Sie aufgreifen können und wieder verwerfen und die Sie vielleicht inspirieren: Zu Ihren ganz eigenen Vorgehensweisen und Schreibübungen, die

Ihnen, so hoffen wir, lange Freude am Tagebuchschreiben verschaffen werden, lange noch, nachdem Sie dieses Buch, soweit es Ihnen möglich und angenehm war, durchgearbeitet haben.

Und aus demselben Grund sind unsere Anleitungen auch nicht rein inhaltlicher Natur. Wir bleiben nicht dabei stehen, Ihnen Vorschläge dazu zu machen, zu welchen Themen Sie denn schreiben könnten und nach welchen Fragestellungen Sie schreiben könnten. Sondern wir bieten Ihnen auch Vorschläge dazu an, *wie* Sie schreiben können. Und auch das sind selbstverständlich nichts als Vorschläge. Wann immer Sie – aus eigener Inspiration, aus eigener Erfahrung oder aus der Erfahrung mit einer Übung aus diesem Buch – erleben: Auf diese Weise macht mir das Schreiben besonderen Spaß, dann bleiben Sie dabei und vertiefen Sie diese spezifische Schreiberfahrung. So entwickeln Sie schrittweise Ihren ganz eigenen, für Sie persönlich optimalen Stil im Tagebuchschreiben.

Unsere eigene Erfahrung hat uns jedoch auch gezeigt, daß gerade Vorschläge, *wie* wir eine bestimmte Fragestellung, ein bestimmtes Thema schreibend angehen könnten, uns immer wieder ausgesprochen hilfreich waren: hilfreich, um uns erst einmal ins Schreiben zu bringen, hilfreich, weil uns die vorgeschlagene Technik einfach gut gefallen hat, oder hilfreich, weil sie uns auf eigene Schreibideen und Vorgehensweisen gebracht hat. In unserer langjährigen Forschungsarbeit zum kreativen Schreiben gab es unzählige Male die Situation, in der wir auf eine Schreibtechnik stießen, diese für uns ausprobierten und glücklich waren, einen neuen Weg entdeckt zu haben. Oft genug behielten wir diesen Weg dann auch für uns im Schreiben bei, wandelten wir ihn ab und entwickelten auf diese Weise unseren Schreibstil weiter.

Diese Forschungen basierten übrigens vorwiegend auf der Auseinandersetzung mit angloamerikanischen Forschungssettings. Im angloamerikanischen Raum gibt es unter dem Begriff ‹Creative Writing› eine breite Forschungs- und Trainingsbewegung mit einer ehrwürdigen, beinahe einhundertjährigen Tradition. In Selbsthilfe und Psychotherapie, in Beruf und Freizeit wird dort ‹kreativ geschrieben› – unter Anleitung und mit nachgewiesenermaßen wirksamen Techniken. Gerade deshalb, weil diese Techniken bei uns zu großen Teilen kaum bekannt sind, war die Auseinandersetzung mit dem ‹Creative Writing› auch für uns immer wieder voller Aha-Effekte. Und diese Aha-Effekte haben wir immer gern mitgeteilt und teilen sie auch gern: mit unseren Studierenden, mit unseren Klientinnen und Klienten und jetzt also mit Ihnen, unseren Leserinnen und Lesern.

Deshalb ist es uns wichtig, daß Sie sich zu Beginn Ihres Einstiegs in das kreative Tagebuch ein wenig Zeit nehmen für die Arbeit mit dem zweiten Kapitel. Neben den grundsätzlichen technischen Fragen rund um das Tagebuch möchten wir Sie in diesem Kapitel mit solchen Grundtechniken des Creative Writing vertraut machen, die sich als effektive Basistechniken zum Tagebuchschreiben erwiesen haben. Mit Techniken, die es einfach erleichtern, immer neu Spaß am Schreiben zu entwickeln und zu behalten, die helfen, sich im ganz eigenen Schreibprozeß mit den eigenen Stärken und Schwächen rund um das Schreiben genauer kennenzulernen und einen für sich persönlich passenden Zugang zu entwickeln. Mit den Übungen des zweiten Kapitels haben Sie eine Grundlage für sich und Ihren Schreibprozeß geschaffen, auf die wir dann auch in den folgenden Kapiteln immer wieder zurückkommen werden. Je weiter Sie im ‹kreativen Tagebuch› fortschreiten, um so genauer werden Sie es wahrnehmen: Es gibt grundlegende Vorgehensweisen im Schreiben, die jede schriftliche Auseinandersetzung erleichtern – Techniken, die wir in diesem Kapitel vorstellen, die wir allerdings in den folgenden Kapiteln erweitern, vertiefen und zum Teil auch wieder überwinden – aber diese ‹Oberstufe des Tagebuchschreibens› werden Sie selbst am besten für sich kennenlernen und beurteilen. Zunächst und in diesem Kapitel geht es um die ‹Grundstufe›!

Und das gilt auch für die Inhalte, die wir Ihnen vorstellen. Sie werden rasch feststellen, daß das vorliegende sich thematisch vorwiegend mit Ihnen und Ihrer Lebensgeschichte befaßt – also mit dem ‹Erkenne dich selbst›, das vor jedem ‹Werde, der (oder die) du bist›, kommen muß. In der Grundstufe des Tagebuchschreibens geht es also darum, uns mit grundlegenden Schreibtechniken auf die Spur unserer Lebensgeschichte zu bringen – auf die Geschichte dessen, was wir in unserem Leben geworden sind, aber auch auf die Geschichte dessen, was wir noch werden *könnten*.

1.1 Schreibstarttechniken und Schreibprozeß

Als Erstes möchten wir Sie nun mit einigen Starttechniken zum Tagebuchführen vertraut machen – mit Techniken, die Sie unterstützen können, wenn Sie sich fragen: ‹Wie kann ich anfangen?› Oder auch: ‹Wie kann ich wieder anfangen?›, wenn das Tagebuchschreiben Ihnen vielleicht einmal eine vertraute Gewohnheit war, es aber dann länger keine Rolle mehr für Sie gespielt hat. Sie können sich von den hier vorgeschlagenen Techniken anregen lassen, um diesen Einstieg erst einmal zu genießen und spielerisch die ‹Beziehung› zu Ihrem Tagebuch aufzunehmen und zu pflegen, ehe Sie in den folgenden Kapiteln spezifischere Anregungen zum themenzentrierten Tagebuchschreiben bekommen. Wenn Sie möchten, können Sie natürlich auch gleich mit den folgenden Kapiteln ‹tiefer› einsteigen – dann aber unser Tip: Überfliegen Sie das vorliegende zumindest einmal – einfach deshalb, weil es zeigt, wie unterschiedlich, vielleicht auch jeden Tag neu Sie Ihr Schreiben angehen und bereichern können. Den Gedanken des Einstiegs über Starttechniken haben wir nämlich vor allem vor folgendem Erfahrungshintergrund entwickelt:

Tagebuchschreiben kann eine äußerst vielschichtige Erfahrung sein. Unterschiedliche Menschen setzen dabei unterschiedliche Schwerpunkte, die manchmal zur Gewohnheit werden, die ebensogut aber auch je nach Lebensphase und -situation wechseln können. Sie gehen also mit dem Schreibprozeß auch unterschiedlich um. Je mehr Techniken Ihnen vertraut sind, desto genauer können Sie Ihren ganz individuellen Schreibprozeß managen.

1.1.1 *Schreibanreize durch Fragen*

Bitte lesen Sie sich die folgenden Fragenblöcke pro Tag durch und geben Sie schriftliche Antwort auf Fragen, die sie ansprechen.

1. TAG

Fragen zur eigenen Geschichte

«Jedes Menschen Leben ist einen Roman wert» – glauben Sie das auch? Gleicht Ihr Leben einem Roman mit mehreren Kapiteln? Wie würden Sie das jetzt aktuelle Kapitel überschreiben? Und wie das letzte und das vorletzte?

Wer sind die Hauptpersonen und -akteure Ihrer Lebens-Geschichte?

Welche Orte und Plätze spielen in Ihrer Geschichte eine besondere Rolle?

An welchen wichtigen Ort Ihres Lebens möchten Sie auf jeden Fall noch einmal zurückkehren?
Und wohin möchten Sie nie mehr zurück?

Ihre allererste Erinnerung?

Ihre schönste Erinnerung?

Ihr Lieblingsessen als Kind?
Mögen Sie dieses Gericht heute immer noch?

Eine rätselhafte Begegnung?

Eine unerwartete Trennung? Wie haben Sie sie seinerzeit bewältigt?

Erinnern Sie sich noch, wann und wie Sie sich erstmals im Leben mit dem Tod konfrontiert sahen?
Wie haben Sie reagiert? Und wie denken Sie heute über Ihre damalige Reaktion?

Was kann und was konnte Sie trösten?

Ihre Lieblingsbeschäftigungen – früher und heute?

Ein tiefer Liebeskummer – und wie Sie doch darüber hinausgewachsen sind?

Ein Mensch, dem Sie viel zu verdanken haben? Oder mehrere Menschen?

Was Sie auf keinen Fall im Leben missen möchten?

Gibt es so etwas wie einen roten Faden, der sich durch die Stationen Ihrer Geschichte zieht? Und wenn ja, was ist er? Ein Motto? Eine bestimmte Vorliebe? Ein oder mehrere Ziele?

2. TAG

Fragen zu den Grundbegriffen der eigenen Weltanschauung

Woran glauben Sie? Und was glauben Sie auf keinen Fall?

Haben oder hatten Sie Vorbilder im Leben?

Welche Beziehung haben Sie zur Natur?

Der technisch-zivilisatorische Fortschritt – Segen oder Fluch für die Menschheit?

‹Was mich nicht umbringt, macht mich stark› ist ein umstrittenes Sprichwort. Wie stehen Sie dazu? Was hat Sie in Ihrem Leben stark gemacht? Und in welchen Lebensbereichen?

Gibt es für Sie Prinzipien, nach denen Sie Ihre Lebensgestaltung ausgerichtet haben? Welche? Wieviel bedeuten sie Ihnen?

Oder leben Sie eher aus Ihren Stimmungen und ‹aus der Situation› heraus? Und sind Sie für sich zufrieden mit dieser Lebenshaltung?

Wie wichtig ist Ihnen die Möglichkeit, einmal allein zu sein, sich zurückziehen zu können?

‹Ja, renn nur nach dem Glück.
Doch renne nicht zu sehr.
Denn alle rennen nach dem Glück.
Das Glück rennt hinterher.› (B. Brecht)

Was heißt für Sie ‹Glück›? Stimmen Sie B. Brecht zu? Ist es möglich und sinnvoll, sich um das zu bemühen, was einem als Glück erscheint? Oder stellt sich Ihrer Ansicht und Erfahrung nach das Glück eher überraschend, unerwartet oder wie nebenbei ein? Oder vielleicht dann, wenn Sie einfach konsequent Ihren Weg gehen?

Glauben Sie, daß es so etwas wie den ‹eigenen Weg› gibt, der zu einem paßt und den man oder frau einfach ‹gehen muß›, um den eigenen Sinn nicht zu verfehlen?

Glauben Sie, daß Menschen im Leben letztlich das bekommen, was sie verdienen?

3. TAG

Fragen zu Freundschaft, Liebe und Partnerschaft

Welche Eigenschaften muß ein guter Freund/eine gute Freundin für Sie haben?

Gibt es eine bestimmte Rolle, die Sie in Gruppen oder in Zweierbeziehungen häufiger einnehmen?

Wenn jemand Sie kränkt, wie reagieren Sie? Eher offensiv oder eher defensiv?

Wie gehen Sie mit Geheimnissen um, die Ihnen ein anderer Mensch anvertraut hat?

Was halten Sie von Freundescliquen?

‹Eine kleine Lüge kränkt manchmal weniger, als die ganze Wahrheit› – wie stehen Sie zu dieser Behauptung?

Welche typische Eigenschaft des anderen Geschlechts empfinden Sie als wirklich nervenraubend?

Liebe und Ehe – ein Gegensatz?

Haben Sie Kinder? Oder wünschen Sie sich Kinder?
Wenn ja – was gefällt Ihnen an der Elternrolle? Und was streßt Sie?
Wenn nein – was hält Sie ab?

Falls Sie Mutter oder Vater sind – was würden Sie einem guten Freund, einer guten Freundin raten, die überlegen, ein Kind zu bekommen?

Wie möchten Sie im Alter leben?

‹Eifersucht ist eine Leidenschaft, die mit Eifer sucht, was Leiden schafft› – und: ‹Eifersucht ist meist eine ganz normale Reaktion› – zwei verbreitete Ansichten. Neigen Sie einer von beiden zu?

4. TAG

Fragen zu beruflicher Identität und Ökonomie

Ihre Tätigkeit heute? Ein Arbeitsplatz, ein Studien- oder Ausbildungsplatz, Haushalt und Kinderversorgung, etwas Freiberufliches? Die Suche nach einem neuen Arbeitsplatz? Oder einfach mal gar nichts?

Welche unterschiedlichen Positionen haben Sie in Ihrem Leben schon ausgefüllt? Welche hat Ihnen nähergestanden – und welche ferner?

Welche Fähigkeiten haben Sie in Ihren unterschiedlichen Tätigkeitsbereichen entwickeln können?

Und welche Fähigkeit würden Sie gern noch entwickeln?

Spaß an einer Tätigkeit, ökonomische Absicherung, Anerkennung – wie sieht Ihre Prioritätenliste aus?

Arbeit und Privatleben – Wie gut können Sie beides trennen?
Nehmen Sie manchmal Arbeit mit nach Hause und – vielleicht unerledigt – wieder mit zurück?

Falls Sie eine Familie haben – wie vereinbaren Sie beides? Welche Probleme treten auf? Welche Lösungsansätze gab es bislang?

Sind Sie ein ‹Risikotyp›? Investieren Sie auch mal in ein Projekt (Zeit, Geld, Energie), das Ihnen am Herzen liegt, ohne für sich schon Klarheit über dessen Entwicklung zu haben?

Wenn Sie so zurückdenken: Haben Sie leichter allein oder leichter im Team gearbeitet?

Macht Ihnen der Umgang mit Menschen Spaß, die Sie in Ihrem Tätigkeitsfeld aufsuchen (KundInnen, MandantInnen, Patient/innen)?

Fällt es Ihnen leicht, Ideen zu entwickeln?

Mögen Sie das Gefühl, Verantwortung zu tragen?

Was bedeutet Ihnen Erfolg?

Würden Sie für einen reizvollen Arbeitsplatz einen größeren Umzug, die Trennung vom Wohnort, vom Freundeskreis, von der Familie auf sich nehmen?

Andersherum: Können Sie sich vorstellen, von zu Hause aus zu arbeiten, oder tun Sie das bereits? Wie gefällt Ihnen diese Art der Arbeit?

5. TAG

Fragen zu Tagträumen, Visionen und Phantasieprojekten

Ihr Lieblingstagtraum?

Was wären zur Zeit Ihre drei größten Wünsche?

Wie alt sind diese Wünsche schon, wie lange tragen Sie sie mit sich herum?

Was fehlt zur Zeit noch, damit diese Wünsche Wirklichkeit werden können?

Was können Sie zur Verwirklichung beitragen? Und wollen und können Sie das?

Und was hängt nicht an Ihnen in bezug auf diese Wunschverwirklichung, worauf können Sie einfach nur hoffen oder vertrauen?

Und wie gefällt es Ihnen, einfach nur hoffen und vertrauen zu können, bestimmte Dinge nicht nach Belieben in die Hand nehmen zu können? Sehen Sie das eher gelassen, eher resigniert, bringt es Sie eher auf?

Was können Sie vielleicht für sich tun, um es sich gutgehen zu lassen, bis die Dinge sich geklärt haben und Sie Ihren Wünschen näherkommen oder Sie loslassen?

Was eigentlich würde sich in Ihrem Leben alles verändern, wenn Sie Ihre Wünsche – oder einen davon – Wirklichkeit werden ließen?

Wie hätte Ihre Antwort auf die Frage nach den drei größten Wünschen wohl vor zehn Jahren gelautet? Und wie vor fünfzehn Jahren? Erinnern Sie Ihre alten Wünsche?

Welche davon haben sich bis heute erfüllt? Und welche nicht?

Wie beurteilen Sie diese Erfüllung heute? Sind Sie zufrieden darüber? Oder unzufrieden? Oder ist es Ihnen mittlerweile gleichgültig?

Gehen Sie noch einen Schritt weiter zurück: Erinnern Sie Kindheitswünsche? Was haben Sie sich als Vorschulkind, was als Schulkind gewünscht?

Über welche Wunscherfüllung haben Sie sich als Kind wirklich riesig gefreut? Können Sie das Gefühl heute noch nachempfinden?

Welche Kindheitswünsche sind Ihnen niemals erfüllt worden?

Können Sie eine alte Wunscherfüllung aus Ihrer Kindheit heute nachholen, sich selbst, Ihrem ‹inneren Kind› heute dieses Geschenk machen? (Es kann ja ruhig etwas ‹Verrücktes› sein, wie nachts auf dem Spielplatz herumtoben oder sich ein Rieseneis gönnen oder so was.)

Wenn Sie so Ihre aktuellen und älteren Wünsche bedenken – wiederholt sich da etwas? Gibt es so etwas wie eine durchgängige Linie?

Wenn Sie ab heute nur noch ein Jahr zu leben hätten – was würden Sie unbedingt noch tun, welchen Wunsch würden Sie sich unbedingt noch erfüllen wollen?

An welchen inneren Ort der Ruhe können Sie sich zurückziehen, um zwischendurch, im Alltag, einmal zu träumen, sich auf Ihre Wünsche zu besinnen und Kraft für deren Verwirklichung zu tanken? Wie sieht es dort aus an diesem Ort, wie fühlt es sich an, dort zu sein? Gibt es Geräusche, Musik, Düfte?

Wem würden Sie gern etwas schenken?
Und wem würden Sie gern endlich mal die Meinung sagen?

1.1.2 *Malen und Schreiben*

Malen und Schreiben sind zwei Kulturtechniken, die Menschen helfen, sich auszudrücken. Die Malerei ist dabei von beiden eindeutig die ältere. Das gilt für die Geschichte der Menschheit – denken Sie z. B. an die Höhlenmalerei – ebenso wie für die Lebensgeschichte des einzelnen Menschen. Zwar beginnt schon das knapp einjährige Kind zu plappern, also die Sprache zu benutzen – weit vor dem schriftlichen Gebrauch, dem Schreibenlernen im Grunschulalter liegt jedoch der Beginn des kindlichen Malens, der Lust am Darstellen auf dem Papier mit Hilfe von Farbe. Und diese Phase durchläuft jeder Mensch, ganz unabhängig von einem möglichen Talent zur Malerei, dessen Vorhanden- oder Nichtvorhandensein später oft mit darüber entscheidet, ob jemand die Gewohnheit, sich malend auszudrücken, beibehält.

Die Erfahrung, Vergnügen am Malen zu haben, ganz unabhängig vom äußeren Ergebnis und dessen Ästhetik, ist also schon eine biographisch sehr alte und allgemein menschliche. In der Malerei ist es oft möglich, sich unmittelbarer auszudrücken, als es uns Sprache und Schrift erlauben. Gerade wenn uns etwas sehr bewegt, wir uns aber zugleich schwertun, es zu begreifen, fehlen uns manchmal geradezu die Worte. Hier kann die Malerei der passende Ausdruck sein, der Schritt unter Umständen, der vor der Versprachlichung entsteht, der den sprachlichen Ausdruck eventuell gerade erst ermöglicht.

Die Bilder, die aus so einer schwer faßbaren Stimmung heraus entstehen, sind häufig genug die Spiegel unserer inneren Bilder, die uns in dem jeweiligen Moment bewegen, und als innere Bilder sollen wir sie auch verstehen und würdigen, ehe wir uns ihnen dann möglicherweise im Schreiben noch einmal auf andere Weise nähern. Ihre ästhetische Qualität als äußere, betrachtbare Bilder wird dabei meist eher zweitrangig bleiben, ebenso die Frage, ob wir eigentlich «malen können» – als Ausdruck unserer inneren Welt können wir es sicher, und wer wird unsere Meisterwerke schon je zu lesen bekommen, wenn wir sie im Tagebuch verwahren?

Andererseits: Das Spiel mit Farben ist ja nur zu häufig – jedenfalls dann, wenn wir uns an das Experimentieren damit gewöhnt haben – ein großes Vergnügen. Warum also nicht dieses Vergnügen auch nutzen, um unser Tagebuch bewußt noch zu verschönern, ihm ein noch persönlicheres Gepräge geben!

Ein Beispiel für ein solches lebendiges Tagebuch ist das Journal des Leonardo da Vinci. Wenn Sie Gelegenheit haben, besorgen Sie es sich einmal und blättern Sie es durch. Aufzeichnungen, persönliche Notizen und Ideen für Arbeitsaufträge wechseln sich hier ab mit angedeuteten und ausgefeilten Zeichnungen. Und gerade diese bunte Vielfalt ist es, die dieses Tagebuch noch heute zu einem faszinierenden Spiegel der Gedanken- und Gefühlswelt seines Autors macht.

Individualisierung des Tagebuchs, Vergnügen am Umgang mit Farbe und Papier, die Möglichkeit, auch das auszudrücken, was der Sprache noch fern ist und die Chance, eine Vielfalt von Ausdrucksmöglichkeiten, das sind die Aspekte, die dafür sprechen, den Prozeß des Tagebuchschreibens zumindest ab und an und mit Elementen der Malerei zu verbinden.

Ehe Sie anfangen

Ehe Sie anfangen, ist es notwendig, daß Sie einiges an Material zum Malen oder Zeichnen zur Verfügung haben. Viel ist zu Beginn jedoch nicht nötig. Schaffen Sie sich Bleistifte in verschiedener Härte zum Zeichnen an, dann einfache Buntstifte, wie Kinder sie benutzen, und, wenn Sie mögen, auch Pastell- oder Ölkreiden. Für Malerei mit Kreide brauchen sie allerdings spezielles Papier, also auch ein Tagebuch aus entsprechendem Papier. Fragen Sie dafür in einem Laden für Künstlerbedarf nach einem Skizzenbuch. Dies können Sie dann selbstverständlich ebenso zum Schreiben verwenden. Wenn Sie lange nicht mehr gemalt haben, kann es sinnvoll sein, sich zunächst ein wenig zu entspannen. Das nimmt die innere Unsicherheit und bringt Sie in Kontakt mit Ihrer inneren Bilderwelt. Probieren Sie einmal die folgenden Warming-up-Übungen.

6. TAG

Schraffieren und Schreiben

Warming-up-Übungen dienen dazu, in ein Thema oder in eine Tätigkeit ‹einzusteigen›. Dabei können Sie durchaus zugleich bereits eine eigene Wirkung haben. So dient die folgende Übung dazu, Sie erst einmal mit Ihren Materialien und mit dem Vorhaben vertraut zu machen, malend die eigene Befindlichkeit auszudrücken. Führen Sie die Übung ruhig auch dann durch, wenn Sie Zeichnen und Malen sowieso bereits – sei es professionell, sei es als Hobby –

betreiben, das expressive, nicht auf Ästhetik ausgerichtete Malen ist dann u. U. gleichwohl eine neue Erfahrung für Sie.

Probieren Sie in dieser Übung den Farbstift aus, der Ihnen am liebsten ist. Zeichnen Sie einfach mal Striche in Ihr Tagebuch, probieren Sie schmale, exakte und breite, weichere Striche und lassen Sie schießlich die Farbe über das Blatt fließen[1]. Spielen Sie mit Farben und Schraffur. Genießen Sie die verschiedenen Schattierungen Ihrer Lieblingsfarbe und ergänzen Sie Ihre kleine Zeichnung schließlich eventuell durch einige andere Farben, die zu ihr zu passen scheinen – umrahmen und/oder verzieren Sie sie so, wie es Ihnen ganz persönlich zusagt. Schließlich, wenn Sie das Gefühl von «fertig» haben, legen Sie Ihre Stifte beiseite und betrachten Sie das Farbenspiel. Wie gefällt es Ihnen? Was sagt es Ihnen? Schauen Sie es gerne an?

Runden Sie, wenn Sie mögen, die Arbeit durch Erstellen eines Clusters und eines hieraus folgenden Textes zu Ihrer Farbe. Farben sprechen, weiß die Tiefenpsychologie, eine lebendige Sprache: Sie stehen in der Psychologie oft für Gefühlsqualitäten. Insofern können Sie über die beschreibende Auseinandersetzung mit Ihre Lieblingsfarbe auch einiges über sich selbst mit herausfinden.

> Die Farbe Rot mag ich heute immer noch, wie als Kind. Sie ist für mich ein Ausdruck von Lebendigkeit. Lebendigkeit und Liebe – rot ist die Liebe –, aber auch Verletzlichkeit. Blut und Schmerz tragen die Farbe ebenso wie die aufgehende Sonne. Als Kind spielte ich am liebsten mit einem roten Ball. Ich warf ihn fort von mir, und er kam zurück. Und heute? Die Farbe Rot mag ich heute immer noch. (Bärbel, 34 Jahre, Dolmetscherin)

Wenn Sie mögen, verfahren sie mit einigen anderen Farben ebenso – mit solchen, die Sie ebenfalls mögen, und vielleicht auch mit der Farbe, die Sie am wenigsten mögen – auch die Abwehr gegen eine bestimmte Farbe hat etwas zu sagen!

1 ‹wie sie möchte›.

7. TAG

Kritzeln und Schreiben

Benutzen Sie Ihr Malmaterial dann doch auch einmal zum Kritzeln. Kritzeleien sind den meisten Menschen geläufiger – während des Telefonierens zum Beispiel entstehen häufig geradezu automatisch die unterschiedlichsten Kritzeleien, auf die ein Mensch ganz bewußt nie gekommen wäre. Spielen Sie dazu wieder mit verschiedenen Farben. Gestalten Sie unterschiedliche Formen, lassen Sie entstehen, was gerade entstehen will. Achten Sie nicht auf Perfektion, auf gerade Linien o. ä., viel spannender ist es, dem Entstehen dessen sozusagen zuzuschauen, was sich da durch Ihre Hand ausdrückt.

Wenn Sie fertig sind, beobachten Sie Ihr «Kritzelwerk» doch einmal aus der Fragestellung: Wie fühle ich mich hier und jetzt? Denn genau davon, von der aktuellen Befindlichkeit kann ein solches, nicht bewußt geplantes, also aus dem Unterbewußten heraus entstandenes «Kritzelwerk» sprechen. Was scheint dieses Werk auszudrücken? Schreiben Sie einen kurzen freien Text dazu.

> Gewirr, eine Gruppe von Ästen – das könnte es darstellen, mein Bild. Darstellen, nicht, weil ich es ‹dargestellt› hätte, mir das vorgenommen hätte, sondern weil es sich offenbar so darstellen wollte. Gewirr. Wirrnis, Verwirrung? Ja, das benennt die Stimmung, in der ich mich heute befinde. Durcheinander von den Eindrücken, die ich in den letzten Tagen empfangen habe, von den Stimmungen und den Menschen um mich herum. Und verwirrt darüber, was ich damit anfangen kann. Gewirr: Durcheinander. Und doch scheint in diesem Durcheinander eine Ordnung zu stecken, sind die Äste in ihrem Gewirr offenbar miteinander verbunden. Eine geheime Ordnung in dem scheinbaren Durcheinander, die es zu entdecken gilt? Oder auf die ich mich verlassen kann trotz des Durcheinanders? Vielleicht eine gute Perspektive für heute abend, wenn ich ihnen allen wieder begegne.
>
> (Jan, 41, Kaufmann)

8. TAG

Ihr Selbstportrait

Uns selbst zu malen bedeutet, unser inneres Bild über uns selbst zu veranschaulichen. Eine sehr subjektive Angelegenheit also. Faben und Formen können auch hier wieder eine größere Rolle spielen als die «realistische» Darstellung. ‹Wie sehe ich mich selbst?› – ‹Wer bin ich eigentlich in meinen Augen?› können die Leitfragen sein. Schreiben Sie diese Fragen einmal auf und lassen Sie hieraus mit Farben und Stiften als Bild entstehen, was auch immer entstehen will.

Wie sehe ich mich? Was bin ich für mich selbst?

Betrachten Sie dann das Gemälde und setzen Sie sich im Freewriting mit der Frage auseinander: Was sagt mir dieses Bild? Was sagt es aus über meinen Eindruck von mir selbst, meine Einstellung mir selbst gegenüber? Und – wenn Sie mögen – auch noch mit der Frage: Wie würde ich mich gern sehen?

Lassen Sie zur letzteren Frage einen zweiten Text entstehen und eventuell ein zweites Bild.

Betrachten Sie schießlich beide Bilder und lassen Sie sie in ihrer Unterschiedlichkeit auf sich wirken.

☛ **Tip**

Macht es Ihnen mittlerweile – oder auch immer schon – Freude, Malerei und Schreiben für sich zu verbinden? Dann fahren Sie mit der Verbindung beider Techniken doch auch im Rahmen der Übungen in den folgenden Kapiteln fort:

Illustrieren Sie jeden Text und jedes im Schreiben aufkommende Gefühl, bei dem Ihnen danach ist. Und:

Machen Sie es sich eventuell zur Gewohnheit, immer dann zu malen, wenn Ihnen zu einer Frage zunächst die Worte fehlen.

9. TAG

Die Lebenslinie zeichnen

Fähigkeiten, Ressourcen, Ziele und Hindernisse gehören schon unser Leben lang zu uns. Hiervon erzählt die Lebenslinie. Sie ist das gemalte Bild des Verlaufs unseres Lebens – von seinem Anbeginn an bis zu seinem Hier und Jetzt, dem Punkt, an dem Sie jetzt stehen. Und, genau besehen, auch noch darüber hinaus: läßt sich doch aus dem Hier- und Jetzt- Punkt der Lebenslinie häufig schon recht schlüssig ableiten, wohin es weiterhin noch gehen könnte – auch die Zukunft hat also auf der Lebenslinie ihren Platz. Aus einem ganz einfachen Grund: Unbewußt ist uns eben manchmal schon mehr klar über uns selbst und unser Leben, als wir bewußt in Worte fassen können. Nehmen Sie sich deshalb heute Zeit, den Verlauf Ihres Lebens als Bild zu malen – als Bild selbstverständlich, das lediglich für Sie selbst aussagekräftig sein sollte. Auf Schönheit im traditionellen Sinne kommt es hier also weniger an als auf Aufrichtigkeit, darauf, daß Sie selbst mit Ihrer Zeichnung etwas anfangen können, daß sie für Sie ‹stimmt›:

Nehmen Sie sich zum Malen ruhig ein wenig mehr Zeit, probieren Sie mit Farben und Stiften, legen Sie das angefangene Bild vielleicht auch zwischendurch noch einmal fort, tun Sie etwas anderes und kommen Sie später noch einmal darauf zurück, fügen Sie hinzu, was noch gefehlt hat.

Wichtig: Gestalten Sie die Basislinie mit Jahreszahlen (nach Geschmack kann es sich dabei um Dauer oder kalendarische Jahreszahlen oder nur um die Anzahl Ihrer Lebensjahre handeln) und verorten Sie Ereignisse, Erfahrungen und Fähigkeiten. Lassen Sie schießlich die fertige Lebenslinie auf sich wirken. Notieren Sie Ihre Gedanken und Assoziationen.

Betrachten Sie dann doch noch einmal besonders aufmerksam den Schluß der Lebenslinie, also Ihre Hier- und Jetzt-Situation. Notieren Sie, was Ihnen vor dem Hintergrund des Gesamtbildes ganz aktuell auffällt: Vielleicht, daß gerade jetzt etwas Bestimmtes anstehen könnte? Oder daß das, was dieses Hier und Jetzt ausmacht, eine Situation ist, die sich so nicht zum ersten Mal auf der Linie findet? Wie könnte Ihre schlüssig weitergehen, wie könnten Sie sich die nächste oder die übernächste Station gut vorstellen?

Wenn Sie mögen, zeichnen Sie verschiedene mögliche Weiterführungen Ihrer Lebenslinie . Und vergessen Sie nicht, diese dann in nächster Zeit ab und zu zu überprüfen: Wie hat sich die reale Situation weiter verändert? Und wie verhalten sich diese Veränderungen zu den von Ihnen auf der Zeichnung vorweggenommenen Änderungsmöglichkeiten?

10. TAG

Innere Bilder symbolisch sprechen lassen

Mit dieser Art der Interpretation innerer Vorgänge hat sich u. a. C. G. Jung ausführlich beschäftigt. Jung interessierten neben den biographisch getönten inneren Bildern, wie sie vorwiegend Inhalt der vorhergehenden Übungen waren, die transpersonalen Qualitäten der Psyche. Während der selbsttherapeutischen Aufarbeitung seiner eigenen transpersonalen Erfahrungen im Rahmen der sog. Nachtmeerfahrt, in der die Verbindung von Schreiben und Malen eine große Rolle spielte, war für Jung u. a. das Malen von Symbolen wichtig.

Manches, wofür uns «die Worte fehlen», ist eben vielleicht auch nicht so einfach auszudrücken, möglicherweise auch zu befremdlich, als daß es dafür überhaupt passende beschreibende Worte gäbe. Hier hat das Symbol eine wichtige Funktion, und zwar gleich in doppeltem Sinn:

Einmal findet sich in ihm die Möglichkeit, auf andere, indirektere, vielleicht vieldeutigere, vielleicht auch sogar auf prägnantere Weise das auszudrücken, was uns wichtig ist.

Und zum anderen hat ein Symbol in sich selbst eine bestimmte Ausstrahlung, die schon während des Malens, dann aber auch beim Betrachten auf uns zurückwirkt. Sie macht uns oft unsere eigene Einstellung einer Angelegenheit gegenüber klarer, kann uns entspannen und erheben.

Versetzen Sie sich heute einmal bewußt in ein gutes, angenehmes, erhebendes Gefühl und fragen Sie sich, welches Symbol passen könnte, um speziell dieses Gefühl auszudrücken. Experimentieren Sie mit Farben und Formen und lassen Sie auf sich wirken, was unter Ihren Händen entsteht. Geben Sie dem Symbol schließlich auch einen Namen und nutzen Sie es, wenn Sie es mögen, als eine Ihrer Kraftquellen.

☛ **Tip**

Verfahren Sie, wenn die Übung Sie angesprochen hat, ebenso auch einmal mit anderen, auch mit weniger angenehmen Gefühlen und notieren Sie, was Ihnen zum Gefühlssymbol einfällt: Häufig sind das noch einmal ganz andere, unmittelbarere, bildhaftere Assoziationen als bei einem bloßen Wort.

11. TAG

Mandalas malen

Gewisse Symbole ziehen sich universell durch alle oder doch durch viele Kulturen: überall auf der Welt und durch alle oder viele geschichtliche Epochen hindurch. Eines der bekanntesten Symbole ist das Mandala, die magische Kreisform, häufig symmetrisch unterteilt in vier oder acht unterschiedlich ausgeschmückte Kreissegmente: Symbol der Mitte, der Vollkommenheit, des Selbst.

«Mandala heißt Kreis, speziell magischer Kreis. Die Mandalas sind nicht nur über den ganzen Osten verbreitet, sondern sind bei uns auch aus dem Mittelalter reichlich bezeugt» (C. G. Jung, Kommentar zu: Das Geheimnis der Goldenen Blüte, 1929, 10. Aufl. 1973, zitiert nach: Erinnerungen, Träume, Gedanken, Olten 1986, 4. Aufl. d. Sonderausgabe, S. 413).

«Mandalas treten erfahrungsgemäß ... in Situationen auf, die durch Verwirrung und Ratlosigkeit gekennzeichnet sind. Der dadurch konstellierte Archetypus stellt ein Ordnungsschema dar, welches als psychologisches Fradenkreuz, bzw. als viergeteilter Kreis, gewissermaßen über das psychische Chaos gelegt wird, wodurch jeder Inhalt seinen Ort erhält und das ins Unbestimmte auseinanderfließende Ganze durch den hegenden und schützenden Kreis zusammengehalten wird» (ders.: Ein moderner Mythus. Von Dingen, die am Himmel gesehen werden, 1958, in: Ges. Werke X, 1974, Zivilisation im Übergang, S. 461). «Meine Mandalabilder waren Kryptogramme über den Zustand meines Selbst, die mir täglich zugestellt wurden. Ich sah, wie das Selbst, d. h. meine Ganzheit, am Werke war ... Eine Bestätigung der Gedanken über das Zentrum und das Selbst erhielt ich einige Jahre später (1927) durch einen Traum ...» (ders. 1986, S. 199f.).

Wählen Sie deshalb ein Gefühl aus, das Sie in der Vergangenheit einmal sehr belastet hat. Notieren Sie das Gefühl und einige Assoziationen dazu.

Zeichnen Sie dann ein Mandala. Lassen Sie sich dabei von nebenstehendem Mandala inspirieren. Nehmen Sie sich Zeit, das Mandala so zu gestalten, wie es Ihnen rundum gefällt, wie es Sie entspannt und bereichert und möglicherweise zu einer persönlichen Kraftquelle wird.

Besinnen Sie sich nun erneut auf das ursprüngliche Gefühl und schreiben Sie, inspiriert von der Erfahrung des Mandala-Malens, einen kurzen freien Text zu diesem Gefühl und vergleichen Sie die beiden Texte: Was hat sich möglicherweise durch die Erfahrung des Zeichnens verändert?

Die Vereinigung von Shiva und Shakti, dargestellt in der Form eines Mandala, das als Meditationsvorlage dient. Nepal, 18. Jahrhundert, Gouache auf Papier.

1.1.3 *Warming-up-Techniken des Schreibens*

Zum Vorgehen

Wir haben es oben schon angesprochen: Das, was Sie im freien Schreiben zu einzelnen der im vorhergehenden Abschnitt genannten Fragen zu entwickeln begonnen haben, das innere Selbstgespräch, der lebendige innere Dialog, kann durch andere, noch spezifischere kreative Schreibtechniken gezielt weiter gepflegt werden, weiter kultiviert und zu einem ganz eigenen Stil individualisiert. Darum soll es in diesem Absatz gehen. Wir stellen Ihnen elf Basistechniken des kreativen Schreibens vor, Techniken, die bewährt und dabei einfach zu handhaben sind und die es Ihnen, jede auf ihre Weise, erleichtern können, in den Prozeß der inneren Auseinandersetzung mit sich selbst einzutreten.

Auch hier gilt: Nicht jede der vorgestellten Techniken wird zu jedem oder jeder von Ihnen gleichermaßen passen. Dennoch lohnt es sich nach unserer Erfahrung meist, ruhig alle diese Techniken einmal im Rahmen der angebotenen Übungen für sich auszusprobieren, möglicherweise auch individuelle Schwerpunkte zu setzen: Welche Technik paßt besonders gut zu mir? Welche spricht mich weniger an oder nur in besonderer Stimmung? Welche werde ich vorläufig wohl nicht wieder probieren? Welche wird vielleicht eine meiner Lieblingsübungen?

Gerade diese Lieblingsübungen können Sie dann auch weitergehend, häufiger und gezielter für sich nutzen, um das innere Gespräch mit sich selbst fortzusetzen, sich zu befragen und Antworten auf Ihre Fragen zu finden.

Jede dieser Techniken hat einen bestimmten linguistischen und psychologischen Hintergrund, spricht bestimmte Assoziations- und Imaginationsmuster an, die beim Schreiben ‹geweckt› werden. Kein Wunder also, wenn Sie sich von einer Technik besonders angesprochen fühlen, weil deren ‹inneres Muster› vielleicht mehr zu Ihrer Art, zu denken und zu fühlen, paßt. Mit allen einmal gespielt und Erfahrung gesammelt zu haben bedeutet andererseits, viele verschiedene Wege zu kennen, die den kreativen Prozeß des Tagebuchschreibens beflügeln können, ihn am Leben erhalten, und die auch immer wieder neue Impulse geben können. Auf diese Weise erweitert sich Ihr Blick darauf, was es heißen kann, Gefühle, Erfahrungen und Gedanken in Sprache zu transformieren. Sie erleben, daß es Spaß machen kann, mit diesen Möglichkeiten zu spielen und sich in diesem Bereich ab und zu eine neue, ungewohnte Erfahrung zu gönnen. Und sollten Sie sich einmal ‹festgefahren› haben, in einer Krise stecken – sei es in Ihrer Lebensgestaltung, sei es in bezug auf Ihr Tagebuchschreiben –, dann kann das Nutzen einer neuen, seltener angewandten Schreibtechnik mit dazu beitragen, die Dinge auch einmal aus einer neuen, ungewohnten Perspektive zu sehen.

Alle Techniken werden nach demselben Muster vorgestellt.

Zunächst stellen wir Ihnen die Methode kurz theoretisch vor: eine Definition und eventuell einige Anmerkungen zu Geschichte und Anwendungsmöglichkeiten. Dann erhalten Sie eine kurze (aber genügend ausführliche!) Beschreibung zur Vorgehensweise und zu Einsatzmöglichkeiten. Es folgt ein konkreter Übungsvorschlag und ab und an auch ein kurzer Beispieltext, der nach dieser Methode entstanden ist.

12. TAG

Das Freewriting

Was ist Freewriting?

Das Freewriting haben Sie schon weiter oben in diesem Kapitel als Schreibmethode für die Auseinandersetzung mit den Fragen in 2.1 kennengelernt. Es ist die Methode, die Tagebuchschreiber häufig spontan und häufig als einzige Methode anwenden: Das Tagebuch ist dabei sozusagen der Auslöser, der hilft, Bewußtsein und Gedanken nach innen zu konzentrieren. Den Strom der zuvor nur halbbewußten Gedanken und inneren Bilder, der daraufhin ins Bewußtsein tritt, wird im freien Schreiben relativ ungefiltert auf das Papier geleitet. Dieses Kanalisieren bewirkt meist eine Zeitlang noch ein Anschwellen des Bilderstroms – schon während des Auf-Schreibens dessen, was gerade ins Bewußtsein gedrängt hat, drängt Weiteres nach, treten neue Bilder und Ideen ins Bewußtsein, was zeitweise geradezu den Eindruck einer ‹Überfüllung› mit unbewußtem Material erzeugen kann – ‹Ich kann gar nicht so schnell schreiben, wie die Bilder fließen.›

Damit ist das Freewriting eine der Selbsthypnose[2] verwandte Methode: Es geht um Konzentration, und es geht um Konzentration nach innen. Von der ganzen, unabgelenkten konzentrierten Aufmerksamkeit des Bewußtseins in den Blick genommen, eröffnet sich die sonst meist unbewußte Welt der inneren Bilder. Und damit sind wir auch an einem Punkt, an dem es gilt, wachsam zu sein. Denn:

So spannend es sein kann, einen Blick auf diese innere Bilderwelt zu werfen oder auch ganz in sie einzutauchen – die Frage erhebt sich natürlich: Was eigentlich anfangen mit diesen inneren Bildern? In der seriösen Hypnosetherapie geht es z. B. nie nur darum, Unbewußtes ‹wachzukitzeln›, sondern verantwortungsvoll damit zu arbeiten, zuvor Unbewußtes nunmehr bewußt zu verarbeiten. Ähnlich sorgfältig sollten wir mit unseren Tagebuch- und Schreiberfahrungen umgehen: im Schreiben die Bilder wachrufen, ja – aber eben auch, um sie zu würdigen und sie kreativ zu nutzen: Sie zu verstehen zu suchen z. B., wie sie da ins Tagebuch gebannt sind – was haben sie mir zu sagen? (Dafür eignet sich z. B. die im folgenden als zweite Methode beschriebene Technik der freien Assoziation.) Oder sie zu nutzen, um ein Gedicht oder einen kleinen, lebendigen Text zu fertigen, dem diese frischen, individuellen Bilder sicher einen größeren Charme geben, als abgegriffene Metaphern dies könnten.

Auch der Umgang mit einem andrängenden Bilderstrom will gelernt sein. Niemals werden wir natürlich schnell genug schreiben können, um *alle* unbewußten Bilder in unser Bewußtsein hinein‹schreiben› zu können. Wozu sollte das auch gut sein? Wichtig, um mit der Methode souverän umgehen zu können, um die inneren Bilder zu packen, aber nicht von ihnen überflutet zu werden, ist deshalb die Bereitschaft, nach einer bestimmten Zeit auch wieder damit aufzuhören. Also: fünf Minuten Freewriting, dann den letzten gerade aktuellen Gedanken noch zu Papier bringen und stopp! (gegebenenfalls mit Hilfe eines Kurzzeitweckers). Denken Sie an das Autogene Training oder eine andere Entspannungsmethode, die Sie vielleicht praktizieren: Auch hier kommt die Tiefe der Entspannung mit dadurch zustande, daß Sie gelernt

2 Vgl. hierzu auch Kapitel 3.

haben, sich auf sich selbst zu verlassen und zu gegebener Zeit zuverlässig wieder aus der Entspannung ‹auftauchen›.

Das Freewriting ist aber zugleich auch eine professionelle Schreibtechnik mit Tradition. Als *écriture automatique* (automatisches Schreiben) wurde es von der Gruppe der französischen Surrealisten um André Breton kultiviert, die auf diese Weise die Suche nach ungewohnten und unerwarteten Gedanken-, Wort- und Bildkombinationen gepflegt hat. Lesen Sie mal zur Einstimmung André Breton: *Kommunizierende Röhren,* Frankfurt 1985.

Wann macht es Sinn, Freewriting zu praktizieren?
Immer wenn Sie Ideen und Einfälle zu einer auch für Sie emotional relevanten Angelegenheit sammeln oder Ihre Gefühle dazu klären möchten. Die Fokussierung auf ein Thema hilft, vieles, was psychisch damit zusammenhängt und zunächst vielleicht noch unbewußt ist, bewußtzumachen. Häufig entsteht auf diese Weise eine neue unerwartete Perspektive, und neue Lösungsmöglichkeiten tun sich auf. Zudem entlastet das freie Herunterschreiben – aber eben nur dann, wenn Sie auch rechtzeitig wieder stoppen.

✍ *Übung*
Stellen Sie sich ein Thema, das Sie zur Zeit besonders bewegt. Nehmen Sie den ersten Eindruck, die erste Idee, das erste Bild zu diesem Thema, das Ihnen in den Sinn kommt, und beginnen Sie mit diesem Bild Ihren ersten Satz. Schreiben Sie dann fünf Minuten lang herunter, was Ihnen zum Thema noch in den Sinn kommt, gleichgültig, wie weit entfernt vom eigentlichen Thema Ihnen diese Ideen zunächst vorkommen. Beenden Sie nach fünf Minuten Ihren Text, indem Sie das Anfangsmotiv noch einmal im letzten Satz aufnehmen.

13. TAG

Freie Assoziation

Was ist freie Assoziation?
Freies Assoziieren, Assoziationen freizulassen, ist wie das Freewriting eine sehr alte Technik. Die heute wohl bekannteste Wurzel der freien Assoziation ist die Psychoanalyse, für die bereits Sigmund Freud diese Technik neu entdeckt hat. Bis heute äußern sich Klientinnen und Klienten im Rahmen ihrer analytischen Therapie zu einem ihnen bedeutsamen, aber dem Bewußtsein in

seiner Vielschichtigkeit nicht ohne weiteres zugänglichen Thema auf dem Wege, daß sie, frei assoziierend, alles aussprechen, was Ihnen zu diesem Thema einfällt. Auf vielerlei Weise, mit Umwegen, nähern sie sich dann dem eigentlichen, meist emotional getönten ‹Kern› des Themas. Die Funktion des Analytikers ist dabei vor allem die, einfach ‹da zu sein›, Raum zu geben für dieses Sinnieren und Aussprechen.

Freies Assoziieren bedeutet insofern, ähnlich wie Freewriting, die eigenen Gedanken freizulassen, sie fließen zu lassen oder auch langsam (wieder) ins Fließen zu bringen und zu staunen über ihre vielfältige Vernetztheit. Frei assoziierendes Schreiben bedeutet, diesen Vorgang zu verschriftlichen und die Gedanken und die sie begleitenden Gefühle im Schreiben zu bannen, nachlesbar und damit auch später noch nachvollziehbar zu machen. Allerdings richtet sich der Aufmerksamkeitsfokus beim freien Assoziieren, anders als beim Freewriting, zu Beginn des Prozesses häufig eher auf ‹Gedanken› als auf Gefühle und innere Bilder. Das liegt vor allem daran, daß sich das freie Assoziieren insbesondere bei Themen eignet, deren emotionale Bedeutung für uns nicht so klar zu fassen oder auch scheinbar oder tatsächlich wenig vorhanden ist: Auch ohne starke oder bewußte emotionale Beteiligung können wir ja schließlich Einfälle produzieren und eben später überprüfen, inwieweit diese einen Bezug zum Thema haben.

Freies Assoziieren bedeutet somit auch, ungewöhnliche Gedankenverbindungen zu entwickeln und sich in den eigenen Ideen und Gedanken freier zu bewegen, Toleranz, flexibles Denken zu üben und zu erkennen, daß es für die meisten Angelegenheiten eine Vielfalt an Betrachtungsperspektiven und Lösungsmöglichkeiten gibt. Es ist eine Technik, die unsere Kreativität anspricht, mit Gedanken und Sprache zu spielen.

Daß Bilder und Gefühle allerdings im freien Assoziieren dann letztlich doch mit aufkommen, ist nur natürlich und letztlich auch gewollt: Lassen wir unsere ganz persönliche Ideen- und Gedankenverbindungen ‹frei›, lassen wir damit auch Gefühle frei. Sie dürfen und sollen diese im Schreiben selbstverständlich auch benennen. Nur der Weg dorthin wird diesmal andersherum gegangen: Wir fangen mit dem an, was uns gerade bewußt ist – bestimmte Gedanken oder Ideen –, und schauen schrittweise tiefer, probieren, ob anderes dahintersteckt: Gedanken, vielleicht auch Gefühle und innere Bilder

Wofür eignet sich die freie Assoziaton?

Die freie Assoziation eignet sich besonders, wenn Sie sich über Ihre Einstellung zu einem Thema oder einer Fragestellung klarer werden möchten.

✍ *Übung*
Nehmen Sie sich ein Thema vor, das von Ihnen eine innere Einstellung erfordert, ohne emotional allzu besetzt zu sein. Möglicherweise üben Sie zunächst mit einem Spruch, der Sie zu einem gewissen Widerspruch reizt. Wie wäre es mit

‹Was Hänschen nicht lernt, lernt Hans nimmermehr› – oder mit: Die Globalisiserung bringt mehr Leid als Erleichterungen (oder auch umgekehrt), oder auch mit: Ein Tier ist der beste Freund für einsame Menschen.

14. TAG

Assoziationen graphisch

Was heißt ‹Assoziationen graphisch dargestellt›?
Die graphische Darstellung von Assoziationen hilft, eine Vielzahl eigener Assoziationen zu einem Thema in ihrer wechselseitigen Vernetzung gleichzeitig zu überblicken. Das bedeutet die Möglichkeit eines gezielteren Zugriffs auf diejenigen Assoziationen, die uns gerade besonders bedeutsam erscheinen. Die bekanntesten graphischen Darstellungsweisen von Assoziationsketten und -bahnen sind das Cluster und das Mindmap. Beide – entwickelt im Rahmen der angloamerikanischen Hochschuldidaktik (vgl. Buzon 1984 und Rico 1984) – funktionieren auf ähnliche Weise: Vom sogenannten Kernwort aus – notiert in der Mitte eines Papiers – nehmen sie die Assoziationen zu diesem Kernwort in der Reihenfolge ihres Auftauchens und dem Sinnzusammenhang entsprechend netzbildförmig auf. Das Cluster zeichnet dabei eher das Auftauchen der Assoziatonen auf: Vom Kernwort, aber dann auch von den ersten gefundenen Assoziationen ausgehend, werden weitere Assoziationen festgehalten, solange Platz auf dem Papier ist. Die einzelnen Assoziationen dürfen während des Schreibprozesses sowohl vom Kernwort selbst ausgehen, wie auch das Mindmap die Chance enthält, Gedanken- und Ideenverbindungen genauer zu ordnen.

Wofür eignet sich das graphische Darstellen von Assoziationen?
Clustering und Mindmapping eignen sich immer dann, wenn es darum geht, Assoziationen nicht nur zum Fließen zu bringen, sondern sie in ihren Sinnzusammenhängen zu begreifen und zu nutzen. Die graphische Darstellung hilft,

sich alle relevanten Assoziationen jederzeit wieder vor Augen führen und dort weiterassoziieren zu können, wo wir gerade möchten.

✍ *Übung*
Clustern Sie einmal zu einem der von Ihnen noch nicht bearbeiteten Themenvorschläge zur Technik 2 ‹Freie Assoziation›:

Ihre Assoziationen werden dabei zunächst vom Kernwort ausgehen, wie auch im Laufe des Schreibprozesses dann von denjenigen Assoziationen, die sich nach und nach um dieses herum angesammelt haben. Umranden Sie Ihre Assoziationen dabei, wie auf der untenstehenden Grafik dargestellt, mit einem Kreis oder Wölkchen und machen Sie mit Pfeilen die Reihenfolge und Entstehenszusammenhänge Ihrer Assoziationen deutlich. Wenn Sie im nachhinein Ihr Netzbild anschauen, werden Sie feststellen, daß sich an manchen Stellen des Blattes die Wölkchen (oder ‹Bläschen›, wie die wörtliche Übersetzung von ‹Cluster› ist), ballen – und damit auch Ihre Assoziationen.

Vielleicht regt Sie eine solche Ballung um ein bestimmtes Unterthema Ihres gewählten Themas herum auch noch einmal zu einem kurzen freien Text an – das ist die Methode, die Gabriele Rico, die ‹Mutter› des Clustering, empfiehlt.

Betrachten Sie dann Ihr fertiges Cluster auch einmal unter der Frage der ‹Sinnzusammenhänge›: Welche weiteren Unterthemen stecken hier in diesem Bild? Benennen und notieren Sie diese Unterthemen, verwandeln Sie das erste Cluster in ein nach Sinnzusammenhängen aufgebautes Mindmap und ergänzen Sie dieses über einige Tage hinweg immer dann, wenn Ihnen danach ist. Sie werden sehen: Ihre Ideen fließen leichter, weil das Netzbild Ihnen sofort, an jeder Stelle, zu der Ihnen eine Assoziation in den Sinn kommt, erlaubt, diese zu notieren.

15. TAG

Schreiben nach Imaginationen und Phantasiereisen

Was heißt Schreiben nach Imaginationen und Phantasiereisen?
Für Phantasiereisen brauchen Sie keine Fahrkarte und kein Gepäck – es reicht, wenn Sie Lust verspüren, ein wenig zu träumen, Ihre Tagträume wachzurufen und zu kultivieren. Und Ihre Fähigkeit zur Imagination, d. h. zum Schauen mit dem inneren Auge, zum Erschaffen und Betrachten innerer Bilder, wird

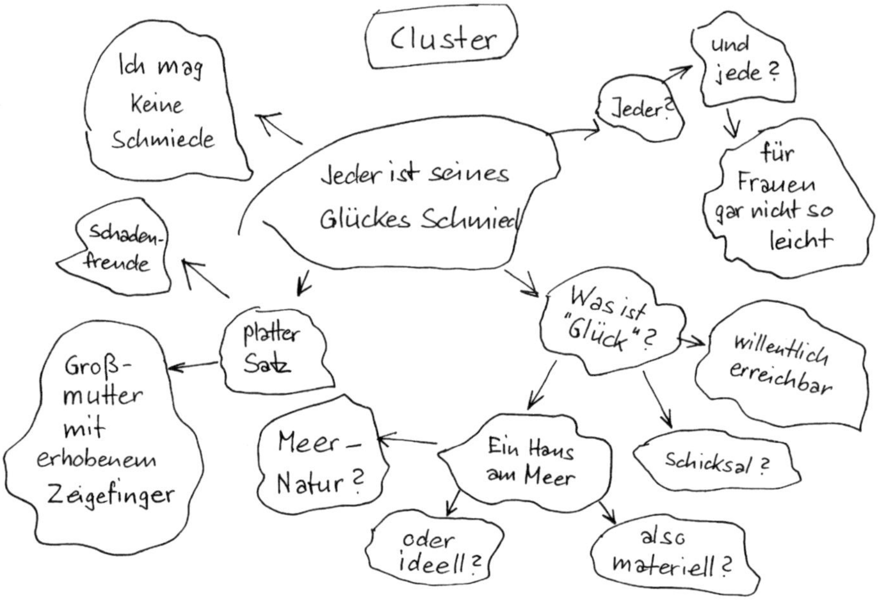
Cluster
Jeder ist seines Glückes Schmied
Ich mag keine Schmiede
Jeder?
und jede?
für Frauen gar nicht so leicht
Schadenfreude
platter Satz
Großmutter mit erhobenem Zeigefinger
Was ist "Glück"?
willentlich erreichbar
Schicksal?
Ein Haus am Meer
Meer – Natur?
oder ideell?
also materiell?

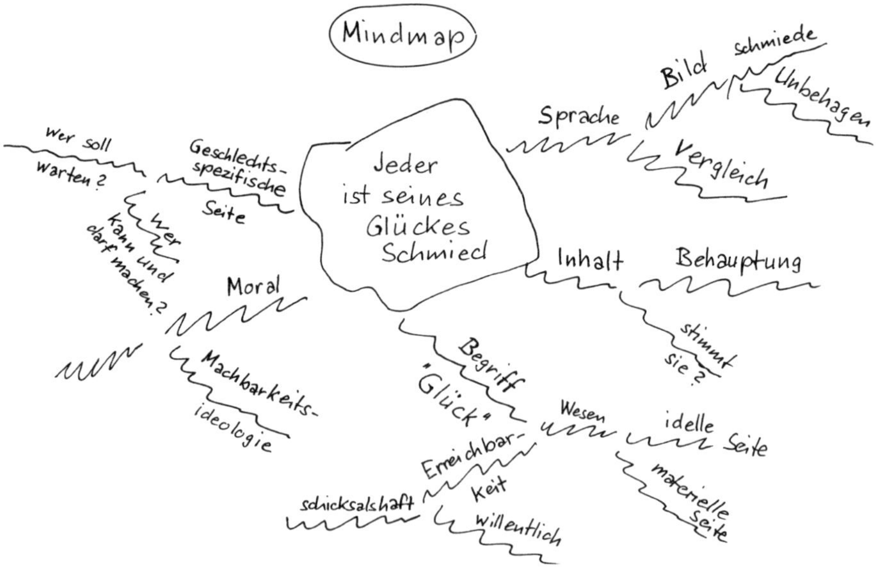
Mindmap
Jeder ist seines Glückes Schmied
Sprache
Bild
schmiede
Unbehagen
Vergleich
Inhalt
Behauptung
stimmt sie?
Begriff "Glück"
Wesen
idelle Seite
materielle Seite
Erreichbarkeit
schicksalshaft
willentlich
Moral
Machbarkeitsideologie
Geschlechtsspezifische Seite
wer soll warten?
wer kann und darf machen?

sich im Schreiben kontinuierlich weiterentwickeln, solange Sie Ihre Tagträume genießen und Ihnen regelmäßig ein wenig Zeit einräumen. Schreibend einen Tagtraum festzuhalten heißt dann nicht nur, diesen Traum im Lesen wieder und wieder erleben zu können – schreibend einen Tagtraum einzufangen heißt auch, ihn schreibend weiterzuträumen, genauer: tagzuträumen, die Bilder klarer zu entwickeln. Damit ist das Imaginieren durchaus so etwas wie eine konzentrierte, spezifische Weiterentwicklung von Aspekten, die Ihnen z. B. während des Freewriting oder auch während des freien Assoziierens zu einem Thema in den Sinn gekommen sein könnten. Und jetzt machen Sie etwas Neues daraus, bauen Ihr Bild aus – möglichst natürlich auf eine Weise, die Sie stärkt. Das ist auch im Rahmen von Gesundheitsförderung und Psychotherapie der Sinn von Phantasiereisen: Menschen zu stärken und innerere Kraftquellen zu erschließen.

Wofür eignet sich Schreiben nach Imaginationen und Phantasiereisen?
Die Fähigkeit, der eigenen Phantasie zu trauen, sich von ihr den Weg weisen zu lassen, aus dem Reichtum der inneren Bilderwelt zu schöpfen, kann uns auch im Alltag vielfältig nutzen. Wer gelernt hat, nach innen zu schauen und zu horchen, wird die innere Vision, die innere Stimme auch im täglichen Leben weniger leicht vergessen, sich eher von ihr leiten lassen. Das eigene Leben wird ein Stückchen echter und damit befriedigender.

Und dann ist es eine alte menschliche Erfahrung, die heute z. B. in der Arbeit mit Affirmationen genutzt wird, in den formelhaften Vorsätzen des Autogenen Trainings und immer schon in Hypnose und Selbsthypnose[3]: Was wir uns regelmäßig intensiv vorstellen, neigt dazu, auch ohne unser bewußtes Zutun zur Verwirklichung zu drängen. Unbewußt sind wir auf die gewünschte Zielvorstellung ‹gepolt› und mobilisieren auch dann Kräfte für deren Verwirklichung, wenn wir bewußt mit ganz anderen Dingen beschäftigt sind. Lassen Sie sich überraschen, auf welche Weise sich Ihr Alltag durch das schreibende Phantasieren verändern kann!

✍ *Übung*
Machen Sie es sich gemütlich, sorgen Sie dafür, ein Weilchen ungestört zu sein und phantasieren Sie sich in eine Wunschsituation hinein. Das kann Ihre Wunschlandschaft sein, oder Ihr Lieblingsort, an dem Sie zur Ruhe kommen – ein Garten, ein Haus, ein See, ein Schaukelstuhl, eine Hängematte, was

3 Siehe auch Kapitel 3.

auch immer. Stellen Sie sich die Wunschsituation so sinnesintensiv wie möglich vor[4]. Dann lösen Sie sich aus der Phantasie und beschreiben Sie möglichst sinnesgetreu ihr Erleben:

Wo befindet sich Ihr Wunschort?
Wo dort befinden Sie sich? Mittendrin oder davor, schauen Sie hin?
Wie sieht es an Ihrem Ort aus? Was sehen Sie? In welchen Farben? Tönen? Farbintensitäten?
Was gibt es zu hören? Naturgeräusche? Musik?
Wem begegnen Sie möglicherweise? Guten FreundInnen oder Bekannten? Einem langvergessenen, vielleicht gar verstorbenen Menschen? (In der Phantasie ist alles möglich!) Einer unbekannten, aber vertrauenswürdigen Person, die Ihnen raten kann, bei der Sie ausruhen können? Oder sind Sie allein und genießen das Alleinsein?

Gerade das Imaginieren lebt von der Wiederholung. Gönnen Sie sich öfter einmal die Erfahrung, Ihren Wunschort aufzusuchen und anschließend Ihre Erlebnisse schriftlich festzuhalten. Häufig entwickelt sich auf diese Weise eine ganze Geschichte. Gehen Sie für dieses wiederholte Imaginieren folgendermaßen vor:

Lesen Sie zunächst die Tagebuch-Beschreibung Ihres Wunschortes oder das letzte niedergeschriebene Erlebnis noch einmal durch, ehe Sie sich wieder auf Phantasiereise begeben. Dadurch kann die nachfolgende Erfahrung intensiver werden.

Lassen Sie sich auch, anders als beim Freewriting, nicht nur von Ihren Phantasien tragen, gestalten Sie die Reise, wenn Ihnen danach ist, ruhig aktiv, genießen Sie Ihre Rolle als Regisseur/in:

Verändern Sie Ihren Wunschort immer wieder so, daß Sie sich darin wohl fühlen.

Nehmen Sie Kontakt auf mit Menschen, Tieren oder Gegenständen, die Ihnen begegnen. Schicken Sie diese aber auch fort, wenn Sie spüren, Sie brauchen es jetzt, allein zu sein.

Denken Sie daran:

Der Sinn, solcher Phantasiereisen ist vor allem, sich wohl zu fühlen und Kraft daraus zu tanken. Gestalten Sie Ihre Reise so, und heben Sie sich even-

4 Eine selbsthypnotische Technik des Neurolinguistischen Programmierens; vgl. Kapitel 3.

tuell doch einmal aufkommende Zwiespältigkeiten oder Probleme für eine spätere Bearbeitung, z. B. im Freewriting oder mit Hilfe der freien Assoziaton, auf!

16. TAG

Schreibend beobachten- beobachtend schreiben

Was heißt ‹schreibend beobachten- beobachtend schreiben›?
Kurz gesagt, leitet diese Technik an, so genau wie möglich hinzuschauen, auf das zu schauen, was ich um mich herum wahrnehme, und es dann aufzuschreiben, es zu be-schreiben. Dabei geht es in unseren Vorschlägen zu dieser Übung zunächst einmal darum, Menschen in ihrem Verhalten und ihrer Kommunikation zu beobachten und zu beschreiben – uns selbst und andere. Sie können diese Fähigkeit aber auch auf andere Beschreibungen übertragen, wie Naturschilderungen, Reiseimpressionen, Bildbetrachtungen u. a.

Genaues Beobachten funktioniert nur, wenn ich lerne, mich von mir selbst distanzieren zu können. Also dieses Mal nicht hinein in die Welt der inneren Bilder, wie beim Imaginieren, sondern hinaus in die ‹reale›, äußere Welt. Um die klar und scharf, eben ‹genau› wahrnehmen und ‹beobachten› zu können, muß man oder frau allerdings auch wiederum in sich selbst ruhen. Vom eigenen Standpunkt aus, entspannt und klar, läßt sich leichter hinschauen: Was passiert da eigentlich um mich herum? Wie z. B. gehen die Menschen um mich herum miteinander und mit mir – und wie gehe ich mit ihnen um? Und wie gehe ich mit mir selbst um? Und die anderen mit sich? Und wir alle mit unserer Umwelt? Mit ungewohnten Situationen? Mit unseren Wünschen und Hoffnungen?

Fragen, die wir uns auch im Alltag immer wieder stellen – im beobachtenden Suchen und Aufschreiben vorläufiger Antworten erwächst, wenn wir Glück haben, ein etwas genaueres Verstehen.

Wofür eignet sich die Methode?
Beobachten heißt ‹wahrnehmen›, zur Kenntnis nehmen können: ‹So ist es.› Es muß nicht immer erfreulich sein, was ich da wahrnehme, es muß nicht unbedingt mit meinen Wünschen an die Situation übereinstimmen, aber ‹so ist es›. Mit dem genauen Beobachten schulen wir unsere Fähigkeit zu akzeptieren und unsere Toleranz. Wir trainieren unser Wahrnehmungsvermögen und zu-

gleich auch unsere eigene innere Kraft, Situationen und Erfahrungen einfach einmal auszuhalten, egal, wie sehr oder wie wenig sie uns auch gefallen mögen.

Das bedeutet nicht etwa ein gleichzeitiges Training in Passivität oder Gleichgültigkeit, im Gegenteil: Wenn ich eine Situation genau wahrgenommen habe, sehe ich oft auch genauer, was eigentlich geändert werden müßte und wo mögliche Ansatzpunkte einer Änderung liegen könnten. Ich sehe aber auch deutlicher, an welchen Punkten mein Einfluß begrenzt ist, wo weiteres Agieren eher Energie- und Zeitverschwendung wäre. Ich kann also Prioriäten setzen, um meine ureigensten Wünsche klarer und zielgerichteter zu verfolgen – anschließend. Und nicht zuletzt verstehe ich mich und andere häufig einfach besser, wenn ich mal eine Weile einfach ‹hingeschaut› oder auch ‹hingehört› und ‹hingespürt› habe. Und durch besseres Verstehen kann ich dann natürlich wieder leichter die richtigen Schritte unternehmen – anschließend.

✍ *Übung*

Entscheiden Sie zunächst, *wen* Sie in der jeweiligen Übung beobachten wollen – sich selbst oder jemand anders? Betrachten und beschreiben Sie dann *eine* Situation, in der Sie oder die andere Person sich befinden, so genau, wie es Ihnen möglich ist. Der besondere Tip, der das Beobachten leichter macht:

Schreiben Sie über sich selbst in der dritten Person, eben wie ein Außenbeobachter – also ‹er› oder ‹sie›, erfinden Sie möglicherweise noch einen neuen Eigennamen. Aber: Schreiben Sie über eine andere Person – in einer anderen Variante des schreibenden Beobachtens – genau gegenteilig aus der Ich-Perspektive, als Ich-Erzähler/in: ‹Ich kam eben aus meinem neuen Haus und ging den noch etwas ungewohnten Weg unter Bäumen entlang zum Parkplatz …›, könnte der Beobachtungstext über Ihre neue Nachbarin beginnen.

Wenn Sie sich im schreibenden Beobachten schon etwas geübt haben, steigern Sie sich: Beschreiben Sie doch mal eine kompliziertere Gruppendynamik, die Sie beobachten oder in die Sie selbst verwickelt sind. Schreiben Sie aus der Sicht einer der beteiligten Personen – nicht unbedingt aus Ihrer eigenen. Beschreiben Sie ruhig auch die Wahrnehmung dieser Person in bezug auf Ihr Verhalten und auf Ihre Wirkung auf die anderen.

Pierre fingert wieder nervös mit seiner Zigarette. Nervös? Wie kann ich das eigentlich wissen? Vielleicht ist es vielmehr geschickt von ihm, die Aufmerksamkeit auf sich und dabei

zugleich von sich abzulenken, auf sein Verhalten hin? ‹Wie sie alle zu mir herschauen, vor allem die Mädels›, mag er denken. Und sie tun's ja auch. Aber nein, das paßt eigentlich doch gar nicht zu Pierre. In Gesprächen wirkt er immer so bescheiden. Aber hier? Wie passen diese beiden Pierres zusammen? (Bettina, 24 Jahre, Studentin)

17. TAG

Wertvorstellungen und Ressourcen schreibend klären

Was heißt: ‹Wertvorstellungen und Ressourcen schreibend klären›? Wertvorstellungen sind Vorstellungen, Ideen darüber, was mir in meinem Leben wertvoll ist. Das wird im Leben jedes einzelnen etwas anderes sein, allerdings gibt es zwischen den Wertvorstellungen unterschiedlicher Menschen ganz sicher immer auch essentielle Übereinstimmungen. Gesundheit und Erfüllung einiger Herzenswünsche für mich und für diejenigen, die ich liebe – das könnte sicher jeder in bezug auf eigene Definition der eigenen Wertvorstellungen mit unterschreiben –, was die Details dieser Wünsche angeht, gibt es dann schon wieder ganz unterschiedliche Präferenzen. Wertvorstellungen sind aber nicht einfach die Idee der eigenen Wünsche an das Leben – vielmehr haben sie auch zu tun mit der Idee, auf welche Weise man oder frau das eigene Leben wohl führen sollte, um am Ende einer Lebensphase sagen zu können: Ja, so habe ich es gemacht, und so war es im großen und ganzen für mich und andere gut.

Um dieses Ziel auch nur annähernd zu erreichen – mehr als ‹annähernd› uns vorzunehmen wäre sicherlich eher anmaßend als realistisch –, müssen wir uns über unsere Wertvorstellungen zunächst einigermaßen im klaren sein. Und auch darüber, daß die zu uns passenden Wertvorstellungen jeweils ganz eigene Ressourcen, das heißt: Kraftquellen zu ihrer Verwirklichung, benötigen. Wie kann ich z. B. meiner Wertvorstellung ‹Lebensfreude› entsprechend leben und handeln, wenn ich in meinem Lebensalltag keine Orte finde, die mich freuen? Wo in unserem Leben finden wir diese Kraftquellen, und wie können wir sie einsetzen?

In diesem Klärungsprozeß geht es also um die Fragen: «Was will ich in meinem Leben?», und: «Welche Kraftquellen stehen mir dafür zur Verfügung?» Bei diesem Klärungsprozeß soll und kann uns wiederum das Schreiben helfen. Die angestrebte Klarheit ist durchaus keine Selbstverständlichkeit, sie will erarbeitet werden, auch durch innere Widerstände hindurch. Fragen Sie sich doch einmal: Wie oft treffen Sie in Ihrem Lebensalltag eine Entscheidung bewußt, und wie häufig lassen Sie sich da auch eher von unklaren Gefühlen, Hoffnungen und Wünschen leiten?

Wofür eignet sich das schreibende Klären von Wertvorstellungen?

Ein erster Gewinn liegt bereits darin, uns selbst, unsere eigenen Ideen davon, wo es mit uns ‹hingehen› könnte, besser zu verstehen und auch unsere Intuition dafür zu schulen, was uns in unserem Leben förderlich ist und was eher hinderlich sein könnte. Darüber hinaus entwickeln wir eine Handhabe dafür, welche konkreten Schritte in konkreten Lebenssituationen sinnvoll sein könnten, um unsere Kraftquellen aufzuspüren, sie zu nutzen und um letztlich in größerem Einklang mit unseren Wertvorstellungen zu handeln.

✍ *Übung*

Erinnern Sie sich an ein glückliches Ereignis in Ihrem Leben. Nutzen Sie, wenn Sie mögen, die Techniken des ‹genauen Beobachtens,› von Tag 11, um sich möglichst intensiv zu erinnern.

Fragen Sie sich dann: Wo in meinem Körper spüre ich dieses Glück aus der Erinnerung noch einmal? Im Bauch? In der Brust? In einem leichten Kopf? Oder wo und wie sonst? Schreiben Sie auf, wo im Körper Sie das Glücksgefühl wahrnehmen.

Erinnern Sie noch zwei oder drei andere Situationen und gehen Sie mit Ihnen auf die beschriebene Weise um.

Überlegen Sie dann: Was ist eigentlich das Verbindende an diesen Situationen? Was hatten Sie gemeinsam? Notieren Sie die gefundenen Gemeinsamkeiten.

Überlegen und notieren Sie: Welche zukünftige Situation könnten Sie von sich aus so gestalten, daß das mit hineinspielt, was Sie als verbindendes Element Ihrer glücklichen Erinnerungen erkannt haben? Notieren Sie Ihre Ideen, spielen Sie die Situation schreibend regelrecht durch. Und: Probieren Sie es aus, und beschreiben Sie anschließend Ihre Erfahrung!

Schließlich: Wenn Sie sich in der Besinnung auf glückliche, stärkende Situationen etwas geübt haben, können Sie dieselbe Übung auch auf vergangene schmerzliche Situationen anwenden, bei denen Sie im nachhinein den Eindruck haben, letztlich doch etwas davon gehabt, vielleicht daraus gelernt zu haben!

18. TAG

Listen führen

Was heißt ‹Listen führen›?
‹Listen führen› ist eine Technik, die helfen kann, unsere Einstellung gegenüber einem bestimmten Thema, einem Gegenstand zu überprüfen und gegebenenfalls zu erweitern. Nicht unsere grundsätzliche Einstellung, wie in der Übung 5, sondern unsere aktuelle Einstellung – hier und jetzt. Listen können wir zu jedem Gegenstand erstellen, mit dem wir uns fragend beschäftigen – diese Listen können dann z. B. unsere Gedanken, Gefühle, Handlungsimpulse, unseren Wissensstand und unsere Ziele in bezug auf den Gegenstand enthalten.

Wofür eignet sich das Führen von Listen?
Die Technik macht immer dann Sinn, wenn wir uns selbst überprüfen wollen – unser aktueller Stand gegenüber dem Thema. Ganz nebenbei eröffnet sie zugleich einen Schritt in die Zukunft – dann nämlich, wenn wir erkennen, was wir zum Gegenstand noch nicht wissen, uns noch erarbeiten müssen, noch einmal genauer für uns klären. Listen führen kann eine Entscheidungshilfe und ein Mittel sein, einen längeren Prozeß des Abwägens abzuschließen.

✍ *Übung*
Entscheiden Sie sich für einen Gegenstand, mit dem Sie sich gerade auseinandersetzen, eine aktuelle Frage oder auch eine längerfristig bedeutsame: Ihre Zukunftshoffnungen, Ihre beruflichen Träume, eine Freundschaft o. ä.

Nehmen Sie den Gegenstand als Überschrift und lassen Sie die verschiedenen Assoziationen zu. Jeder eigene Assoziationsstrang bekommt dabei eine neue Zeile. Fassen Sie sich in den Assoziationen eher kurz, stichwortartig, in zwei, drei, höchstens vier Worten. Aber: Lassen Sie die Liste anwachsen.

Fragen Sie sich nach ihrer Vervollständigung: Was bedeutet diese Liste für mich und meine Handlungsmöglichkeiten in bezug auf den Gegenstand?

Wiederholen Sie die Übung zum selben Gegenstand gegebenenfalls nach einiger Zeit.

Studium beginnen oder weiterarbeiten?

Studium	Freiheit Meine Interessen verfolgen,

	mit Angela zusammen-arbeiten, mein Abitur nutzen
Weiterarbeiten	Finanzielle Sicherheit, geregeltes Alltagsleben Carl möchte Bleibe daran an dem, was ich mir aufgebaut habe
Was ist mir das Wichtigste bei beiden Möglichkeiten?	Finanzielle Sicherheit Eigenständige Arbeit
Was kann ich dafür tun?	Teilzeitweiterarbeiten? Berufsinterne Fortbildung statt Studium? Teilzeitstudium? Mich zeitweise vom Job beurlauben lassen?

(Anita, 38 Jahre, Fremdsprachenkorrespondentin)

19. TAG

Schreiben nichtabzusendender Briefe

Was heißt ‹Schreiben nichtabzusendender Briefe›?
Das Schreiben eines Briefes bedeutet immer, sich an jemanden zu wenden – in unserem Fall können das sowohl andere Personen sein wie auch Teile unser selbst – ein Teil von mir, den ich selbst nicht recht verstehe, ein Stück unbewältigter Vergangenheit oder was auch immer. Einen Brief nicht abzusenden bedeutet, daß ich mich schreibend zwar an den oder die andere gewandt habe, daß es mir aber letztlich eben doch nicht daran gelegen war, den anderen den Inhalt wirklich wissen zu lassen – mag dieser nun zu konfrontativ gewesen sein, zuviel von meiner eigenen Beteiligung enthalten haben oder aus anderen Gründen besser Privatsache bleiben. Oder aber es gibt den oder die andere schlicht nicht da draußen in der Welt, z. B. deshalb, weil es sich bei dem Briefpartner um einen inneren Part handelt oder auch weil der andere nicht (mehr) erreichbar ist – verstorben, verschollen …

Ein nichtabzusendender Brief handelt damit meist von intensiven Emotionen, die nach Ausdruck drängen – Emotionen, die sich auf jemanden beziehen, die ich aber im Grunde doch mit mir selbst auszumachen habe. Im Schreiben des Briefes kann ich diese Emotionen ausdrücken – auf eine Weise, die mich entlastet, zunächst ohne Rücksicht auf den anderen und dann eben doch – durch das Nichtabsenden – mit der Rücksicht, die letztlich notwendig ist.

Wofür eignet sich das Schreiben nichtabzusendender Briefe?
Für den Ausdruck intensiver Emotionen, die sich auf andere richten und die doch bei den anderen nichts oder nichts als Ärger ausrichten würden. Oder bei denen nicht recht klar ist, was der eigene und was der Anteil des anderen ist. Oder mir ist bereits klar, daß das Problem mehr auf meiner Seite liegt – dennoch bewegt mich die Emotion so sehr, daß ich ein starkes Verlangen empfinde, sie auszudrücken. Das Schreiben eines solchen Briefes bedeutet dann zunächst einmal die Entlastung, die ich mir wünsche – dabei bleibt es mir und der anderen Person aber möglich, mein Gesicht zu wahren. Die emotionale Befreiung während des Schreibprozesses erlaubt darüber hinaus häufig, die Sache anschließend klarer zu sehen und gegebenenfalls Schritte zu überlegen.

✍ *Übung*
Fragen Sie sich: Mit wem haben Sie noch etwas ins reine zu bringen? Etwas, was Sie wirklich sehr bewegt, und gemeinsam mit dem oder der anderen haben Sie es bislang nicht geschafft? Schreiben Sie die Person – oder auch diesen Teil Ihres Selbst – an, und schreiben Sie Ihre Gefühle frei herunter. Lassen Sie den Brief dann einfach im Tagebuch und lesen Sie ihn gegebenenfalls am nächsten Tag noch einmal durch mit der Frage, was Sie mittlerweile eventuell anders sehen.

20. TAG

Erinnerungen aufschreiben

Was heißt ‹Erinnerungen aufschreiben›?
‹Erinnerungen aufschreiben› heißt zugleich, Erinnerungen, auch scheinbar vergessene, wiederzubeleben, sie neu verfügbar zu machen, sich der eigenen Lebensgeschichte zu vergewissern, den ‹roten Faden› im eigenen Leben aufspüren und: etwas zu erzählen haben.

Wofür eignet sich das Aufschreiben von Erinnerungen?
Einmal bleiben Erinnerungen auf diese Weise lebendiger oder werden wieder neu lebendig – als Geschichte unseres eigenen Lebens. Durch diese wiedergewonnene Lebendigkeit können wir nun auch nach längerer Zeit wieder neu aus ihnen schöpfen und nutzen damit auch noch im nachhinein die Energie, die wir seinerzeit in die Situation gesteckt haben – ein effektiverer Umgang mit unserer Lebenskraft. Dabei bezieht sich das sowohl auf Erinnerungen an gute Situationen und an die Kraft, die diese uns gegeben haben, als auch an solche an schwere Stunden: Auch aus diesen haben wir ja oft gelernt, zumindest gelernt, daß Schweres vergeht und, anders, als es in der Situation selbst vielleicht schien, nicht ‹ewig währt›. Dann können wir Vergangenes, einmal aufgeschrieben und damit aus größerer Distanz ansehbar, häufig auch besser verstehen: Lehren bewußt ziehen, bestimmte Fehler vielleicht nicht so schnell und unbedacht wiederholen, uns bestimmte Fähigkeiten bewußtmachen und uns damit Power für einen nächsten Schritt holen. Vor allem aber können wir uns in Fragen, die uns aktuell bewegen, besser einschätzen, wenn wir uns unserer eigenen Geschichte bewußter sind.

Übung
Schulen Sie Ihre Erinnerungsfähigkeit, indem Sie sich an einem Leitthema ‹entlang› erinnern.
Leitthemen wären z. B.:

Feste in meinem Leben
Die Geschichte meines liebsten Hobbys
Vom Kinderwunsch bis zur Geburt des ersten Kindes
Eine Freundschaft
Religiöse Fragen

Oder Sie lassen sich inspirieren von den Fragen, mit denen Sie sich in Kapitel 2.1 bereits auseinandergesetzt haben – oder auch von einigen der Fragen, mit denen Sie sich gerade noch nicht auseinandergesetzt haben.
Leitfragen, um sich in der Erinnerung zurückzuführen, können sein:

Wann begegnete mir das Thema zum ersten Mal?
Und wann und wie oft begegnete es mir in meinem Leben wieder?
Was habe ich dabei jeweils gefühlt, gedacht und getan?
Wie stehe ich heute dazu?

21. TAG

Dialoge aufschreiben

Was heißt ‹Dialoge aufschreiben›?

Dialoge richten sich, ähnlich wie nicht abgesandte Briefe, häufig an jemand anders, und wie diese handeln sie thematisch meist von starken Gefühlen. Im Unterschied zu ihnen geht es allerdings beim dialogischen Schreiben klar darum, den anderen zu erreichen und eine Antwort zu erhalten. Es geht eben um den Dialog. Im aufgeschriebenen Dialog handelt es sich dabei nicht um einen äußerlich, sondern um einen innerlich geführten Dialog, um den Dialog mit uns selbst. Das trifft sowohl auf den Dialog mit einem wenig verstandenen Teil unser selbst zu, als auch auf den fiktiven, aufgeschriebenen Dialog mit einer anderen Person – in letzterem Fall interessiert hier zunächst weniger die reale Antwort, die diese Person vielleicht geben würde, sondern darum, wie wir aufgrund unserer eigenen Wahrnehmung annehmen, was die Einstellung des oder der anderen sein könnte, wie wir selbst ihn oder sie einschätzen.

Wofür eignet sich das Aufschreiben von Dialogen?

Das Aufschreiben von Dialogen eignet sich immer dann, wenn wir uns selbst oder jemand anders in einer bestimmten Frage genauer verstehen wollen, Einfühlung üben, um anschließend auch mit uns oder der anderen Person passender umgehen zu könnnen. Es schult auch unsere Fähigkeit, Problemzusammenhänge aus unterschiedlicher Perspektive wahrzunehmen, unsere Flexibilität und unsere Einfühlsamkeit. Es eignet sich allerdings weniger, wenn Sie in Ihren negativen Emotionen dem oder der anderen gegenüber noch sehr heftig befangen sind – dann wenden Sie sinnvoller zunächst die Methode des nicht abzusendenden Briefes an[5].

✍ *Übung*

Entscheiden Sie sich zunächst für eine Frage, die Ihnen wirklich am Herzen liegt. Wo verstehen Sie sich selbst oder jemand anders nicht im Zögern gegenüber einer bestimmten Angelegenheit, in der Ratlosigkeit oder im Gegenteil in der Starrheit und mangelnden Flexibilität? Wo gibt es keine Einigung, obgleich sie Ihnen doch so wünschenswert scheint?

Schreiben Sie dann die Frage auf, wie sie sich Ihnen stellt.

5 Siehe oben: die Methode des 15. Tages.

- Nun stellen Sie sich innerlich auf Ihren Dialogpartner ein – sei das nun eine andere Person oder ein Teil Ihrer selbst. Seien Sie gespannt auf die Antwort und offen für das, was kommen mag – im Moment ist es nicht so wichtig, daß Ihnen die Antwort gefällt, sondern wichtig, einfach hinzuhören und vielleicht einander besser zu verstehen.
  Schreiben Sie in einer neuen Zeile, eventuell auch mit einem andersfarbigen Stift, die Antwort auf, die sich bei Ihnen spontan einstellt – wiederum ganz unabhängig davon, was Sie persönlich von dieser Antwort halten.
- Nun haben Sie Gelegenheit, genauer nachzufragen, Ihre Einwände vorzubringen – allerdings immer unter der Perspektive: Verständigung! Das heißt, lieber einmal mehr nachzufragen, als mit Vorwürfen zu kommen. Dieses auch für jedes Konfliktgespräch empfehlenswerte Vorgehen ist jedoch im Schreiben erheblich leichter als im Gespräch mit einem tatsächlichen Gegenüber, einfach weil Schreiben mehr Text, Zeit und Ruhe bedeutet und weniger Notwendigkeit, sich dem aktuellen Gegenüber zu stellen. Wahrscheinlich macht es Ihnen nach einer Weile richtig Spaß!
- Warten Sie ab, ob es bei diesem ersten Dialog schon zu einer Einigung kommt oder eher zu so etwas wie einer Annäherung der Standpunkte. Im letzteren Fall können Sie verabreden, den Dialog zu einem späteren Zeitpunkt wiederaufzunehmen. Das ist häufig sogar besonders sinnvoll – Ihr Unbewußtes arbeitet in der Zwischenzeit weiter an einer konstruktiven Lösung.
- Vergessen Sie nicht, sich abschließend bei Ihrem Dialogpartner zu bedanken!

– Du, hörst Du mich? Immer bist Du da, wenn ich irgendwo frei sprechen muß. Oder meistens. Ich hab' dann nicht nur Lampenfieber, ich fühle mich schwach, spreche leise, die Leute runzeln die Stirn, ich kriege einen Schreck und so weiter.
– Ja.
– Also, du hörst mich. Ich will mich nicht so schwach fühlen. Ich weiß nämlich, daß ich normalerweise gut vorbereitet bin. Ich habe das gar nicht nötig.
– Stimmt.
– Also siehst Du es auch so. Warum läßt Du mich dann mich so hilflos fühlen? Ich will das nicht.

- Das läuft doch gut.
- Was heißt das: ‹Das läuft gut›?
- Das heißt: Es ist besser, Du fühlst Dich hilflos, als Du machst zuviel.
- Wieso: zuviel?
- Zuviel heißt: zuviel auf einmal. Was würdest Du denn tun, wenn Du ganz locker in so eine Sprech-oder Vortragssituation gingest? Einen Auftrag nach dem anderen annehmen.
- Und das wäre schlecht?
- A, solange Du Dich nicht erholst anschließend und den Erfolg genießt. Das würde Dich nur auspowern.
- Verstehe. Stimmt. Oft will ich hinterher was Schönes machen und sehe dann aber gleich die nächste Arbeit.
- Genau. Irgendwer muß schließlich auf Deine Kräfte achtgeben.
- Verstehe. Vielleicht könnte ich mir für das nächste Mal gezielt was Nettes vornehmen für hinterher. Zum Beispiel mit Nicole essen gehen.
- Versuch's mal.
- Mach' ich. Danke! Und dann steh' mir aber auch bei, bei der Präsentation nächste Woche. Laß mich nicht hängen. Auf den Nachmittag habe ich mich nämlich wirklich gefreut. Wenn ich das nicht mit Lust mache, wird das nicht so gut, wie ich es kann.
- Ich steh' Dir bei, nachdem Du den Tisch bestellt hast und mit Nicole gesprochen.
- Alles klar. Also dann, auf morgen!
- Auf morgen! (Hans, 37 Jahre, Bankkaufmann)

22. – 28. TAG

‹Schreiben nach Träumen›?

Was heißt: ‹Schreiben nach Träumen›?
«Träume sind Schäume» heißt es im Volksmund, ein Beispiel dafür, daß Volksweisheit nicht immer den Realitäten des Lebens entspricht. «Träume sind der Königsweg zum Unbewußten», sagte Sigmund Freud. Tatsache ist, daß Ent-

stehungsweise und Funktion der Träume bis heute nicht völlig geklärt sind. Doch es spricht einiges dafür, daß Freud gar nicht so unrecht hatte mit seiner Einschätzung des menschlichen Traumes. In vielen Psychotherapien wird für Besprechung, Entschlüsselung und Bearbeitung von Träumen ein hohes Maß an Zeit aufgewandt, und viele Menschen – gerade Menschen, die gerne schreiben – notieren ihre Träume und studieren diese Aufzeichnungen mit dem Ziel, sich selbst dadurch besser zu verstehen.

Wofür eignet sich das ‹Schreiben nach Träumen›?

Das Schreiben nach den eigenen Träumen ist *eine* Möglichkeit, sich selbst besser und genauer zu verstehen, auch in den unbewußten oder verschlüsselten Seiten der eigenen Person. Häufig genug entdeckt jemand in einem aufgezeichneten Traum eine regelrechte Botschaft, einen Rat oder einfach eine neue Perspektive. Insofern kann die Beschäftigung mit den eigenen Träumen zu so etwas wie einem Pool für Kreativität und Problemlösungstraining werden. Probieren Sie das einmal eine Woche lang aus – wenn Sie mögen, natürlich auch länger!

Ein Traumtagebuch anlegen

Der erste Schritt zur Arbeit mit Träumen ist natürlich der, die eigenen Träume zu erinnern. Manche/r behauptet, bereits hier zu scheitern. «Ich erinnere mich nicht an meine Träume», heißt es häufig, oder: «Ich träume (fast) nie.» Aber: Die letztere Behauptung ist erwiesenermaßen falsch. Jeder Mensch träumt mehrfach in der Nacht, haben Schlafforscher nachgewiesen. Sehr unterschiedlich ist bei einzelnen Menschen allerdings das Erinnerungsvermögen an die eigenen Träume ausgeprägt Und eben dieses Erinnerungsvermögen läßt sich trainieren.

Legen Sie sich Ihr Tagebuch und einen Stift zu diesem Zweck abends vor dem Einschlafen so zurecht, daß sie die Materialien noch vom Bett aus erreichen. Nehmen Sie sich dann fest vor: «Ich erinnere meine Träume!» Als Vorsatz oder Affirmation können Sie sich diese Bekräftigung vor dem Einschlafen aufsagen. Oder Sie schreiben sie als letzten Satz des Tages in Ihr Tagebuch. Diese Technik unterstützt das Erinnern Ihrer Traumerlebnisse erwiesenermaßen mit hoher Sicherheit (vgl. 2. Thomas 1989).

Sobald Sie – nachts oder morgens – erwachen und noch einige Traumfetzen im Sinn haben, lassen Sie – von diesen Fetzen ausgehend – Revue passieren, was Ihnen in den Sinn kommen mag. Helfen kann dabei – niemand konnte bislang erklären, warum –, wenn Sie sich während des Erinnerungsprozesses auf diejenige Seite drehen, auf der Sie beim Wachwerden gelegen haben. Die so gefundenen Erinnerungsreste notieren Sie dann noch im Bett in Ihrem Tagebuch. Es ist gut möglich, daß Ihnen während des Schreibprozesses noch weitere Erinnerungen kommen.

Wenn es sich nicht gerade um einen Traum handelt, der Sie sehr aufgewühlt hat und den Sie sofort verstehen möchten, lassen Sie die Aufzeichnungen vorläufig liegen, bis Sie Zeit für sie finden. Das ist ja das Gute am Schreiben: Nichts geht verloren. Wenn Sie mitten in der Nacht aus einem Traum erwacht sind und geschrieben haben: Klappen Sie Ihr Buch zu, drehen Sie sich um und schlafen Sie weiter (geht bei Durchschlafstörungen oft besser nach solcherlei Beschreibungen, verkürzt doch dieser Entlastungseffekt auch Phasen des Wachliegens). Gute Nacht!

Das Traumtagebuch interpretieren

Wenn Sie Zeit, Muße und Abstand haben, sich Ihre Traumaufzeichnungen noch mal vorzunehmen, sei es am nächsten oder am gleichen Tag oder später:

Lesen Sie die Aufzeichnungen als erstes unvoreingenommen durch. Achten Sie vor allem auf folgendes: Fallen Ihnen noch weitere Einzelheiten ein? Oder haben Sie spontane Assoziationen zum Traum? Notieren Sie beides, und machen Sie es kenntlich als Zusatzinfo oder Assoziation.

Welches Motto, welche Motive scheinen durch Ihre Traumaufzeichnungen hindurchzuscheinen? Notieren Sie auch diese.

Nach ein paar Tagen fragen Sie sich doch einmal: Erinnern diese Motive Sie an etwas? Wiederholt sich da etwas? Kristallisiert sich eventuell eine Art roter Faden heraus? Häufig wiederholt sich ein wichtiges Motiv vielfach in Träumen, bis es eventuell irgendwann – abgearbeitet ist. Solche Träume – auch wenn viel Zeit und andere Träume dazwischen liegen – sind dann manchmal wie eine – Fortsetzungsgeschichte zu lesen. Durchforsten Sie Ihre Aufzeichnungen!

Uns einem Traum noch weiter nähern

Vielleicht mögen Sie in einzelne aufgezeichnete Träume auch noch etwas tiefer eindringen. Der wichtigste Schritt ist der, den Traum – oder das Gefühl, das er in Ihnen auslöst – als Schreibanlaß zu nehmen. Hier können Sie viele der in diesem Kapitel vorgestellten Techniken nutzen!

- Schreiben Sie frei herunter, was ihnen zu Ihrem Traum einfällt.
- Clustern Sie zu dem Gefühl, das Sie beim Lesen des Traums am meisten bewegt.

- Nutzen Sie die Listentechnik: In die linke Spalte schreiben Sie die Traumerlebnisse, in die rechte kommen Ihre Ideen und Assoziationen dazu. Schreiben Sie einen Dialog mit der Traumfigur oder dem Traumgegenstand, die oder der Sie am meisten beeindruckt. Was will die Figur oder der Gegenstand Ihnen möglicherweise sagen?
- Sind Sie zufrieden mit dem Traumausgang, mit dem Wissen zum Trauminhalt, das Sie sich erarbeitet haben? Wenn nicht, steigen Sie ein in die Tagtraumwelt Ihrer Phantasie und tagträumen und schreiben Sie den Traum zu einem Ende, das Sie zufriedenstellt. Oder besser: zu *seinem* Ende – zu dem Ende, bei dem Sie das gute Gefühl haben: Hier hat sich etwas abgearbeitet, jetzt bin ich an dem Punkt, an den mein Traum mich ‹eigentlich› schicken wollte.

Traum vom 27.5.95:
Ein Haus an einem dunklen See. Es soll wohl mein Zuhause sein, und Hans ist jetzt neben mir, und er drängt mich, doch zuzugeben, daß dies viel schöner ist als unser altes Haus. Ich finde das nicht, aber er weist mich auf den See hin, so was hätten wir zu Hause nicht gehabt, und auf das Dachgeschoß, das mir auch rumpelig vorkommt, und auf manches, was hier angeblich besser ist. Es klingt logisch, und mir fällt kein Widerspruch ein, und doch merke ich, daß es nicht wahr ist, was er sagt. Ich sage gar nichts mehr, es ist ja auch zu spät, und ich denke mit Bedauern an unser altes Haus und seine Helligkeit und Weite. Hier scheint alles dunkel, nicht nur der See. Ich sehe zu, wie ich mich hier einrichte, so, wie es nun mal ist, und schwöre mir, jedenfalls nicht noch mal mit Hans umzuziehen, irgendwohin, wo es dann womöglich noch schlimmer ist.

Assoziationen:
Wie schnell ich mich zufriedengebe! Aber nur Hans gegenüber, mir selbst kann ich es nicht verleugnen, wie unwohl ich mich fühle. Und mit Hans läßt sich nicht reden, wenn er was im Kopf hat. Das kenne ich ja. Und warum richte ich mich ein und gehe nicht einfach? Zu spät – dieses Gefühl beherrscht den Traum. Zu spät – ich kann nur aufpassen, daß es nicht schlimmer wird. Dieses Gefühl – kenne ich das nicht, seit ich mit Hans zusammenlebe? Zu spät – wofür?

Den Traum weiterträumen:
Es ist nie zu spät – schon gar nicht, wenn man weiß, was man will. Das sage ich Hans. Wenn er mit mir leben will, dann nicht in so einer Bruchbude. Im Tagtraum fordere ich Hans auf, mit mir umzukehren. Wohin?, will er wissen. Unser altes Haus hat er verkauft. Und mit dem Geld das neue gekauft, wir haben nichts mehr. Ohne mir was zu sagen ... So ist Hans. Aber: Es ist nie zu spät. Ich wiederhole mein Motto. Verkaufen wir eben dieses neue Haus hier auch wieder. Und wenn er das nicht wolle? Ich gehe auf jeden Fall. Allein komme ich schon durch, düsterer als hier kann es kaum wo sein. Und wenn er nicht allein in dieser Düsternis aushalten will, kann er verkaufen und mit mir kommen. Er zögert. Ich schreibe die Worte ‹es ist nie zu spät› auf einen Zettel und lege sie ihm unter seinen Frühstücksteller. Ich schreibe sie nochmals auf und stecke sie mir ins Portemonnaie. Nie wieder will ich sie vergessen, egal, wohin ich gehe. Und egal, wie Hans sich entscheidet. Ich spüre, daß es halb so wichtig ist, wie Hans sich entscheiden wird, solange ich nur diese Worte in mir trage. Ich muß den Tagtraum nicht weiterträumen und wie die Geschichte ausgeht. Ich höre auf. (Carla, Steuerberaterin, 41 Jahre)

1.2 Das Tagebuch kontinuierlich weiterführen und auswerten

«Ein Tagebuch zeichnet den Weg.
Also fortgefahren!»
Friedrich Hebbel

Wie kann es weitergehen?

Start- und Basistechniken des Schreibens, wie wir sie in diesem Kapitel vorgestellt haben, werden Sie auch weiterhin durch das Buch begleiten. Zum Teil werden Ihnen diese Techniken auch abgewandelt auf anspruchsvollerer Ebene noch einmal begegnen. Zum Teil sollten Sie sie aber auch einfach selbst weiter kultivieren. Denn: Die Techniken, die Ihnen besonders angenehm, besonders reizvoll waren, werden auch diejenigen sein, die Ihnen am meisten geben können.

Und andererseits wird sie die Arbeit an Ihrer Biographie auch weiterhin begleiten. ‹Erkenne dich selbst› war das Motto dieses Kapitels und ist zugleich die Voraussetzung für die kommenden Kapitel, die dann unter dem Motto stehen: ‹Werde, der (oder die) du bist.› ‹Erkenne dich selbst› im Sinne von ‹Betrachte und verstehe dein Leben ein wenig genauer›.Um dieses eigene Leben herum, um die bisherige Lebensgeschichte und das Hier und Heute, zu dem diese Lebensgeschichte geführt hat, waren die Übungen in diesem Kapitel gruppiert. Im folgenden wollen wir diese Erfahrungen noch ein Stück intensiver binden – binden in Richtung darauf, Ihr Leben als Ganzes noch einmal in den Blick zu nehmen: Ihren Weg bis dorthin, wohin er bislang geführt hat, bis dorthin, wo Sie heute stehen, und mit den Perspektiven, die dieser Weg möglicherweise für sie beinhaltet.

Es ist ja durchaus möglich, ja, sogar einigermaßen wahrscheinlich, daß die bisherigen Übungen Ihnen zu Ihrem Leben letztlich mehr Fragen als Antworten aufgegeben haben. Deshalb: Auch wenn Sie in der Arbeit mit Ihrem Tagebuch jetzt bald zum nächsten Kapitel übergehen werden, ist es sinnvoll, sich immer dann wieder gezielt den Fragen der eigenen Biographie, der eigenen Geschichte und Vergangenheit mit ihren Möglichkeiten zuzuwenden, wenn Sie – im Schreiben oder im Lebensalltag – mit einer Frage, einer Erfahrung, einem Gefühl zu tun haben, das Sie auf Ihre Vergangenheit verweist. Oder wenn Sie einmal in eine Krise geraten, unter Entscheidungsdruck, den Sie nicht bewältigen. Sie wissen ja: Bei allem ‹Werde, der (oder die) du bist› bleibt ‹Erkenne dich selbst› gleichwohl eine lebenslang zu absolvierende Aufgabe. Einige Tips, wie Sie mit dieser Aufgabe auch weiterhin, parallel zu den Aufgaben der kommenden Kapitel, für sich umgehen können, finden Sie im Anschluß.

Das Tagebuch auswerten

Erkenne dich selbst› heißt beim Tagebuchschreiben selbstverständlich auch: ‹Erkenne dich in dem, was du geschrieben hast.› Ins Tagebuch geschrieben. Tagebuchschreiben wird erst und gerade dann wirksam, hilfreich auf dem Weg zu uns, wenn wir beide Komponenten im Blick haben: die stärkenden, klärenden, unter Umständen befreienden Wirkungen, die das *Schreiben* haben kann, mit den stärkenden, heilenden, befreienden Wirkungen des *Lesens,* des Lesens nämlich der eigenen Texte im Tagebuch. Dieses Lesen, anschließend oder auch in einiger zeitlicher Distanz, kann eine ausgesprochen klärende, bereichernde und auch beeindruckende Wirkung haben. Oft geht uns erst nach einiger Zeit der Distanz auf, was alles *noch* in einem unserer Texte steckt.

Deshalb: Betrachten Sie noch einmal Ihre bisherigen Aufzeichnungen aus diesem Kapitel. Sie alle stellen so etwas wie Mosaiksteine dar – Mosaiksteine aus Ihrem Leben, Ihrer Lebensgeschichte. Und doch sind die Steine ja niemals das ganze Mosaik, erzählen sie Ihre Lebensgeschichte niemals vollständig. Und das Paradoxe für alle, die auf der Suche sind nach sich und ihrer Geschichte: Gerade da wir die Hauptdarsteller unserer Geschichten sind, emotional und handelnd involviert, werden wir weder durch Schreiben noch durch Nachdenken, noch durch Meditation den Abstand finden, uns und diese unsere Geschichte ganz zu fassen, ganz zu verstehen. Immer wird uns die Arbeit bleiben, Mosaiksteine zusammenzutragen, wenn wir uns ‹auf der Spur› bleiben wollen, und immer wird es die Erfahrung geben, daß wir bestimmte Teile des Puzzles erst aus einer gewissen zeitlichen oder emotionalen Distanz heraus als ein Ganzes wahrnehmen können. Dennoch ist das ‹Puzzeln›, z. B. mit den eben genannten Vorgehensmöglichkeiten, eine lohnende Arbeit, hilft es uns, unser Leben als Ganzes anzunehmen und anzugehen, der oder die zu werden, die wir sind: Je mehr wir vom Puzzle unserer Lebensgeschichte verstehen, desto passender können wir unsere nächsten Schritte planen. Vom Puzzeln können wir so in einen ‹spiralförmigen› Umgang mit uns selbst finden, der uns hilft, immer näher bei uns selbst ‹anzukommen›. Diese spiralförmige Figur des Umgehens mit uns selbst kann folgende Teile umfassen:

leben, handeln, Erfahrungen sammeln
schreiben
das Geschriebene lesen und reflektieren
neue Impulse entwickeln, neu planen
und wieder: handeln und neue Erfahrungen sammeln

Ihr Leben als Ganzes

✍ *Übung: Den Überblick suchen*
Lassen Sie sich von Ihren bisherigen Aufzeichnungen zu Aspekten Ihrer Lebensgeschichte dazu inspirieren, sich einmal auf Ihr Leben als Ganzes zu besinnen. Reservieren Sie sich ruhig eine Stunde Zeit für diese Aufgabe. Durchblättern Sie in dieser Zeit zunächst Ihr Tagebuch und setzen Sie sich dann mit Hilfe der Listentechnik mit Ihren Assoziationen und Einfällen zu den folgenden Fragen auseinander:

Inhalte und Themen Ihrer Aufzeichnungen	Ihre Assoziationen
Was steht für mich eigentlich hinter dieser Vielzahl von Erfahrungen, die ich bislang beschrieben habe in meinem Tagebuch?	
Was für ein Leben liegt da ausgebreitet in Notizen, Gedichten und Briefen vor mir? Was habe ich davon schon erfaßt?	
Welche Geschichte wird da erzählt in diesen vielen Geschichten?	
Welche Motive wiederholen sich immer wieder einmal?	
Welche tieferliegenden Themen kristallisieren sich heraus – durch verschiedene Texte hindurch?	
Und – ebenso wichtig – welcher Teil der Geschichte, welche Kapitel des Romans sind bisher noch nicht angesprochen worden?	

Suchen Sie sich nun einen Aspekt Ihrer Liste heraus, der Sie besonders bewegt, und schreiben Sie mit Hilfe einer der Basisschreibtechniken einen kleinen Text, mit dessen Hilfe Sie diese Seite Ihrer Biographie noch etwas genauer erforschen. Schreiben Sie z. B.

- eine Liste der Themen, die sich in Ihren bisherigen Aufzeichnungen wiederholt haben,
- einen Freewriting-Text zu Ihrem Lieblingsthema,
- einen Brief an jenen Anteil Ihrer selbst, dem Sie in Ihren Aufzeichnungen mehrmals begegnet sind und den Sie noch nicht recht verstehen können,

- ein Cluster zu einem Aspekt Ihrer Geschichte, der bislang im Tagebuch zu kurz kam.

☛ **Tip**
Nutzen Sie diese Liste dann auch weiterhin: als Pool, den Sie nach Bedarf befragen und mit Hilfe der Basisschreibtechniken immer noch ein wenig genauer erforschen können.

✍ *Übung: Was noch nicht dran war*
Setzen Sie sich mit Hilfe der gestern erstellten und ausgewerteten Liste einmal bewußt mit einem derjenigen Aspekte auseinander, die bislang möglicherweise zu kurz gekommen sind – im Tagebuch und vielleicht ja auch in Ihrem realen Leben. Gehen Sie dazu in zwei Schritten vor:

‹Erkenne dich selbst›:
Notieren Sie Ihre Gefühle und Gedanken zu der Tatsache, daß dieser Aspekt in Ihrem Leben bislang kaum eine Rolle gespielt hat.

‹Werde, der (oder die) du bist›:
Notieren Sie nun alle Möglichkeiten, die Ihnen einfallen, um diesem Aspekt in Zukunft mehr Gewicht in Ihrem Leben einzuräumen.

Entscheiden Sie dann, ob Sie eine oder einige dieser Möglichkeiten ausprobieren möchten. Lassen Sie sich dabei auch von der Frage leiten: Ist dieser Aspekt mir wichtig genug, ihm auf Dauer mehr Aufmerksamkeit zu widmen? Und ist hier und jetzt in meinem Leben Platz dazu?

☛ **Tip**
Nicht alle zu kurz gekommenen Aspekte der Vergangenheit sind in der Gegenwart (noch) wichtig. Vielleicht haben Sie ja ein Versäumnis zum Beispiel schon längst auf anderem Wege wieder bewältigt. Wichtig kann aber sein, sich mit der Frage danach auseinanderzusetzen – einfach um eine Entscheidung zu treffen: Will ich diesem Aspekt noch einmal meine Aufmerksamkeit schenken? Will ich ihn loslassen, um meine Energien für anderes frei zu haben?

Lassen Sie sich zur Auseinandersetzung mit diesen Aspekten ruhig Zeit. Nehmen Sie sich immer dann, wenn es Ihnen gut möglich ist, wieder einmal einen vor und setzen Sie sich mit ihm auf die beschriebene Weise auseinander.

✍ *Übung: Der Roman Ihres Lebens*

Schreiben Sie heute einmal das Inhaltsverzeichnis für den ‹Roman Ihres Lebens›. Jedes Kapitel Lebensgeschichte bekommt eine Überschrift. Gehen Sie dabei chronologisch vor – jedoch nicht auf die Weise, in der üblicherweise Lebensläufe geschrieben werden. Ausschlaggebend für die einzelnen Kapitel und ihre Titel sollten vielmehr die lebendigen Erfahrungen Ihrer Lebensgeschichte sein. Dort, wo für Sie etwas wichtig war, beginnt eine neues Kapitel. Wenn sie möchten, können Sie, einfach um sich den Überblick zu erhalten, Ihr jeweiliges Lebensalter in Klammern vor oder hinter die Kapitelüberschrift setzen. I. Progoff bezeichnet diese Abschnitte als ‹Steppingstones› der Lebensgeschichte.

Z. B. so:

(Geburt:) Der Weg ins Licht
(0–4) Großeltern als Eltern
(2–4) Papa, Mama, wo seid Ihr?
(5) Seltsamer Umzug
(6–16 I) Schule – der Ernst des Lebens
(6–16 II) Freundschaften und Julia
(16–20) Nun aber wirklich – der Ernst des Lebens
(21) Ein neuer Anfang in W.
(22–27) Herausforderungen
(25) Eine Begegnung mit dem Tod
(28–32) Jens oder Charles?
(33) Traumhochzeit und Las-Vegas-Scheidung
(33-?) Alleinerziehend – na und?
(36-?) Schreiben, malen, tanzen

(Gudrun, 38 Jahre, Buchhändlerin)

☛ **Tips**

Hier haben Sie ein Raster zur Hand, auf das Sie ohne Zeitdruck immer wieder einmal zurückkommen können – dann, wenn Ihnen danach ist, einen bestimmten Aspekt Ihrer Lebensgeschichte noch ein wenig genauer zu erforschen. Das kann aus dem Grunde sein, weil Sie gerade Zeit dazu haben, im Urlaub vielleicht, und Neugier verspüren, sich selbst noch ein wenig genauer zu verstehen, oder weil eine bestimmte Angelegenheit von früher Sie auch heute noch nicht hat zur Ruhe kommen lassen. Mit Hilfe der Schreibtechniken, die Sie mittlerweile kennengelernt haben, haben Sie genügend Möglichkeiten zur

Verfügung und können sich die für Ihren Forschungsbedarf passende heraussuchen.

Hier haben Sie aber auch ein Raster, das Ihnen Anhaltspunkte liefern kann für Situationen, mit denen Ihnen ein angemessener Umgang schwerfällt. Finden Sie sich in einer Lebenssituation – vielleicht auch beim zukünftigen Tagebuchschreiben, z. B. nach einer Übung aus einem der folgenden Kapitel – ratlos oder unzufrieden wieder, so schauen Sie doch einmal in Ihr ‹Raster› und fragen Sie sich, welches Kapitel Ihres Lebens sich Ihnen hier möglicherweise noch einmal im neuen Kleid ‹präsentiert›, was da noch ‹abgearbeitet› werden möchte, und wenden sich diesem Kapitel noch einmal gezielt zu.

Auf diese Weise werden Sie zu den einzelnen Kapiteln im Laufe der Zeit Unterkapitel entwickeln – Teile Ihres Lebensromans, Ihrer Lebensgeschichte, die Sie auf diese Weise immer genauer beschreiben – für sich selbst und vielleicht auch – in Teilen – einmal für andere.

Vergessen Sie auch nicht, in größeren zeitlichen Abständen – der Quartalsabstand z. B. hat sich für viele Tagebuchschreibende gut bewährt, also einmal in jeder Jahreszeit eines Jahres – sich Ihr ‹Inhaltsverzeichnis› als Ganzes noch einmal vorzunehmen, dazu die Aufzeichnungen der vergangenen Monate, und zu prüfen, ob mittlerweile vielleicht wieder einmal ein neues Kapitel fällig wäre. Ergänzen Sie Ihren eigenen Überblick über Ihren Lebensroman auf diese Weise fortlaufend – und verschaffen sich damit einen Überblick über die Spur Ihres Lebens!

Das klassische Tagebuch

Das klassische Tagebuch der Antike und auch noch des Mittelalters beinhaltete das Aufschreiben von Fakten, vor allem politischer Fakten und Akte. Erhalten aus dieser Tradition ist die Gewohnheit vieler Menschen, Fakten, Erfahrungen ihres Alltags im Tagebuch festzuhalten – in sehr unterschiedlichem Umfang und in unterschiedlicher Dichte. Manch eine oder einer orientiert sich im Tagebuch möglicherweise sehr stark am Faktischen, manch einer nimmt Alltagserfahrungen zum Anlaß, um die Gefühle und inneren Erlebnisse niederzuschreiben, die diese in ihr oder ihm ausgelöst haben. Bei den meisten Menschen vermischt sich die Beziehung ‹Fakten› – ‹Gefühle›, und je nach Lebenssituation wird einer der beiden Anteile der Stärkere sein.

Indem Sie sich nun im Tagebuch Ihrer Geschichte nähern, ist es natürlich zugleich sinnvoll, diese Geschichte ‹fortzuschreiben› – Ihre Erfahrungen und Befindlichkeiten festzuhalten – in dem Abstand, in dem Ihnen das angenehm ist. Das ist auch eine Voraussetzung, die die gestern angesprochene Perspektive – den eigenen Lebensroman stetig weiterschreiben – erleichtert. Nicht so wichtig ist dabei die zeitliche Dimension – ob Sie nun täglich, vielleicht noch aus dem aktuellen Erleben heraus oder z. B. in wöchentlicher oder monatlicher Rückschau Ihre Erfahrungen festhalten. Wichtiger ist eine gewisse Kontinuität und das Festhalten selbst – es ermöglicht Ihnen erst das anschließende Auswerten, bessere Verstehen und optimale Planen Ihrer Geschichte. Wichtig ist auch der Spaß an der Sache, die innere Lebendigkeit beim Schreiben, an die Sie dann später, beim Lesen und Auswerten wieder anknüpfen können – ob Sie nun die Reisebeschreibung einer intensiven Urlaubserfahrung für sich festhalten oder Ihre starken gefühlsmäßigen Reaktionen auf eine solche scheinbare Banalität (welche dann wahrscheinlich auch nur nebenbei erwähnt wird) wie einen verregneten Tag, einen unerwarteten Besuch oder eine unbeglichene Rechnung.

Also: Machen Sie sich das regelmäßige Festhalten Ihrer Erfahrungen zur Gewohnheit – in dem zeitlichen Abstand, der Ihnen angenehm ist –, vielleicht auch je nach Lebensphase unterschiedlich oft. Nutzen Sie hierfür entweder eine eigene Sektion Ihres Ringbuches, wenn Sie im Ringbuchverfahren arbeiten, oder setzen Sie diese Zwischenbilanzen einfach zwischen Ihre sonstigen Eintragungen zu den Übungen, die wir Ihnen in den kommenden Kapiteln vorschlagen. Schreiben Sie die Weise, die Ihnen gerade besonders entspricht – eher fakten- oder eher gefühlsorientiert. Beginnen Sie gleich heute:

Übung: Erfahrungen festhalten

Halten Sie die wichtigsten Fakten der letzten Zeitabschnitts fest und kurz auch die wichtigsten sie begleitenden Gefühle – haben Sie einmal sehr wenig Zeit oder Muße, möglicherweise auch im Schnellverfahren, z. B. mit Hilfe einer Liste:

Fakten	Gefühle

Eine solche Liste kann durchaus ein Anlaß sein, Sie mit einigen Gefühlen oder Erinnerungen wieder genauer in Kontakt zu bringen. Wenn Sie mögen, können Sie daraufhin oder auch später dann selbstverständlich – z. B. mit Hilfe einer Basisschreibtechnik – diese Erfahrung noch genauer erforschen.

Variante: Schreiben, malen, zeichnen Sie direkt zu dem, was Sie in letzter Zeit bewegt (hat).

☛ **Tip**

Arbeiten Sie zeitweise ruhig zweigleisig: Schreiben Sie zu Ihren eigenen Lebenserfahrungen und nach den Übungen der folgenden Kapitel. Sie werden bemerken: Manche dieser Übungen werden Sie zentral und direkt in Ihr aktuelles Erleben hineinführen. Manche dagegen sind Übungen, die Sie eher längerfristig in aktueller Selbstwahrnehmung und Selbstmanagement trainieren. Dennoch werden sie einen Einfluß haben auf Ihr Leben und Ihre Art, die Umwelt wahrzunehmen. Dann ist es an Ihnen, darüber soviel und so intensiv zu schreiben, wie es Ihnen wichtig ist. Und ebenso ist es an Ihnen, diese Erfahrungen in den Zusammenhang Ihres aktuellen Lebensalltags zu stellen, diesen nicht zu übergehen, ihm neben den konkreten Übungserfahrungen Raum zu geben in Ihrem Tagebuch – sei es chronologisch, im Wechsel mit den Übungsangeboten aus unserem Buch, oder sei es in unterschiedlichen Sektionen, wie wir es zu Anfang dieses Kapitels als Möglichkeit vorgestellt haben.

Sich und Ihre Texte besser verstehen

Im Schreiben sind wir oft uns selbst, unserem bewußten Wissen um Zusammenhänge unserer Geschichte und unserer Befindlichkeit weit voraus. Wir geben Erinnerungen Raum, an die wir jahrelang nicht gedacht haben, wir lassen innere Bilder und Symbole sprechen, möglicherweise vergessen wir die Zeit beim Füllen der Zeilen und Seiten. Anschließend, beim Wiederlesen, kann es uns passieren, daß wir uns nur noch ungenau erinnern an den Prozeß, in dem wir uns zuvor befunden haben. Das gilt um so mehr, wenn wir einen bestimmten Text erst nach geraumer Zeit wieder zur Hand nehmen. Was uns im Fluß des Schreibens so klar schien, ist uns nun fremd, in der Tiefe seiner Bedeutsamkeit entschwunden, wie ein Traumbild.

Das ist nicht problematisch, wenn wir ein Thema beim Schreiben bereits für uns ‹abgearbeitet›, uns befreit, die Angelegenheit damit abgeschlossen haben. Häufig genug kann aber auch etwas ganz anderes passieren: Wir schreiben, erleben Befreiung und Klarheit oder auch nur so etwas wie eine Ahnung, in welcher Richtung wir mehr Klarheit finden könnten, legen den Text, das Tagebuch beiseite und verstehen beim späteren Lesen kaum noch, was das damals sollte. Um so besser verstehen wir es aber dann, nachdem wir eine Lebenssituation durchlaufen haben, die ähnlich gelagert war wie das Beschriebene. Und sagen uns dann: ‹Das hätte ich doch besser wissen können! Hier steht ja schon alles!›

Daß es zu einer solchen Situation kommt, ist dann wahrscheinlich, wenn eine Tagebucheintragung, ein Text Sie auch nach dem Schreiben, auch beim Wiederlesen bewegen, ohne daß Sie so genau sagen könnten, weshalb eigentlich. Dieses Gefühl, berührt zu sein, ohne daß uns dazu klare Gedanken kommen, ist mein ein Zeichen dafür, daß es sich hier um ein Thema handelt, an dem wir unbewußt noch ‹arbeiten›. Hier können wir unser Unbewußtes mit folgender Übung unterstützen:

✍ *Übung: Geschriebene Texte ‹ausschöpfen›:*
Beginnen Sie wieder mit dem, was wir immer, in jeder Situation und bei jedem Verstehensgrad zur Verfügung haben: mit Ihren eigenen Assoziationen zu einer eher befremdenden Eintragung. Schreiben Sie Ihre Assoziationen diesmal jedoch nicht ‹frei› herunter: Befragen Sie sich vielmehr gezielt nach Assoziationen zu bestimmten Punkten Ihres Befindens, die im Zusammenhang mit der im Tagebuch beschriebenen Erfahrung bedeutsam sein könnten. Setzen Sie sich dazu mit denjenigen der folgenden Fragen auseinander, die Sie am meisten ansprechen, wobei Sie wiederum Ihre bisherigen Tagebuchaufzeichnungen als Assoziationspool heranziehen können:

An welchem Punkt meines Lebens stehe ich jetzt?

Paßt die Erfahrung, das Gefühl, um das es mir geht, dazu?

An welchen Punkt, an welches Kapitel meiner Lebensgeschichte erinnert mich diese Erfahrung?

Stand ich womöglich schon einmal an einem ähnlichen Punkt? Wann? Wie habe ich damals entschieden? Und wie stehe ich heute zu dieser Entscheidung? Ist da noch etwas offen?

Ist dieses Thema oder auch dieses Gefühl, das mich – jetzt oder in meinem Text – bewegt, vielleicht bereits ein- oder mehrmals in meinen Träumen aufgetaucht? Vielleicht auch nur als scheinbarer Nebenaspekt? Was sagen meine Aufzeichnungen?

Was für ein Bild, was für ein Symbol fällt mir für die Erfahrung ein?

Wie fühle ich mich ganz konkret körperlich, wenn ich den Text lese oder noch einmal an die Erfahrung zurückdenke?

Welche weiteren Gefühle und Erinnerungen hängen an dieser Erfahrung?

Welche Gedanken und Bewertungen zu dieser Erfahrung gehen mir durch den Kopf?

Was würden wohl andere dazu sagen? Personen meiner Vergangenheit? Gegenwärtige Bezugspersonen?

Schreiben Sie Ihre Assoziationen zu einigen der Fragen und lassen Sie sie zunächst einmal liegen. Aus dem Abstand heraus wird Ihnen einiges beim nächsten Lesen noch klarer werden. Notieren Sie sich dann Ihre vorläufige Erkenntnis und – ebenso wichtig – die Schlüsse, die Sie daraus womöglich für Ihren weiteren Umgang mit diesem Punkt ziehen!

☛ **Tip**

Wenn Sie den Eindruck haben, daß alle genannten oder auch noch andere Fragen wichtig sein könnten zum Thema, dann arbeiten Sie sie längerfristig, über mehrere Tage oder auch Wochen verteilt, ab. Meist klären sich, wenn wir den Klärungsprozeß erst einmal an einem Punkt begonnen haben, andere Aspekte schrittweise mit, ohne daß wir alle bearbeiten müßten. Manches klärt sich auch unbewußt, z. B. im Traum. Gehen Sie immer wieder einmal an Ihre Aufzeichnungen heran, ergänzen Sie sie um Aspekte, die Ihnen spontan wichtig erscheinen, bis sich aus den Puzzlesteinen ein Bild herauszukristallisieren beginnt. Aber bedenken Sie: Dieser Kristallisationsprozeß verläuft recht eigenständig. Zwingen Sie ihn nicht, vertrauen Sie auf die Kompetenz Ihres Unbewußten, geben Sie sich Zeit und belohnen Sie sich für Ihre stetige Arbeit an sich selbst, indem Sie sich genügend Gutes tun.

Den inneren Abstand austarieren

Vom Wert des Ritualisierens und Strukturierens Ihrer Tagebuchschreiberfahrungen haben wir schon in der Einleitung gesprochen. Sicherlich ist Ihnen ja neben der von uns vorgeschlagenen Weise, ein Tagebuch zu führen, die üblichere, gängigere Form durchaus auch vertraut, sei es aus eigener Schreiberfahrung, sei es durch die Lektüre veröffentlichter Tagebücher oder sei es auch durch das Gespräch mit tagebuchführenden Freunden: der Weg, eben alles, was uns im Sinn ist, was wir erlebt haben oder was uns bewegt, zu notieren und Punkt. Fertig. Einfach herunterzuschreiben, was als Erfahrung oder Erinnerung in uns ist – das kann befreiend sein, aber auch beengend. Letzteres besonders dann, wenn wir uns dabei, ohne es bewußt zu wollen, immer tiefer in eine bestimmte, vielleicht problematische Befindlichkeit ‹hineinschreiben›. Und dann womöglich um so schwerer aus ihr wieder herausfinden – uns also mit Hilfe des Tagebuches eher traumatisieren denn stärken. Solche Erfahrungen können im besseren Fall der Anlaß sein, das Tagebuchschreiben sein zu lassen – im schlimmeren können sie auch einmal der Anlaß werden zur Entwicklung von – zuvor vielleicht nur leicht oder latent vorhandenem – psychischem Leid. Näheres hierzu und Tips zum Umgang mit regelrechten Schreibkrisen finden Sie in Kapitel 5 dieses Buches. An dieser Stelle jedoch einige Tips zur Vorbeugung.

Vor allem folgende Strategien haben sich unserer Erfahrung nach bewährt, um das Schreiben auch über längere Zeiträume hinweg als bereichernden und vorwiegend vergnüglichen Vorgang zu genießen und die aufwühlenden Seiten dieses Prozesses gering zu halten. Oder sie als kreativen Stimulus zu nutzen:

In Portionen schreiben!

Das heißt: Das Prinzip ‹von Tag zu Tag› beibehalten! Oder ‹von Woche zu Woche› oder wie auch immer Sie es sich einteilen mögen. Also: Regelmäßig mit Ihrem Tagebuch arbeiten und ebenso regelmäßig die Dinge auch wieder ruhen lassen, Abstand einlegen, Ihrem Unbewußten eine Chance geben, die Schreiberfahrung zu verdauen und eigene, kreative Wege zu gehen. Bei der nächsten oder übernächsten ‹Schreibportion› werden Sie erfreuliche und unerwartete Überraschungen erleben, manche momentan schwierig scheinenden Probleme werden sich beinahe von selbst gelöst haben.

(Auf die Gefahr hin, uns zu wiederholen:) Das Schreiben ritualisieren!

Das kann im Laufe der Zeit ganz Verschiedenes heißen, je nachdem, welche Rituale Ihnen gerade besonders guttun. Möglicherweise möchten Sie zu einer bestimmten Zeit schreiben, an einem bestimmten Ort, auf eine bestimmte Weise: mit einer Tasse Tee, einer Kerze, bei einer bestimmten Musik. Aber auch dann, wenn Sie am Tagebuchschreiben gerade die Flexibilität und Vielfalt seiner Möglichkeiten schätzen, den Freiraum, gerade dann und dort zu schreiben, wann und wo Ihnen danach zumute ist, können Sie gewisse Rituale nutzen: Der Gebrauch Ihres Lieblingsfüllers und die Gewohnheit, vor dem Schreiben einige Momente lang einfach still zu sitzen und nach innen zu lauschen, sind Beispiele für die Ritualisierung des Schreibens selbst.

Der Sinn solcher Rituale ist vor allem der, das Ein- und Aussteigen in den und aus dem Schreibprozeß und den mit ihm einhergehenden Erfahrungen zu erleichtern, es einfach zur Gewohnheit werden zu lassen. Und je leichter es Ihnen fällt, hier ein- und auszusteigen, desto leichter wird Ihnen das zuvor angesprochene ‹In Portionen schreiben› fallen: Sie ‹bleiben dran› an Ihren Themen, an Ihrem Tagebuch, ohne sich zu überfordern und können sich deshalb auch intensivere Schreiberfahrungen leisten. Und schließlich können Rituale selbst auch einfach Spaß machen, ein Stückchen Lebensqualität bedeuten. Probieren Sie's aus!

Ab und an die Schreibtechnik wechseln! Auch dann, wenn es Ihre speziellen Lieblingsschreibtechniken sind: Machen Sie es sich zum Prinzip, immer wieder einmal auch eine andere Technik, einen anderen Stil zu probieren. Ab und an macht es auch Sinn, sich ein und demselben Thema auf solche unterschiedlichen Weisen zu nähern. Insbesondere dann, wenn Sie an einem Thema sitzen, das Sie tiefer berührt und bewegt, wird sich eine solche Flexibilität bewähren. Denn jeder derartige Wechsel der Technik erleichtert auch einen Wechsel der Empfindungen und Einschätzungen dem Thema gegenüber und enthält die Chance, die Dinge aus einer neuen Perspektive zu betrachten.

✍ *Übung: Mit Form und Sprache spielen*

Probieren Sie einmal aus, eine bestimmte Erfahrung, die Sie in einem Text geschildert haben, mit zwei einander recht gegensätzlichen Schreibtechniken genauer zu erforschen. Zum Beispiel:

Erst Freewriting – dann das für Sie Wichtigste zusammenfassen in drei Sätzen. Oder:

Erst einen Brief schreiben an eine Person, Ihre Befindlichkeit schildern – dann dieselbe Situation von außen, beobachtend, beschreiben. Oder:

Eine Liste mit den Fakten anlegen – dann im Dialog die Fakten befragen. Oder:

ein Traumbild befragen – dann die Texteindrücke, Traumerinnerungen und Ihre Assoziationen in einer oder auch mehreren Listen nach verschiedenen Gesichtspunkten ordnen.

Beobachten und notieren Sie anschließend Ihre Gefühle in bezug auf die beschriebene Erfahrung während jeder der beiden Schreiberfahrungen.

Literatur

Allert-Wybranietz, K.: Wie finde ich den richtigen Verlag?, München 1994.

Baldwin, C.: One to One. A new and updated Edition of the Classic Self-Understanding Through Journal Writing, New York 1991.

Breton, A.: Kommunizierende Röhren, Frankfurt 1985.

Camus, A.: Tagebücher, Reinbek b. Hamburg 1963.

Capacchione, L.: The Creative Journal, Ohio 1979.

Da Vinci, L.: Tagebücher, Leipzig 1923.

de Beauvoir, S.: Memoiren einer Tochter aus gutem Hause, Hamburg 1961.

Dunne, P. B.: Creative Journal, Los Angeles 1995.

Frank, Anne: Tagebuch, Heidelberg 1950.

Johnson, D.: Creative Guide to Journal Writing. How to enrich your life with a written Journal, Louisville 1989.

Jung, C. G.: Erinnerungen, Träume, Gedanken, Olten 1986, 4. Aufl.

Ders.: Ein moderner Mythus. Von Dingen, die am Himmel gesehen werden, 1958, in: Ges. Werke X, 1974, Zivilisation im Übergang, S. 461.

Schiwy, M.: A Voice of Her Own, New York 1996.

Thomas, K.: Praxis des Autogenen Trainings. Selbsthypnose nach J. H. Schultz, Stuttgart, New York 1989, 7. Aufl.

Uschtrien, S.: Handbuch für Autorinnen und Autoren. Adressen und Informationen aus dem deutschen Literatur- und Medienbetrieb, München 1997, 4. Aufl.

Wimschneider, A.: Herbstmilch, München 1992.

Woodward, P.: West Magnolia 1994, 4. Aufl.

Woolf, Virginia: A writer's diary, London 1953.

Kapitel 2

Ein literarisches Tagebuch schreiben

«Das ist mein wirklicher Grund für das Tagebuchschreiben. Ich schreibe Tagebuch, nicht um berühmt oder nach meinem Tod gefeiert zu werden, sondern um das Leben um mich herum zu steigern und kreativer werden zu lassen.»

ANAÏS NIN

«Das Tagebuch ist wie der Mond,
wie ein großer Magnet,
der Informationen aus dem Unterbewußtsein
an die Oberfläche bringt,
um mit ihnen bewußt weiterarbeiten zu können.»

KATHLEEN ADAMS

«Gott will nicht, daß ich Tagebuch schreibe,
ich aber, ich muß.»

FRANZ KAFKA

2.1 Zur Geschichte des literarischen Tagebuchs

Das Tagebuch kann als «Retorte zur Prüfung der Intuition, als Pult zum Entwurf einzelner Arbeiten, als Hilfe bei der Erinnerung von Einfällen oder als Brutkasten für Handlungsabläufe dienen» (G. R. Hocke 1978, S. 32). Das Künstlertagebuch wird oft der Aufnahmeort erster Visionen, der Erprobung von neuen Arbeitstechniken und ästhetischen Effekten. Das Tagebuch war für viele Literaten ein Übungsgelände der Kreativität und vieler Kreativitätstechniken. Bei Rainer Maria Rilke entstanden nach enttäuschenden sozialen Erlebnissen und nach beglückenden Naturerfahrungen im Tagebuch gleich Gedichte (R. M. Rilke 1942, S. 258). Max Frisch benutzte das Tagebuch, nicht um die Fakten, sondern um die Fiktionen der Wirklichkeit zu erforschen. Karl Philipp Moritz schuf aus einem Tagebuch seinen 1785–1790 erschienenen Roman «Anton Reiser». Jean J. Rousseau erarbeitete in seinen Tagebüchern die gelesene Realität mit fünf Sinnen: «In seinen Tagebüchern riecht er, schmeckt er, hört er, tastet er und sieht er Bücher» (G. R. Hocke 1978, S. 355).

Frédéric Amiel entwickelte in seinen Tagebüchern Tabellen, um Lebenserfahrungen abbilden zu können. Friedrich Nietzsche bietet in seinen Tagebüchern «Analysen, Einteilungen, kritische Skizzen, Abschriften, Darlegungen und Deduktionen» (G. R. Hocke 1978, S. 357).

Um von einem Tagebuch bloßer Fakten und simpler Texte zu einem literarischen Tagebuch zu kommen, sollten die Kreativitätsmethoden beim Schreiben von Tagebüchern noch erweitert werden. Diese Kreativitätsmethoden könnten dem Schreiber helfen, in seinem literarischen Tagebuch folgende Dinge besser zu tun:

Gefühle besser auszudrücken,
Spaß am literarischen Schreiben zu erleben,
mit Worten und Sätzen zu spielen,
literarische Formen wie Gedicht und Kurzgeschichte zur Entwicklung einer authentischen eigenen Schreibe zu benutzen,

kreative Schreibtechniken und unterschiedliche Schreibstile kennenzulernen,

die rechte Gehirnseite und das eigene Unbewußte beim Schreiben einzubeziehen,

die Beobachtung der Umwelt und der eigenen Innenwelt zu vertiefen,

das eigene Lesen literarischer Texte besser mit der eigenen literarischen Schreibqualifikation zu verbinden.

2.2 Literarische Texte von Tagebuchschreibern in extremen Lebenslagen

Die Ziele des literarischen Tagebuchschreibens können nicht nur von hochgebildeten, akademischen Personen erreicht werden. Wir wollen im folgenden einige Beispiele aus literarischen Tagebuchschreibgruppen vorstellen, die ganz bewußt aus Tagebuchschreibseminaren mit wenig gebildeten, unterprivilegierten, isolierten Personen der Gesellschaft stammen. Sie zeigen, daß die poetische Kraft durch kreatives Schreiben im Tagebuch in jedem Menschen entdeckt und geweckt werden kann. Ein schizophrener Mörder schrieb die beiden folgenden Tagebuchtexte über seine Mordtaten:

Es hallte Aufschrei, auf menschlichen Schrei gleich zurück.
Es waren nicht Menschen, es waren die Tiere, die Bestien.
Die aßen Tollkirschen und tranken Leponex und Blut.
Damit kein verzweifelter Hilferuf durch Echo ausgeschrien
werden kann
Kamen sie um Echo zu töten, ihm Sprache zu rauben.
Und fesselten Echo und steckten ihm Knebel in den Mund.
Es dauerte lange, die Folter, der Mord und der Wahnsinn
Und wurde das Echo mit Stiefeln getreten
Sehr lang, sehr lang.
Die Röte des Morgens hat Echo beim Sterben gesehen
Im Hagel der Kugeln
Und spritzten die Tränen
Wie Steine aus verwundetem Fels. J. K.

Der Weg beginnt in einem Sumpf. Der steinige Weg führt durch den Friedhof in die Hölle. Auf dem Weg liegen Steine,

> die so hart und kantig sind, daß sie die Füße verletzen. Auf dem Wege liegen Glasscherben: Die Blutspuren sind überall sichtbar. Der Weg brennt, ist von einer Rauchwolke umgeben. Er führt direkt in den Abgrund. Die Steine sind glühend heiß. Die tiefen Gruben auf dem Wege sind mit kochendem Teer gefüllt. Manchmal führt der Weg durch den Sumpf. Statt einer Rauchwolke ist dann der Weg von einer Nebelwolke umgeben. Überall lauert der Tod.

Die Überwindung ihres Verfolgungswahnes beschreibt der folgende Tagebuchtext einer Patientin aus der Psychiatrie:

> Schlecht beleuchtet, schmale Straßen laufe ich des Nachts allein. Schritte immer hinter mir. Werden schneller, wie die meinen. Panik kommt. Das Herz schon trampelt. Zittern durch den Körper rollt, renne schließlich um mein Leben in ein dunkles Haus hinein, dann durch eisige Kellergänge. Komm auf einen fremden Hof, schwarzer Himmel, Sternenpracht haben mich dann ausgelacht. P. A.

Eine manisch-depressive Frau beschrieb in einer Tagebuch-Eintragung ihre größten Phantasien mit folgenden Worten:

> Sprang in einen Silbersee tauchte tief und sah dann schon
> Sonne schien im tiefsten Grund.
> Alles war mir untertan.
> Hatte eine Welt für mich. S. F.

Aus diesen Tagebuchblättern spricht die Poesie der Unpoetischen. Diese Blätter sollten auch anderen Mut zum Schreiben machen, um die Kraft der Poesie zu erleben. Deshalb stellen wir im nächsten Abschnitt viele Methoden für das literarische Schreiben im Tagebuch vor, die auch schon von den eben vorgestellten Schreibern bei hren Tagebucharbeiten genutzt wurden.

2.3 Übungen zum literarischen Schreiben im Tagebuch

> *«Ich bin von zuhause fort*
> *und muß immer fort in meinem Tagebuch*
> *nachhause schreiben, auch wenn alles*
> *zuhause längst fortgeschwommen sein sollte*
> *in die Ewigkeit.»*
>
> Franz Kafka

1. TAG

Die kleinen Dinge

«Tagebuchschreiben entzündet sich an den kleinen Dingen des Alltags», sagt der amerikanische Dichter William Carlos Williams. Das Schreiben über die kleinen Dinge kann den Schreiber dann zu größeren Zusammenhängen führen.

Aufgabe: Listen Sie alle Dinge in Ihrem Haushalt auf, die Sie besonders gern haben. Schreiben Sie dann auf, weshalb das eine oder andere Ding so wichtig für Sie ist.

2. TAG

Begebenheiten

In jeder Erzählung wirken besonders die Details, die kleinen Begebenheiten, die im täglichen Small-Talk geäußert werden.

Aufgabe: Schreiben Sie heute alle kleinen Geschichten auf, die das Leben in der letzten Woche für Sie geschrieben hat: Trennungen, Heiraten, Finanzspekulationen, Umzüge, Renovierungen, Phantasiestorys, Erziehungsprobleme usw.

3. TAG

Fakten

Jeden Tag werden wir mit Fakten konfrontiert, die unseren Alltag bestimmen. Im Radio hören wir Wettermeldungen. Im Fernsehen läuft ein Film über Wasserbüffel. Auf Plakaten wird für die Südsee geworben.

✎ *Aufgabe:* Schreiben Sie heute einmal die Fakten auf, die Sie heute gehört haben. Schreiben Sie eine kleine Erzählung mit Einleitung, Hauptteil und Schluß, in der alle gehörten Fakten vorkommen.

4. TAG

Neue Fragen

Wenn Sie etwas in Frage stellen, eröffnet sich Ihnen ein Zugang zur befragten Welt.

✎ *Aufgabe:* Schreiben Sie die wichtigsten Fragen Ihres Lebens auf. Schreiben Sie dann als Antwort ein Schneeballgedicht mit zehn Zeilen. Ein Schneeballgedicht hat folgenden Aufbau:

1. Zeile ein Wort,
2. Zeile zwei Worte,

bis zehnte Zeile 10 Worte.

5. TAG

Listen

Schriftsteller sind Wortjäger. Sie sammeln spezielle Worte in Form von Listen: Listen von Personennamen, von Inseln, von Titeln, von Ländern, von Orten und von Plots.

✎ *Aufgabe:* Legen Sie eine Liste von Fremdwörtern an, machen Sie dann aus diesen Wörtern ein Gedicht.

6. TAG

Zeilen

Autoren sind gierig auf originelle Sätze, immer in der Hoffnung, sie eines Tages in einem literarischen Text verwenden zu können.

✎ *Aufgabe:* Schreiben Sie jetzt die wichtigsten Sätze auf, die Sie bei anderen Autoren gelesen haben und die in Ihrem Gedächtnis eingegraben sind.

7. TAG

Sternenaugenblicke

Einmal an jedem Tag sieht man irgendein Ding, eine Person, ein Gespräch, eine Pflanze usw. ganz klar und deutlich vor sich. Das Bewußtsein öffnet sich dann gegenüber dem entdeckten Objekt. Der helle Augenblick ist kurz, dann geht das «Dunkel des gelebten Augenblicks» weiter.

✏ *Aufgabe:* Beschreiben Sie den «Lichtblick», den Sie heute hatten.

8. TAG

Beobachtungen in der Natur

Wenn Sie Ihr Tagebuch mit auf Spaziergänge und Wanderungen nehmen, dann ergeben sich oft Situationen, in denen Sie eine kleine Begebenheit zum Schreiben motiviert.

✏ *Aufgabe:* Machen Sie einen Spaziergang und notieren Sie eine Begebenheit.

9. TAG

Gerüche

Die Welt ist dichter in ihren Gerüchen als in den Bildern ihrer Augen.

✏ *Aufgabe:* Beschreiben Sie die Gerüche der verschiedenen Räume Ihrer Wohnung oder beschreiben Sie, wie Verliebte riechen, wenn sie aus einer dunklen verregneten Nacht in das helle Licht einer Parkampel treten.

10. TAG

Fachsprachen

Überall ist die Welt in berufliche Sprachen aufgeteilt.

✏ *Aufgabe:* Beschreiben Sie eine kurze Unterhaltung in einem Anwaltsbüro oder in einer Klinik oder in einem Lehrerzimmer oder auf einer Polizeistation.

11. TAG

Lokalkolorit

Meist sprechen alle Deutschen kein perfektes Hochdeutsch, sondern sie ‹berlinern›, sie sprechen hessisch oder bayerisch usw.
✏ *Aufgabe:* Schreiben Sie ein kurzes Gespräch zwischen einem Bayern und einem Berliner auf.

12. TAG

Originelle Worte

Jeder Mensch erfindet in seinem Leben wenigstens einmal ein ganz originelles Wort. In natürlichen Alltagssituationen werden manchmal überraschend unkonventionelle Worte ausgetauscht. Es gibt außerdem Wörterbücher zum Jugend-Slang, zum Jüdischen, zum Rotwelsch, zur Sexualität usw.
✏ *Aufgabe:* Sammeln Sie heute mal fünf originelle Worte aus verschiedenen Sprechkulturen und schreiben Sie aus ihnen ein Gedicht. Benutzen Sie dabei die Gedichtform des Elfchens, d. h., schreiben Sie die

erste Zeile ein Wort,
zweite Zeile zwei Worte,
dritte Zeile drei Worte,
vierte Zeile vier Worte,
gestalten Sie die fünfte Zeile nur als ein einziges Wort, als einen Ausruf, mit Ausrufungszeichen!

13. TAG

Originaldialoge

Die Gespräche im Alltag haben eine eigene Färbung und Kürze.
✏ *Aufgabe:* Schreiben Sie mal die Gespräche auf, die Sie gestern mit Ihrer Frau, Ihrem Mann, Ihren Kindern oder Ihrer Bezugsperson geführt haben.

14. TAG

Erinnerungen

Die Vergangenheit hat oft einen besonderen poetischen Schein.
✏ *Aufgabe:* Denken Sie jetzt an eine schöne Erinnerung aus Ihrer Jugend. Schreiben Sie ein kleines Gedicht über diese Erinnerung. Schreiben Sie dieses Gedicht als seriellen Text, dessen jeweilige Zeile immer mit den Worten beginnt: «Ich erinnere mich...»

15. TAG

Goldene Worte

Beim Lesen wichtiger Bücher fallen einem oft ganz toll gelungene Sätze auf. Beim Lesen von Gedichten treten Zeilen auf, die man nicht vergißt.
✏ *Aufgabe:* Schreiben Sie jetzt drei Zeilen von Gedichten auf, die Sie nie vergessen werden. Basteln Sie dann aus diesen Zeilen ein eigenes Gedicht, das sich als Haufengedicht immer auf dieselbe Silbe reimt.

16. TAG

Richtigen Mist schreiben

Wir müssen uns hin und wieder erlauben, richtigen Mist zu schreiben: fehlerhaften Kitsch, völlig mißratene Metaphern, nicht gelungener Satzbau. In jedem Tagebuch eines großen Dichters stehen glänzende Passagen, aber auch richtiger Kitsch.
✏ *Aufgabe:* Schreiben Sie heute mal richtigen kitschigen Mist, ohne ihn durchzustreichen oder zu verbessern.

17. TAG

Ihr Tagebuch als Schreibanregung

Es gibt Tage, da fällt einem überhaupt nichts ein. Die Zeit ist bleiern. Der Kopf ist leer.
✏ *Aufgabe:* Stellen Sie sich vor, heute fällt Ihnen überhaupt nichts ein.

Lesen Sie deshalb Ihr Tagebuch, bis Sie irgendeine Ihrer Eintragungen zu einem heutigen Antworttext motiviert.

18. TAG

Die Realität verfremden

Mit Worten läßt sich an der Realität viel ändern. Die Charaktere von Personen, die Probleme, der Ort und die Zeit der Handlung, das Resultat eines Konflikts, alles läßt sich wieder ändern.
Aufgabe: Schreiben Sie heute erst eine kleine Geschichte mit Einleitung, Hauptteil und Schluß. Schreiben Sie dann die Geschichte um, indem Sie alles in der Geschichte verändern, besonders aber den Stil. Schreiben Sie deshalb Ihre kleine Geschichte einmal als romantisches Märchen und zum anderen als naturalistische pure Beschreibung.

19. TAG

Die Realität vertiefen

Die Welt ist nicht, wie sie ist. Sie hat viele geheime Tiefen, die sich erst den geheimnisvollen Worten öffnen.
Aufgabe: Schreiben Sie eine völlig triviale Geschichte in zehn Sätzen. Schreiben Sie sie dann als völlig geheimnisvolle Geschichte um, die viele romantische Metaphern und Figuren benutzt. Schreiben Sie dann diese neue romantische Geschichte mit den Einleitungssätzen: «Es war einmal...»

20. TAG

Musik

Das Hören von Musik versetzt uns oft in eine schöne Stimmung, die zum Schreiben reizt.
Aufgabe: Hören Sie mal Ihre Lieblingsmusik und schreiben Sie ganz automatisch einen Text, der die Gefühle und Bilder erfaßt, die Ihnen beim Hören der Musik gekommen sind.

21. TAG

Der Lieblingsautor

Jeder von uns hat einen Lieblingsautor oder eine Lieblingsautorin. Dieser Autor oder diese Autorin spricht einen besonders an mit ihren Figuren, Stimmungen und Problemen und mit seiner besonderen Sprache.

✎ *Aufgabe:* Suchen Sie sich nun eine Prosastelle aus Ihrem Lieblingsautor und verwandeln Sie dann diese Prosastelle in Lyrik. Dabei entsteht immer ein Text, der linksbündig ist und rechts Flattersatz besitzt. Denken Sie daran, Lyrik muß sich nicht reimen.

22. TAG

Reine Erfindungen

Sie können Ihr literarisches Tagebuch als Abenteuer oder als Dschungel betrachten. Machen Sie Forschungen, Exkursionen, Erfindungen in Ihrem Kopf.

✎ *Aufgabe:* Schreiben Sie, so schnell Sie können, ohne jede Zensur, über den Plot einer Geschichte, und den Konflikt, einige Ideen zur Story, die Figuren, deren Charaktere und einen Dialog. Bauen Sie dann diese Elemente in eine moderne Kurzgeschichte ein, die wie eine Collage gebaut sein kann.

23. TAG

Kurze Skizzen

Oft reicht es Ihnen, im Tagebuch nur ganz kurze Texte zu schreiben: kurze Skizzen. Sie können über einen Charakter handeln, einen Platz beschreiben, eine Stimmung, eine Geste, ein kurzes Gespräch, ein Tier, ein Naturereignis. Skizzen umfassen immer nur wenige Zeilen. Sie haben einen Anfang, einen Mittelteil und einen Schluß, vielleicht am Schluß auch eine Pointe.

✎ *Aufgabe:* Sehen Sie sich um. Fassen Sie einen Schreibanlaß ins Auge. Schreiben Sie heute eine kurze Skizze. Schreiben Sie dann diese Skizze aus verschiedenen Perspektiven neu: z. B. aus der Perspektive einer Katze, einer Kommode oder eines Stadtstreichers.

24. TAG

Das eigene Schreiben beschreiben

Schreiben ist immer eine ganz harte Sache, bei der Erfüllung und Verzweiflung eng nebeneinanderstehen. Also ist es gut, mal einen Schreibtag einzulegen, der Ihrem eigenen Schreiben gewidmet ist: Beschreiben Sie Ihr Schreiben. Beschreiben Sie Ihre Schreibblöcke und Schreibtiefen. Loben Sie sich für Ihre Schreibmühe, entschuldigen Sie sich für Ihr Scheitern.
✎ *Aufgabe:* Erfinden Sie einen Verleger. Lassen Sie ihn einen kleinen lobenden Text über Ihre Tagebuchtexte schreiben. Lassen Sie diesen Verleger auch einige Tips formulieren, was Sie aus Ihren Tagebuchtexten noch entwikkeln können.

25. TAG

Die dunkle Seite der Seele

Vieles im Tagebuch wird ganz konventionell sein. Es ist immer durchaus gut gemeint. Aber vielleicht ist heute der Tag, wo Sie etwas tiefer in sich gehen wollen. Vielleicht haben Sie heute die Kraft, etwas über die dunkle Seite Ihrer Seele zu schreiben, etwas über Ihren Schatten.
✎ *Aufgabe:* Schreiben Sie eine Liste dunkler Erinnerungen, peinlicher Situationen, über Seiten an Ihnen, die Sie lieber vergessen würden. Notieren Sie also schreckliche Selbsterkenntnisse. Streichen Sie dann die Liste wieder durch und schreiben Sie nun einen kleinen Text über eine einzige dunkle Erinnerung.

26. TAG

Rettung durchs literarische Tagebuch

Das literarische Tagebuch ist der richtige Platz für die Entwicklung Ihrer literarischen Träume. Hier können Sie sich ohne Kritik und Häme entwickeln. Hier können Sie sich über Jahre begleiten. Hier können die 90% Ihres literarischen Eisberges in Erscheinung treten, die bei den sonst üblich sichtbaren 10% niemand jemals zu Gesicht bekommt. Hier können Sie ganz ehrlich sein, wo sonst?

✎ *Aufgabe:* Beschreiben Sie jetzt Ihren größten literarischen Traum, ganz ehrlich und ohne jede Rücksicht. Beschreiben Sie ihn nur für sich.

27. TAG

Ich kann mich nicht erinnern

Oft verbergen sich hinter Ihren Gedächtnislücken aufregende Neuigkeiten.
✎ *Aufgabe:* Beginnen Sie einen Satz mit den Worten: «Ich erinnere mich nicht, daß...», und lassen Sie alle Einfälle folgen, die in Ihnen das Erinnerungsverbot auslöst.

28. TAG

Zauberworte

Jeder Mensch hat im Leben Worte gehört, die einen unsagbar schönen Eindruck vermitteln.
✎ *Aufgabe:* Listen Sie nun alle Zauberworte auf, die Ihnen einfallen. Benutzen Sie dann diese Worte in einem kleinen Text.

29. TAG

Nur Lügen

Jeder von uns lügt. Wir haben in der Vergangenheit gelogen, und wir werden in der Zukunft lügen. Aber nicht alle Lügen sind schlecht. Viele Lügen haben ihre guten Gründe.
✎ *Aufgabe:* Schreiben Sie heute nur Lügen in Ihr Tagebuch.

30. TAG

Träume

Viele Texte entstehen wie Träume. Viele Texte sind Träume. Aus Träumen können Geschichten entstehen.
✎ *Aufgabe:* Schreiben Sie jetzt einen Ihrer Träume auf, der Ihnen spontan einfällt. Achten Sie beim Schreiben darauf, wie Sie den Traum erweitern und

vertiefen sowie mit einem Schluß versehen können, der aus Ihrem Traum eine runde Geschichte macht.

31. TAG

Das Unsagbare

Das eigene Schreiben erweitert sich, wenn es sich am Unsagbaren abarbeitet.
✏ *Aufgabe:* Wählen Sie eine Idee, die Sie bisher noch niemals schriftlich ausreichend darstellen konnten. Schreiben Sie eine Minute Freewriting über diese Idee, und sehen Sie dann zu, ob Sie beim Sagen des Unsagbaren ein kleines Stück weitergekommen sind.

32. TAG

Leichte Trance

Oft schreiben wir in leichter Trance und folgen den inneren Bildern, die wir gar nicht sehen, die aber höchst eindrucksvoll sind, wenn sie auf dem Papier erscheinen.
✏ *Aufgabe:* Beginnen Sie heute einen Text mit den Worten: «Ich sehe nicht…, und schreiben Sie weiter, wohin Ihre Schreibe Sie auch führen wird.

33. TAG

Ursache und Wirkung

Das Schreiben verknüpft oft Ursache und Wirkung und stiftet damit wichtige Erkenntnisse über unsere Lebenswelt. Die Ursache- und Wirkungsregel heißt: «Wenn X passiert, dann folgt Y.»
✏ *Aufgabe:* Schreiben Sie heute so viele «Wenn – dann – Sätze» wie möglich. Stellen Sie dann fest, welche neuen Einsichten die Sätze über Ihre Lebenswelt erbracht haben.

34. TAG

Küsse

Beim Küssen sind alle fünf Sinne intensiv beteiligt. Das Küssen ist eine der intensivsten Begegnungen zwischen zwei Menschen.
✎ *Aufgabe:* Schreiben Sie über die Küsse, die Sie heute ausgetauscht haben – oder wann auch immer Ihr bislang letzter Kuß war –, und über die Gefühle, die das Küssen bei Ihnen ausgelöst hat. Schreiben Sie dann darüber, was das Küssen bei der anderen Person hervorgerufen haben mag.

35. TAG

Ängste

Ängste sind nicht angenehm, aber meist eine intensive Schreibanregung. Viele unserer Einfälle werden durch Ängste angeregt. Beim Schreiben über Ängste verwandeln sich die Angstobjekte. Sie werden zu Furchtobjekten und verlieren ihren zermürbenden Charakter.
✎ *Aufgabe:* Machen Sie jetzt eine Liste aller Ihrer Ängste. Wählen Sie eine Angst aus und beschreiben Sie sie so genau, wie Sie nur können. Schreiben Sie dann so lange, bis sich die diffuse Angst in konkrete Furcht verwandelt und kleiner wird.

36. TAG

Fliegen

Flugträume begleiten unser Leben. Sie haben oft eine magische Kraft.
✎ *Aufgabe:* Schreiben Sie das Wort «Fliegen» auf eine neue Seite Ihres Tagebuchs und ergänzen Sie, was Ihnen zu diesem Wort einfällt. Aus allen gewonnenen Worten entwickeln Sie dann eine Kurzgeschichte.

37. TAG

101-Wort-Liste

Unser Unbewußtes hält viele Einfälle für unser Schreiben bereit. Eine gute

Technik, diese Einfälle zu fassen, ist die Listentechnik. Z. B. zu Themen «101 Plätze», die ich kenne, oder «101 Arten», jemanden zu küssen.
✎ *Aufgabe:* Stellen Sie sich nun eine Liste zum Thema zusammen: «101 Arten zu schreiben ...» Versuchen Sie die Liste zu erstellen und überlegen Sie dann, was Sie Neues über das Schreiben entdeckt haben. Wenn sie eine neue Schreibtechnik entdeckt haben, dann sollten Sie sie sofort auch ausprobieren.

38. TAG

Schreiben ohne Regeln

Die moderne Prosa begann mit dem Versuch, alle Regeln der Grammatik, der Syntax, der Orthographie, der Kommaregeln – über Bord zu werfen.
✎ *Aufgabe:* Versuchen Sie heute, einen Text zu schreiben, der alle Regeln der Rechtschreibung verletzt. Beschreiben Sie dann die Wirkung dieses Versuchs.

39. TAG

50 Arten des Abschieds

Für viele Menschen ist der Abschied der schwerste Schritt im Leben. Aber das Leben ist ein ständiges Abschiednehmen und Neuanfangen.
✎ *Aufgabe:* Beschreiben Sie 50 Arten, wie Sie sich von einem geliebten Menschen trennen können, wenn Sie es müssen. Beginnen Sie 50mal den Satz: «Ich trenne mich, indem ich ...»

40. TAG

Warum? Weil!

Seit Ihren Kindertagen bewegt Sie die Frage «Warum?». Sie haben oft auf die Frage «Warum?» die Antwort «Weil!» bekommen.
✎ *Aufgabe:* Bilden Sie eine «Warum»- und eine «Weil»-Spalte. Schreiben Sie dann alle «Warum-Fragen» und alle «Weil-Antworten» in die rechte Spalte. Stellen Sie fest, welche neuen Erkenntnisse Ihnen am Ende dieser Übung gekommen sind. Kombinieren Sie dann ganz zufällige «Warum-Fragen» mit ganz zufälligen «Weil-Antworten» und gestalten Sie aus diesem Material ein Gedicht.

41. TAG

Nur eine Kerze

Die moderne Literatur benutzt die Metapher «Licht», um Wahrheit, Klarheit, Bewußtsein, Wissen, Wende zum Besseren auszudrücken.
✏ *Aufgabe:* Löschen Sie alles Licht. Zünden Sie eine Kerze an. Beschreiben Sie, was das Kerzenlicht für Einfälle in Ihnen auslöst. Löschen Sie dann die Kerze und notieren Sie Ihre Einfälle über die Dunkelheit in der Dunkelheit.

42. TAG

Gender Studies

Die Geschlechtsrolle legt viele Verhaltensweisen fest, gegen die heute meist revoltiert wird.
✏ *Aufgabe:* Beschreiben Sie eine Person, wie sie durch ihre Geschlechtsrolle geprägt wird. Beschreiben Sie dann, wie diese Person ihre Geschlechtsrolle wechselt, vom Männlichen ins Weibliche oder umgekehrt. Untersuchen Sie dann, wie Sie männliches und weibliches Verhalten charakterisiert haben.

43. TAG

Schweigen

Stellen Sie sich vor, Sie wollen heute Ihr Tagebuch benutzen. Ihnen fällt aber nichts ein. Damit haben Sie Ihr Thema: «Das Schweigen».
✏ *Aufgabe:* Beschreiben Sie das Schweigen als Abwesenheit von Geräuschen oder als wichtige biographische Erfahrung.

44. TAG

A B D C E

Viele Schreiber haben Probleme, eine Kurzgeschichte zu verfassen. Eine gute Hilfe für das Schreiben von Kurzgeschichten ist die Formel A B D C E, d. h., die Kurzgeschichte gliedert sich in fünf Abschnitte:

A = Action (Handlung)
B = Background (Hintergrund)
D = Development (Entwicklung)
C = Climax (Höhepunkt)
E = Ending (Ende)

✏ *Aufgabe:* Wählen Sie eine kurze Begebenheit aus Ihrer letzten Woche. Beschreiben Sie sie in fünf Sätzen, die jeweils einen der fünf Abschnitte der A B D C E-Formel abdeckt. Schreiben Sie dann die gleiche Geschichte noch einmal, ohne auf die Zahl der Sätze zu achten. Schreiben Sie dann die Geschichte dahingehend um, daß Sie besonders viel expressive Farbmetaphern in diese Geschichte einbauen.

45. TAG

Als Tourist in New York

Als Tourist entwickeln Sie lässige Aufmerksamkeiten für die völlig neue Umwelt. Sie lassen alle Eindrücke auf sich wirken. Sie sind offen für alle Entdekkungen. Die Welt enthüllt sich in einer neuen Art.

✏ *Aufgabe:* Heute sind Sie ein Tourist. Der Raum, in dem Sie sitzen, ist ein Raum in einem New Yorker Hotel. Schauen Sie nun aus dem Fenster hinaus auf New York. Beschreiben Sie mit allen fünf Sinnen, was Sie von New York wahrnehmen.

46. TAG

Kombination

Verben haben eine große Energie. Sie setzen Prozesse in Gang. Sie verändern den Blick.

✏ *Aufgabe:* Legen Sie zwei Spalten an: erste Spalte Substantive, zweite Spalte: Verben. Füllen Sie beide Spalten schnell aus. Versuchen Sie eine ungewöhnliche Kombination eines Substantivs mit einem Verb, das Sie dann als ersten Satz einer Kurzgeschichte benutzen können.

47. TAG

Hilfen gegen den Verlust der Schreibmitte

Oft werden Sie es erleben, daß Sie beim Schreiben nicht den Nagel auf den Kopf treffen. Sie schreiben sich von sich fort. Sie erkennen: Ich bin beim Schreiben überhaupt noch nicht bei mir.

✎ *Aufgabe:* Versuchen Sie den Umschalteffekt. Schreiben Sie über ein freigewähltes Thema, bis Sie merken, daß das Thema das Interesse verliert oder Sie das Interesse am Thema verlieren. Stoppen Sie. Beginnen Sie Ihren Text neu mit dem Einleitungssatz: «Was ich aber wirklich sagen wollte, ist...»

48. TAG

Der einzige Leser

Wir haben es im ersten Kapitel angesprochen: So gut wie immer, wenn wir Tagebuch schreiben, haben wir unseren idealen Leser oder unsere ideale Leserin im Auge. Diese Person kann ein Fremder sein, nach dem Sie sich sehnen, ein Freund, den Sie mögen, eine verwandte einsame Seele.

✎ *Aufgabe:* Beschreiben Sie heute den idealen Leser, die Leserin, den oder die Sie sich für Ihr Tagebuch wünschen. Vielleicht wird es ja die Art von Seelenfreundin, von der Anne Frank bei ihrem Tagebuchschreiben geträumt hat.

49. TAG

Ganz langsam schreiben

Wenn das Freewriting uns zu ganz schnellem Schreiben motiviert und uns viele innere Einfälle schenkt, so kann das ganz langsame Schreiben uns von einem Gegenstand überraschend viele neue Details erschließen.

✎ *Aufgabe:* Wählen Sie eine Blume. Schreiben Sie ganz langsam über sie: Wort für Wort in Ihrer schönsten Schrift. Stellen Sie sich dabei vor: Sie betrachten die Blume unter einem Vergrößerungsglas und dann unter einem Elektronenmikroskop.

50. TAG

Ein Brief

Jeder Mensch kommt durch Lesen zum Schreiben. Viele Autoren können angeben, welcher Schriftsteller Sie zum Schreiben animiert hat. Eine ganze Generation von modernen Schriftstellern ernannte James Joyce, Franz Kafka, Ingeborg Bachmann usw. zu ihren Vorbildern.

✏ *Aufgabe:* Überlegen Sie, wer Ihnen beim Schreiben als Vorbild dient. Schreiben Sie dann in der Rolle Ihres Vorbildes einen Brief an sich selbst über Ihr Schreiben.

51. TAG

Klischees

Wer schreibt, wird ständig vor der Benutzung von Klischees gewarnt, vor abgegriffenen trivialen Bildern und Ausdrücken, die jeden Leser nerven und völlig abschrecken.

✏ *Aufgabe:* Schreiben Sie einen kleinen Text über einen Sonnenuntergang voller Klischees. Ersetzen Sie dann alle Klischees Ihres Textes durch originelle Worte: durch romantische Metaphern, surrealistische Bilder, dadaistische Wortmontagen, postmoderne Stilakrobatik. Benutzen Sie für diese Umformung, wenn nötig, ein Synonymen-Lexikon.

52. TAG

Die Kunst, ein Gedicht zu schreiben

Für viele Autoren ist ein Gedicht zu schreiben die schwerste Aufgabe. Es gibt aber einen ganz einfachen Weg, zum Lyriker zu werden.

✏ *Aufgabe:* Schreiben Sie zuerst einen hochemotionalen Prosatext über das Leiden einer Person. Verwandeln Sie dann den Prosatext in Lyrik. Zu diesem Zweck muß der Prosatext stark gekürzt, die Zeilen müssen gebrochen, eine Leitmetapher muß im lyrischen Text entstehen, und die Worte sollten einen bestimmte Rhythmus gewinnen.

53. TAG

Weitere Wege zum Gedicht

Gedichte lassen sich leichter schreiben, wenn eine Startzeile mit «Ich» vorgegeben wird und Assoziationen mit allen Sinnen des Sehens, Hörens, Fühlens, Schmeckens, Riechens den Reizworten der ersten Zeile folgen. Solche Ich-Zeilen lauten:

Ich verließ...
Ich habe gesehen...
Ich habe gehört...
Ich habe geschmeckt...
Ich singe...
Ich liebe den Weg...
Ich bin einsam...
Ich erinnere mich...
Ich möchte...

Auch Zeilen, die mit einer starken sinnlichen Erfahrung beginnen, können leicht in lyrische Texte führen. Dafür einige Beispiele:

Warte auf...
Sehe die... und höre das...
Schmecke den...
Folge dem...
Die Nacht ist ein...
Die Dämmerung fiel...

Schließlich können sich auch zu Reizworten bei geschlossenen Augen innere Bilder einstellen, und diese gefundenen Bilder können Sie dann in ein Gedicht verwandeln.

Solche Reizworte können sein: Familie, Freunde, Tod, Gefühle, Träume, Tränen, Freude, Frieden, Natur, Jahreszeiten, Wind, Sterne usw.

✎ *Aufgabe:* Probieren Sie heute alle drei Einstiege ins Gedicht einmal aus.

54. TAG

Ein etwas anspruchsvollerer Weg zum Gedicht

Er umfaßt folgende acht Stufen:

Erste Stufe: Zwei Minuten meditative Stille üben.
Zweite Stufe: Fünf Minuten Freewriting zum Kernwort des Gedichts.
Dritte Stufe: Identifizierung des zentralen Themas des Gedichts aus Ihrem Freewriting-Text.
Vierte Stufe: Identifizierung des zentralen Bildes, der zentralen Metapher, die Ihrem Gedicht Ausdruck geben kann.
Fünfte Stufe: Schreiben Sie einen ersten Entwurf Ihres Gedichts.
Sechste Stufe: Schreiben Sie einen kurzen Freewriting-Text zu den Kernaussagen Ihres Gedichts.
Siebte Stufe: Bauen Sie die neuen Einfälle in den ersten Entwurf Ihres Gedichtes ein.
Achte Stufe: Kürzen, verdichten und überarbeiten Sie Ihr Gedicht. Lesen Sie es sich zu diesem Zweck öfter laut vor.

✏ *Aufgabe:* Praktizieren Sie nun das Acht-Stufen-System.

55. TAG

Ein Gedicht nach einem Gedicht

Gedichte inspirieren häufig zu weiteren Gedichten, da die beim Lesen geweckten Gefühle sich ausdrücken möchten. Lassen Sie sich inspirieren von folgendem Gedicht:

Auch auf diese Weise gelingt das Dichten:

Einfach irgendwo anfangen
irgendwo
beim nächsten Gedanken, der dir jetzt durch den Kopf geht,
bei dem Gefühl, das du jetzt in dir trägst,
das du jetzt lebst
bei diesem Bild, das da entsteht
vor deinen inneren Augen,
bei einem Satzfetzen
irgendwo gelesen
aus irgeneinem Grund jetzt erinnert
einfach irgendwo anfangen
jetzt

Es einfach aufschreiben
dieses Thema
diesen Gedanken
dieses Gefühl
dieses Bild
es einfach aufschreiben
als erste Zeile
oder als Titel
für dein Gedicht
oder auch als Mittelzeile
es einfach aufschreiben
jetzt

und von dieser Zeile
aus
oder um diese Zeile
herum
nach oben
nach unten
weiterschreiben
einfach weiterschreiben
die nächsten Gedanken
das nächste Gefühl
die nächsten Bilder
einfach weiterschreiben
so
daß es zur ersten Zeile paßt
weiterschreiben
jetzt

und ein Gedicht
darf langsam entstehen
darf verändert werden
die Zeilen ausgetauscht
Anfangs-, Mittel-, Schlußzeile
Satzzeichen, Grammatikregeln
dürfen auf den Kopf gestellt,
veralbert werden

Reime dürfen sein
oder werden weggelassen
Passen muß es!
Für Dein Gefühl,
Dein Thema,
die Worte, die Bilder, der Rhythmus.

Und wenn sie dastehen, die Worte,
darfst Du sie ändern,
darfst Du spielen,
solange es Dir Spaß macht
oder das Gedicht Dir sagt: Halt! Ich bin fertig.
Dann darfst Du Dich freuen
und es jemandem schenken
oder Dir selbst
und bis dahin darfst Du spielen mit den Wörtern
jetzt!

56. TAG

Die 5-Minuten-Methode

Die Formel für die Gliederung der Kurzgeschichte kennen Sie schon aus dem 44. Tag des literarischen Tagebuchs. Sie lautet ABDCE (Action, Background, Development, Climax, End). Kurzgeschichten lassen sich zu vielen Themen aus dem Alltag schreiben, wie z.B. über eine Lüge, eine Trennung, einen Wunsch, ein gebrochenes Versprechen, ein Geheimnis, ein Mißverständnis, eine Reise, eine Verwirrung, eine Traurigkeit, eine Freundschaft, ein Verbrechen, einen Traum, einen imaginären Platz, über das Unsichtbare, einen Feind, das Böse, ein Geschenk, ein Grab oder über Tränen. Wählen Sie sich ein Thema. Schreiben Sie in fünf Minuten nach den Abschnitten der A B D C E-Formel eine Kurzgeschichte. Probieren Sie dann ein zweites Thema mit der gleichen Methode aus. Verwandeln Sie dann die Form der Kurzgeschichte. Zerschneiden Sie den Text und kleben Sie die neu entstandenen Zeilen so auf ein neues Blatt Papier, wie sie niederfallen, wenn Sie die Papierschnipsel über dem Blatt auskippen.

57. TAG

Auswertung des literarischen Tagebuchs

Jeder Text, der in Ihrem Tagebuch steht, verdient Anerkennung. Sie haben ihn dem Schweigen abgerungen. Sie haben es gewagt, Ihre eigene Stimme zu suchen. Sie haben die Einsamkeit des Schreibens und die Gefahr der Ablehnung Ihres Schreibens in Kauf genommen. Am Ende einer längeren Tagebucharbeit sollten Sie an die Auswertung Ihrer Schreibarbeit gehen.

✏ *Aufgabe:* Stellen Sie fest, welcher der Tagebuchtexte Ihnen am besten gelungen zu sein scheint. Überarbeiten Sie diese Texte noch einmal. Schicken Sie sie dann an zwei oder drei Personen Ihres Vertrauens, oder lesen Sie sie Ihrer besten Freundin oder Ihrem besten Freund vor.

58. TAG

Auswertung II

Für weitere Anregungen bei der Führung Ihres literarischen Tagebuches stehen viele Tagebücher moderner und klassischer literarischer Autoren bereit. Denken Sie nur an die großen Tagebücher von F. Kafka, M. Frisch, R. Musil oder S. Plath, V. Woolf, M. Wander, A. Frank, A. Nin usw.

✏ *Aufgabe:* Wählen Sie heute ein literarisches Tagebuch aus. Besorgen Sie sich dieses Tagebuch. Schreiben Sie eine nächste Phase Ihres Tagebuchs als Antworttagebuch auf Ihr gewähltes und gelesenes literarisches Tagebuch eines großen Autors oder einer großen Autorin.

2.4 Kurze Reise durch die literarischen Stile der Literaturgeschichte

«Tagebuchschreiben ist eine Form des Gebetes»
FRANZ KAFKA

Reisen Sie schreibend.
Besteigen Sie Pegasus.
Durchstreifen Sie fremde Zeiten und Stile.

59. TAG

Start

Wie fühlen Sie sich? Bitte in einem Satz.

60. TAG

Magische Poesie

Denken Sie an Ihren größten Wunsch. Schreiben Sie einen Satz, der um die Erfüllung dieses Wunsches bittet.

61. TAG

Antikes Schreibspiel

Schreiben Sie die Buchstaben Ihres Namens untereinander auf die linke Seite eines Blatt Papiers. Erfinden Sie zu jedem Namensbuchstaben ein Wort. So daß Ihr Name sich in einen Satz verwandelt.

62. TAG

Goethe

Schließen Sie die Augen. Stellen Sie sich, wie Goethe, eine Blume im Geiste vor. Geben Sie der Blume einen Namen und einen Satz.

63. TAG

Romantik

Denken Sie an Ihre liebste Märchenfigur. Schreiben Sie ein Minimärchen über Ihren Helden in drei Sätzen.

1. Satz: Eine bedrohliche Situation
2. Satz: Suche nach Lösung
3. Satz: Happy End

64. TAG

Naturalismus

Betrachten Sie ein Ding nacheinander mit allen fünf Sinnen. Sehen Sie es, hören Sie es, riechen Sie es, befühlen Sie es und schmecken Sie es. Dann vollenden Sie einen Satz über Ihr Ding.

65. TAG

Expressionismus

Schreiben Sie einen beliebigen Satz mit 15 Worten. Reduzieren Sie diesen Satz. Schreiben Sie alle Artikel, Attribute, überflüssigen Substantive. Substantivieren Sie die Erben. Fügen Sie Farben hinzu.

66. TAG

Surrealismus

Schreiben Sie den ersten Satz auf, der Ihnen jetzt gerade einfällt.

67. TAG

Amerikanischer Underground

Lassen Sie sich 10 Worte einfallen. Wählen Sie aus diesen 10 Worten das interessanteste und schreiben Sie zu diesem noch einmal 10 Worte. Das interessanteste aus diesen 10 Worten führt Sie zu weiteren 10 Worten, aus denen Sie einen Satz bilden.

68. TAG

Oulipo (Gruppe für mögliche Poesie, Paris)

Schreiben Sie mal einen Satz ohne den Buchstaben E.

68. TAG

Ziel

Fassen Sie die Erfahrungen dieser Schreibreise in einem Satz zusammen.

Literatur

Adams, K.: Journal to the Self. 22 Paths to Personal Growth, New York 1990.

Allen, R.: Fast Fiction. Creating Fiction in Five Minutes, Cincinatti 1997.

Baldwin, C.: One to one. Self-Under-Standing through Journal-Writing, New York 1977.

Bronnen, B.: Die Stadt der Tagebücher, Frankfurt 1996.

Bumgardner, J. C.: Helping students learn to write Poetry, Boston 1997.

Capacchione, L.: The Creative Journal for Teens, North Hollywood 1992.

Capacchione, L.: The Creative Journal. The Art of Finding Yourself, North Hollywood 1989.

Carr, J. B.: Communicating with Myself. A Journal, Dubuque 1991.

Fletscher, R.: Breathing in – breathing out, Portsmouth 1996.

Fox, J.: Finding what you didn't lose. Expressing your Truth and Creativity through Poem-Making, New York 1995.

Frank, A.: Das Tagebuch der Anne Frank, Frankfurt 1992.

Frisch, M.: Tagebuch 1966–1971, Frankfurt 1972.

Goldberg, B.: Room to Write. Daily Invitations to a Writers Life, New York 1996.

Hamsun, K.: Auf überwachsenen Pfaden, München 1950.

Hocke, G. R.: Europäische Tagebücher aus vier Jahrhunderten, Wiesbaden 1978.

Holzer, B. N. A.: A Walk between Heaven and Earth. A Personal Journal on Writing and the Creative Process, New York. 1994.

Jünger, E.: In Stahlgewittern, Stuttgart 1961.

Junker, H. (Hrsg.): The Writer's Notebook, San Francisco 1995.

Kafka, F.: Tagebücher 1910–1923, Frankfurt 1973.

Kafka, F.: Über das Schreiben, Frankfurt 1983.

Mallon, T.: A Book of One's Own. People and their Diaries, New York 1984.

Mansfield, C.: Tagebuch 1904–1922, München 1979.

Musil, R.: Aus den Tagebüchern, Reinbek b. Hamburg 1978.

Neubauer, J. R.: Dear Diary. The Art and Craff of Writing a creative Journal, Salt Lake City 1995.

Nin, A.: Die Tagebücher der Anäis Nin, 1933–1945, München 1970.

Pavese, C.: Das Handwerk des Lebens. Tagebuch 1935–1950, Frankfurt 1956.

Rainer, T.: The New Diary. How to use a Journal for Self-Guidance and Expanded Creativity, Los Angeles 1979.

Rich, A.: What is found there. Notebooks and Poetry and Politics, New York 1993.

Schiwy, M. A.: A Voice of her own. Woman and the Jounal-Writing-Journey, New York 1996.

Schultz, U.: Das Tagebuch und der moderne Autor, München 1982.

Wander, M.: Guten Morgen, du Schöne!, München 1993.

Woolf, V.: Tagebücher, Frankfurt 1994.

Kapitel 3

Ein selbsttherapeutisches Tagebuch schreiben

«Ich will fortfahren,
die Traumbilder aufzuzeichnen.»
GEORG HEYM

«Sieh' da, diesen Aufzeichnungen verdanke ich,
daß ich getröstet lache, während ich mich zu Bette begebe.»
ITALO SVEVO

«Oh mein Tagebuch,
du bist für mich kein bloßes Papier:
Nein, du lebst, du hast Seele.»
MAURICE DE GUÉRIN

In diesem Kapitel geht es um therapeutisches oder heilendes, aus unseren eigenen Selbstheilungskräften getragenes Tagebuchschreiben, um Tagebuchschreiben als Selbstmanagement und Selbsttherapie. Damit gehen wir klar auch den Schritt vom ‹Erkenne dich selbst› hin zu ersten Versuchen von ‹Werde, der (oder die) du bist›. Denn: ‹Erkenne dich selbst› – diese Forderung spielt selbstverständlich auch in der Mehrzahl der unterschiedlichen psychotherapeutischen Ansätze eine Rolle, mit denen heute gearbeitet wird – am intensivsten noch immer in den tiefenpsychologisch orientierten Psychotherapien. Doch als Ziel einer Psychotherapie wird heute meist gesehen, die eigenen Kräfte, Potentiale und Ressourcen auszuloten und einzusetzen und damit das eigene Leben lebenswerter zu machen.

Daß kreative Tätigkeiten im therapeutischen Zusammenhang eine Rolle spielen können, hat die psychotherapeutische Fachwelt seit langem erkannt. Schon C. G. Jung ließ seine Klientinnen und Klienten ihre in der Analyse gewonnenen Erfahrungen aufschreiben und aufzeichnen. Heute arbeiten vor allem die sogenannten imaginativen Verfahren wie z. B. das Katathyme Bilderleben, in dem es um das Erleben und Verstehen der inneren Bilderwelten geht, mit den Angeboten des Malens und des bildnerischen Gestaltens. Doch haben sich auch unterschiedliche eigenständige psychotherapeutische Richtungen entwickelt, die das therapeutische Nutzen der menschlichen Kreativität in den Mittelpunkt ihrer Arbeit stellen. So gibt es seit langem die Kunst- und die Musiktherapie, seit neuerem die Tanztherapie, in denen über die kreative Auseinandersetzung mit dem eigenen Selbst kreative Potentiale freigesetzt werden sollen.

Erstaunlicherweise wird speziell dem therapeutischen Schreiben dabei in Europa eher wenig Aufmerksamkeit gewidmet – trotz der gerade in Europa langen und lebendigen Tradition des Tagebuchschreibens. Seit einigen Jahren gibt es in Deutschland allerdings einige Forschungsprojekte, die die heilsame Funkton speziell des Tagebuchschreibens untersuchen und bestätigen: Viel ausgeprägter allerdings sind Forschung und Angebote zum therapeutischen Schreiben einschließlich selbsttherapeutischen Tagebuchschreibens in den

USA: Therapeutisches Schreiben in verschiedenen Formen von Selbstmanagement *und* Psychotherapie, aber auch als weitgehend eigenständiges therapeutisches Verfahren, als sog. Poetry Therapy, hat dort eine eigene Tradition und Geschichte, einen Forschungshintergrund und eine Vielzahl effektiver Techniken.

Eigentlich hat wohl jede/r von uns die Erfahrung der therapeutischen Wirksamkeit des Schreibens schon häufiger gemacht: die Erfahrung nämlich, daß einfach das Aufschreiben, das Zu-Papier-Bringen und damit vor uns selbst Ausdrücken und Zulassen von Gefühlen, Wahrnehmungen, Fragen oder Konflikten helfen kann – helfen zu entlasten, neu zu ordnen, besser zu verstehen und vielleicht auch erste Schritte in Richtung einer Lösung zu gehen.

Von der Vielzahl von Chancen und Möglichkeiten, die das therapeutische Schreiben beinhaltet und von denen wir uns auf den kommenden Seiten einige näher anschauen wollen, ist für uns dabei vor allem eine wichtig: die Chance nämlich, die das Schreiben, sinnvoll angewandt, als Medium der Selbsthilfe innehat und damit als Medium zur Verbesserung der ganz persönlichen Lebensqualität. Und das sowohl in psychischer wie auch in körperlicher Hinsicht.

Auch viele Autorinnen und Autoren haben sich mit Hilfe ihres Tagebuchs schreibend selbst therapiert und uns an diesem selbsttherapeutischen Prozeß Anteil nehmen lassen. Denken wir z. B. an Anaïs Nin (Die Tagebücher, Frankfurt 1979), an Anne Morrow Lindbergh (Muscheln in meiner Hand, München 1980) oder an Virginia Woolf (A writer's diary, London 1953), die die Auf- und Abschwünge ihrer Biographien auf diese Weise zu bewältigen suchten.

Die Möglichkeit des selbsttherapeutischen Schreibens resultiert letztlich aus der menschlichen Fähigkeit zur Ichspaltung und der damit gegebenen Perspektive, eine Beziehung zu sich selbst aufzubauen, eigene Ressourcen und Entwicklungspotentiale bewußt zu stärken sowie problematisch-regressive Anteile besser zu verstehen und letztlich im Dienste der eigenen Entwicklung nutzen zu lernen. Damit wird selbsttherapeutisches Tagebuchschreiben nicht nur zu einem hervorragenden Medium für den Umgang mit Lebenskrisen, sondern auch zu einem Ort der Schulung der menschlichen Fähigkeit, die eigene Lebensgeschichte immer neu zu entwerfen.

Die amerikanische Tagebuchforscherin und -dozentin M. Schiwy definiert den therapeutischen oder heilenden Effekt des Schreibens auf eine besonders schöne und einprägsame Weise: ‹Heilen›, die deutsche Übersetzung des aus dem Griechischen stammenden Wortes ‹therapieren›, geht zurück auf die beiden Wortstämme ‹heil› und ‹heilig›. ‹Heilen›, ‹Therapieren› heißt danach ‹heil machen, ganz machen, in Ordnung bringen›, und: Was heil ist, wer heil ist, ist auf dem Weg zum Moment des Heiligen in sich.

Wir möchten Ihnen deshalb in diesem Kapitel wichtige therapeutische, heilende Schreibtechniken vorstellen. Im Teil 3.2 geht es dabei um einführende Übungen in das therapeutische Tagebuchschreiben, angelehnt an die selbsttherapeutischen Schreibtechniken von Dichtern und Schriftstellerinnen und um die Auseinandersetzung mit grundlegenden Fragen rund um die eigene psychische und körperliche Befindlichkeit. Die Übungen in Teil 3.3 dagegen sind gegliedert nach ihrem jeweiligen Zusammenhang zu einigen wichtigen psychotherapeutischen Schulen aus dem Kreis der humanistischen Psychotherapien, in denen die Entwicklung der individuellen Persönlichkeit im Mittelpunkt steht: Mit Gesprächspsychotherapie, Neurolinguistischem Programmieren und Transaktionsanalyse haben wir damit den Schwerpunkt auf die schreibtherapeutische Auseinandersetzung mit solchen Schulen der Psychotherapie gelegt, die für dieses Ziel der Persönlichkeitsentwicklung gezielt das Medium der Sprache einsetzen. In Teil 3.4 geht es dagegen in verschiedener Hinsicht über das Moment der individuellen Persönlichkeitsentwicklung hinaus: Die Selbsthypnose, in der Psychotherapie in einer ebenso langen Tradition stehend, wie als Schreibstimulus im Selbstmanagement von Autorinnen und Autoren, setzt gerade dadurch kreative Kraft frei, daß wir unsere bewußte Persönlichkeit für einen bestimmten Zeitraum transzendieren und uns von der Weisheit unseres Unbewußten tragen lassen. In Teil 3.5 vertiefen wir diese Stoßrichtung und stellen Ihnen Übungen vor, in denen es speziell um das transpersonale Wachstum geht, den Weg zum Moment des ‹Heiligen›. Zuvor gibt es allerdings im Teil 3.1 einige theoretische Informationen zum therapeutischen Schreiben, zu seiner Wirksamkeit, seiner Tradition und seinen Möglichkeiten. Sollten Sie hierauf verzichten wollen, können Sie allerdings auch sofort mit den therapeutischen Schreibübungen beginnen und auf den Teil 3.1 je nach Interessenlage später noch einmal zurückkommen.

Wichtiger Hinweis

In keinem Fall kann allerdings das in diesem Kapitel vorgestellte Angebot zum therapeutischen Schreiben eine möglicherweise notwendige Psychotherapie bei einem Experten oder einer Expertin ersetzen. Haben Sie für sich beim Lesen und Üben den Eindruck: ‹Ich brauche in meiner speziellen Lebenssituation eigentlich mehr Unterstützung als das, was mir das therapeutische Schreiben geben kann›, oder meinen Sie gar, die hier vorgestellten Übungen belasten Sie letztlich mehr oder wühlen Sie eher auf, als daß sie Sie unterstützten – dann zögern Sie bitte nicht und suchen Sie für eine Zeitlang psychotherapeutische Hilfe. Fragen Sie Ihre Hausärztin, Ihre Krankenkasse, Ihr Gesundheitsamt oder einen Psychotherapeutenverband. In Deutschland berät Sie z. B. die Vertragsabteilung Psychotherapie (VAP) in der Heilsbachstr. 22 in 53321 Bonn, Tel. (0228) 98731-0, bei der Suche nach passender psychotherapeutischer Unterstützung für Sie und Ihre Bedürfnisse in Ihrer Nähe.

Und wenn Sie andererseits für sich den Eindruck haben, mit Spaß und Gewinn mit den in diesem Kapitel vorgestellten Techniken arbeiten zu können, lassen Sie bitte dennoch weiterhin sorgfältig jene Vorsichtsregeln walten, die wir Ihnen schon im Kapitel 1 dieses Buches nahegelegt haben. Unser wichtigster Hinweis für ein gewinnbringendes Arbeiten mit dem vorliegenden Kapitel: Bleiben Sie bei dem Prinzip des Übens ‹von Tag zu Tag›! Das heißt, halten Sie den vorgeschlagenen Rhythmus mit seinen dazugehörigen Pausen ein und lassen Sie Ihrem Unbewußten die Chance, die schreibend gesammelten Erfahrungen auch produktiv zu verarbeiten. Warum wir dieses Prinzip zu Anfang dieses Kapitels noch einmal besonders betonen? Ganz einfach deshalb, weil es hier auch darum geht, im Schreiben unbewußten psychischen Anteilen Sprache zu geben. Und dieses Zur-Sprache-Bringen von zuvor Unbewußtem kann zwar einerseits Kraft geben, andererseits aber eventuell auch durchaus erst mal einiges an Kraft kosten. Auch das kennen wohl fast alle Menschen aus eigener Erfahrung, z. B. aus Krisenzeiten, in denen vielleicht eine lange geahnte Wahrheit auf einmal erschreckende, verblüffende, vielleicht auch beglückende Gewißheit geworden ist: Eine solche heilsame Wahrheit kann ihre Heilkraft einfach oft erst dann wirklich entfalten, wenn der Schock über ihre vielleicht schon lange geahnten schmerzlichen Seiten zumindest ein wenig überwunden ist. Für das selbsttherapeutische Tagebuchschreiben bedeutet das: Erst dann, wenn wir uns aus dem Abstand verstrichener Zeit heraus ein wenig auseinandersetzen konnten mit den Erfahrungen, Gefühlen, inneren Bildern, die im Schreiben entstanden sind, haben wir die Chance, tatsächlich aus unseren Aufzeichnungen zu profitieren, aus ihnen Schlüsse für unseren Lebensweg und unsere Lebensgestaltung zu ziehen und uns nicht lediglich bewegt, aufgewühlt zu finden.

Auf den Punkt gebracht: Immer bedarf es bei der Annäherung an unbewußte psychische Anteile eines regelrechten Trainings, einer schrittweisen Steigerung der Anforderungen mit genügenden Ruhepausen. Letztlich ist das therapeutische Schreiben durchaus so etwas wie eine Art Gymnastik für unsere Psyche. Und Gymnastik bedeutet eben auch immer wieder mal Muskelkater, Müdigkeit, den Wunsch nach Ruhe und dann wieder Lust und Power für neues Training und langsam eine Stärkung des – normalerweise körperlichen, in unserem Fall dagegen des seelischen – Muskelapparates.

Was das therapeutische Schreiben erreichen kann, auch in der autodidaktischen Aneignung, z. B. im Rahmen dieses Kapitels, ist folgendes: Durch den eigenständigen Umgang mit den Techniken kann es uns, ähnlich wie z. B. ein Entspannungsverfahren, sowohl kurz- als auch langfristig stärken und dabei Autonomie und Selbsterkenntnis fördern. Damit stellt es, gezielt angewandt, einen Weg des Selbstmanagements dar, der sowohl im Alltag wie auch in Krisensituationen von Nutzen ist und der letztlich, gerade als Tagebuchschreiben, in Absprache mit dem Therapeuten und durch ihn angeregt, auch gut eine Psychotherapie begleiten und effektivieren kann.

Warum gerade das Tagebuchschreiben ein so hilfreiches therapeutisches und selbsttherapeutisches Medium sein kann, erklärt die amerikanische Schreibtherapeutin Kathleen Adams mit Hilfe der folgenden 10 Thesen.

Adams' zehn Thesen zum therapeutischen Wert des Schreibens

1. Immediacy and availability – Stete prompte Verfügbarkeit

bezieht sich auf die stete Verfügbarkeit des Tagebuchs und damit auf die Möglichkeit, durch Schreiben jederzeit, wenn uns gerade etwas stark genug bewegt, bewußt in den Prozeß des inneren Dialogs, der inneren Auseinandersetzung einzutreten und ihn zu steuern – unabhängig von gerade vorhandenen Gesprächspartnern oder der Therapeutin

2. Catharsis – Befreiung im Durchleben starker Gefühle

bezieht sich auf die Möglichkeit, schreibend im Tagebuch innere Prozesse in ein kathartisches – d. h. innerlich befreiendes – Erleben hinein und durch es hindurchzusteuern. Oder mit anderen Worten: die bekannte Erfahrung, wie gut es tun kann, sich etwas ‹von der Seele› zu schreiben.

3. Object Constancy – Objektkonstanz, Verläßlichkeit

bezieht sich auf Punkt 1, ‹Immediacy›: Das Tagebuch in seiner steten Verfügbarkeit und regelmäßigen Nutzung wird zur lebendigen Metapher für Verläßlichkeit: Ich kann mich darauf verlassen, es zu finden, wenn ich es brauche, ich kann mich auf mich verlassen, daß ich mir – schreibend – in Not- oder Krisensituationen kurzfristig helfen kann. Und wer weiß, wenn ich so regelmäßig Erfahrungen von Verläßlichkeit machen kann, vielleicht gibt es ja doch auch Situationen, in denen ich mich letztlich dann doch auch einmal auf andere verlassen kann?

4. Repetition – Wiederholung und Wiederholbarkeit
bezieht sich auf die Möglichkeit, durch Wiedererinnern und Aufschreiben Erfahrungen zu ‹wiederholen› und damit überprüfbar zu machen, von ‹wie war das eigentlich?› zu ‹so habe ich es erlebt› und letztlich womöglich zu ‹und jetzt ist es vorbei› oder ‹und heute erkenne ich klarer, was ich damals nicht sehen konnte oder durfte› zu gelangen – ‹das Schweigen zu brechen und die Geschichte (endlich) erzählen,› wie Adams dazu ausführt.

5. Reality-Check – sich die Realität der eigenen Lebensgeschichte (wieder) aneignen
bezieht sich auf folgende häufige Erfahrung: ‹Ich schreibe es, auch das, woran ich lange nicht gedacht hatte oder bisher kaum zu denken wagte – also wird es ‹realer›. Oder anders gesagt: ‹Ich bin weniger als sonst geneigt, bestimmte Aspekte meiner Lebensrealität, auch schmerzliche, zu leugnen› – was im Lebensalltag leicht geschieht, kurzfristig Entlastung bedeutet und längerfristig neue Schmerzen hervorrufen kann.

6. Self-Pacing – den richtigen Umgang mit mir selbst lernen
bezieht sich auf die Chance, die jede intensive Begegnung – in diesem Fall eben die Begegnung mit uns selbst – bietet: die Chance, den anderen, das Du oder in diesem Fall die unbekannten oder uns selbst schwer verständlichen Seiten der eigenen Person genauer verstehen zu lernen und dadurch zu einem adäquateren Umgang zu gelangen.

7. Communication – wieder nach außen gehen
bezieht sich auf den logischen nächsten Schritt: Über die Möglichkeit, Gedanken und Gefühle auszudrücken und für sich selbst sichtbar zu machen, entwickelt sich die Möglichkeit, diese auch mit dem Therapeuten und mit anderen zu kommunizieren – auch in bezug auf Gedanken und Gefühle, für die dies im therapeutischen Prozeß zunächst nicht möglich zu sein schien.

8. Self-Esteem – Selbstbewußtsein und Selbstachtung
bezieht sich auf die Chance, die darin liegt, sich schreibend sich selbst, dem eigenen Innenleben zuzuwenden, sich damit ernster zu nehmen und dadurch eine höhere Selbstachtung zu entwickeln: ‹Ich schreibe, also bin ich. Ich existiere. Ich habe eine Stimme. Ich kann gehört werden.›

9. Clarity – (zunehmende) Klarheit
bezieht sich auf die Chance, die darin liegt, sich einfach schrittweise, im Prozeß der fortschreitenden inneren Auseinandersetzung klarer werden zu können über Zusammenhänge des eigenen Psychodynamik und des eigenen Lebens. Diese fortschreitende innere Klarheit bedeutet dann natürlich auch eine wesentlich größere Klarheit in bezug auf das eigene Verhalten und das Fällen von Entscheidungen im Lebensalltag – bin ich mir klarer darüber, was ich will und was ich brauche, werde ich mein ganzes Leben authentischer und passender einrichten können.

10. Witness to Healing – Zeuge und Zeugnis der Heilung
Das Tagebuch und die im therapeutischen oder selbsttherapeutischen Prozeß entstandenen Texte sind tatsächlich Zeugnisse der fortschreitenden Heilung und können damit Trost und Zuversicht spenden, auch wenn scheinbar gerade ein Rückschritt oder eine Stagnation eingetreten ist.

(Aus: Adams, K.: Journal Writing as a Powerful Adjunct to Therapy, in: Journal of Poetry Therapy, Nr. 1/1996, New York 1996, S. 31–38)

Nun jedoch zunächst einiges zur Geschichte und Theorie des therapeutischen Schreibens. Lassen Sie sich von uns entführen zu einem kleinen Ausflug in die Geschichte der Nutzung therapeutischer Aspekte von Sprache und Schrift.

3.1 Geschichte und Theorie der Schreibtherapie

«Was eine Erklärung verlangt,
sind nicht äußere Fakten,
sondern bestimmte innere Rätsel.»
ANNE MORROW LINDBERGH

Die Anfänge in den USA

Die Geschichte des Schreibens als Therapie, d. h. des heilenden Einsatzes geschriebener Worte, reicht, genaugenommen, zurück bis in die Anfänge der menschlichen Geschichte (vgl. Lutz von Werder: Schreiben als Therapie, München 1988, S. 9ff.). Sie basiert auf der Erfahrung der Heilkraft von Worten überhaupt, wie sie bereits seit Urzeiten Schamanen und Priester in Riten und Kulten genutzt haben, und damit zugleich auf einer Erfahrung, die wir alle in unserer Lebensgeschichte schon vielfach gemacht haben, ohne die wir nicht hätten überleben können. Worte desTrostes, Worte der Ermutigung – das gibt es im Lebensalltag, in Gesprächen mit guten Freunden, mit Kollegen, mit Nachbarn, mit Verwandten, vielleicht mit einem Therapeuten – mit Menschen eben, die uns kürzer- oder längerfristig nahestehen oder -gestanden haben. Worte des Trostes, Worte der Ermutigung – das kennen wir aber auch ritualisiert, eingebettet in größere ideelle und gesellschaftliche Zusammenhänge. Aus Gebet und Gesang z. B., vielleicht aus Meditation, die wir praktizieren, und, wenn wir Glück hatten, aus ganz frühen Kindheitserfahrungen: wenn wir auf dem Arm gewiegt wurden – und vielleicht alte Kinderlieder hörten, die schon die Lieder unserer Mutter oder Großmutter gewesen sind. Und das ist zugleich eine Erfahrung, die nicht nur uns als Individuen, sondern die allen menschlichen Kulturen eigen ist: Lieder, Worte, Rhythmen und wiegende Bewegungen, die Körper und Seele beruhigen – damit trösten überall auf der Welt Mütter ihre Kinder, damit wird in vielen Kulten und Religionen geheilt.

Und heute, da die Psychotherapien in vielen Aspekten die Rolle von Religion, Kult und Ritual übernommen haben, ist die Bedeutung heilender Worte und Rhythmen nicht geringer geworden. Im Gegenteil: Die Hypnose z. B., in der Worte und Rhythmen eine besonders wichtige Rolle spielen, findet heute wieder, ähnlich wie bereits während des Zerfalls der Religionen im letzten Jahrhundert, ein starkes Interesse.

Neben der klassischen Hypnose haben dann im zwanzigsten Jahrhundert andere Verfahren ihren Platz gefunden, Menschen im heilsamen Umgang mit Sprache zu stärken: Psychotherapeutische Verfahren unterschiedlicher Ansätze und Verfahren, die dem oder der einzelnen Möglichkeiten an die

Hand geben, selbsttätig auf heilende Weise mit sich ins Gespräch zu kommen. Entspannungsverfahren wie das Autogene Training gehören zu letzteren: Hier sprechen wir uns beruhigende, entspannend wirkende, stärkende ‹Formeln› innerlich vor, bis sie uns Kraft gegeben haben. Das ganze Potential der Heilkraft eines ressourcenorientierten inneren Dialogs dokumentiert sich aber oft gerade erst in dessen gestalteter Form. Das haben auch diejenigen psychotherapeutischen Schulen erkannt, die die menschliche Kreativität als ihr Medium nutzen. Speziell die heilende Wirksamkeit des Schreibens ist dabei insbesondere in den USA untersucht und genutzt worden.

Gerade wegen seiner heilenden Wirkung wird Schreiben dort nämlich bereits seit rund 150 Jahren eingesetzt (vgl. Petzold, a. a. O., S. 28). Seit den 60er Jahren unseres Jahrhunderts hat es sich im Rahmen der sog. «expressive therapies» zu einer eigenständigen Richtung entwickelt, zur sog. «Poetry therapy». Die dabei verwendeten Methoden basieren zu großen Teilen auf Erfahrungen mit Schreibtechniken, die in den USA im Rahmen von Schreibdidaktik und -pädagogik im Creative Writing überhaupt gesammelt und insbesondere vor dem Hintergrund neuerer neurophysiologischer Erkenntnisse in ihren Wirkungen erforscht und kontinuierlich weiterentwickelt worden sind. Die aus diesem Pool für den psychotherapeutischen Bereich weiterentwickelten sog. «Poetry Therapy Technics» sind in ihrer Wirkung für unterschiedliche psychische und psychosomatische Krankheitsbilder inzwischen vielfach erforscht und belegt[1] und werden in Einzel- und Gruppenpsychotherapie sowie in der Psychiatrie eingesetzt, und zwar sowohl selbständig als auch in Kombination mit anderen psychotherapeutischen Verfahren. Am bekanntesten sind heute die Schulen um A. Lerner, J. Leedy und M. Harrower.

Die amerikanische National Association für Poetry Therapy (NAPT) verfügt über ein eigenes Forschungs-, Lehr- und Ausbildungspotential. Gleichzeitig gibt es viele Forschungsaktivitäten an Hochschuleinrichtungen in den Fachbereichen Medizin und Psychologie. Bereits in den siebziger Jahren fanden spezifische Forschungen im Rahmen von Diplomarbeiten und Dissertationen statt, z. B. zu Fragen wie:

Poetry and Group Counseling: an Exploratory Study (N. Mazza 1981)
Poetry Group Therapy versus Interpersonal Group Therapy: Comparison of Treatment Effectiveness with Depressive Women (M. S. Davis 1978)
Poetry Therapy versus Traditional Supportive Therapy: A Comparison of Group Process (D. L. D. Ross, Case Western Reserve University 1977)

1 S. u. Punkt 2.

The Effectiveness of Poetry in Faciliating Openess (Williams, J., Purdue University 1978).
Poetry Therapy: Toward A Research Agenda for the 1990s (N. Mazza, in: The Arts in Psychotherapy, Vol. 20 1993, S. 51–59).

In diesem Forschungszusammenhang sind folgende Hypothesen bestätigt worden:

Poesietherapie als Angebot in therapeutischen Gruppen kann *Gruppenprozesse* im Vergleich zur traditionellen Gruppentherapie wesentlich erleichtern und dabei den Zusammenhang der Gruppe stärken, bei gleichzeitiger Erhöhung der Bereitschaft der einzelnen Gruppenmitglieder zur Auseinandersetzung mit den eigenen psychischen Prozessen.

Der Einsatz poesietherapeutischer Techniken im Rahmen von Psychotherapie *depressiver Frauen* trug dazu bei, deren depressive Befindlichkeit, damit einhergehende aggressive Impulse und ängstliche Gestimmtheit deutlich zu reduzieren.

Der Gefährdungsgrad *suizidaler Jugendlicher* kann durch die Analyse poesietherapeutisch entstandener Texte genauer bestimmt werden (vgl. Sharlin/Shenhar 1986, nach Mazza 1993). Ebenso lassen sich aus solchen Texten diagnostische Schlüsse in bezug auf emotionale Befindlichkeit ziehen (Mazza, a. a. O.).

In den achtziger Jahren wurden Studien zum Einsatz des Mediums der Poesietherapie bei *Angst*, *Depressionen* und zur Bewältigung von *Mißbrauchserfahrungen* veröffentlicht. Darüber hinaus fand insbesondere die poesietherapeutische Arbeit mit Menschen in *spezifischen Lebensphasen* ein breiteres Untersuchungsinteresse. Für die poesietherapeutische Einzel- und Gruppenarbeit mit *Jugendlichen*, *Adoleszenten* und *Senioren* wurde u. a. die Unterstützung von Lernberereitschaft, Kreativität, Selbstempathie für die eigene (gelebte oder zu entwerfende) Biographie und Bereitschaft zur Akzeptanz und Bewältigung von Lebenskrisen gefunden.

Besonders eindrucksvoll ist der Nachweis der therapeutischen Wirkung des Schreibens und gerade des Tagebuchschreibens auf den Heilungsprozeß mancher körperlichen Erkrankung. So konnte der Herzspezialist D. Ornish nachweisen, daß regelmäßiges Tagebuchführen unter besonderer Berücksichtigung des Niederschreibens belastender Gefühle den körperlichen Gesundheitszustand von Probanden nachhaltig verbessern konnte (nach Schiwy 1996, S. 116).

N. Mazza (1993) gibt einen Überblick über aktuelle Ergebnisse und

Einsatzgebiete poesietherapeutischer Arbeit in den USA der 80er und 90er Jahre. Nach seinen Darstellungen ergibt sich heute folgendes Bild:

Über die Einzeltherapie hinaus ist weiterhin die Arbeit mit Gruppen, mittlerweile jedoch auch mit *Familien* und mit *Paaren* Ort des Einsatzes psychotherapeutischer Techniken. Unterschiedliche Autoren und Projekte bestätigen die Effektivität dieser Arbeit (z. B. Mazza 1981 und Goldstein 1985).

Poesietherapeutische Arbeit ist heute nicht mehr zu denken ohne den Einsatz von Methoden und Techniken des Creative Writing.

Schließlich wird poesietherapeutische Arbeit immer häufiger und erfolgreich mit Ansätzen aus dem Bereich der imaginativen Psychotherapien verknüpft.

Therapeutisches Schreiben in Europa

Auch im europäischen Raum ist jedoch die Heilkraft des Schreibens nicht völlig der privaten Nutzung von Tagebuchschreiber/innen überlassen geblieben. So läßt H. Petzold (1985) neben der Darstellung seiner eigenen Erfahrungen in diesem Bereich verschiedene Psychotherapeuten zu Wort kommen, die die Erfahrung therapeutischer Effekte des Schreibens bestätigen, soweit sie es denn mehr oder weniger systematisch in ihre psychotherapeutische Arbeit integriert haben. Beispielsweise spricht R. Frühmann von der «Möglichkeit der Überwindung von Entfremdung im poetischen Sagen», von Poesie als «Ausdruck von Selbstverantwortung» und als «Erweiterung von Sinn».

Der Schweizer Psychotherapieforscher K. Grawe (1994) stellt allerdings psychotherapeutische Effekte sowohl von Poesietherapie als auch von Kunsttherapie, unter die sich die bei uns noch eher unbekannte Poesietherapie u. U. subsumieren ließe, generell in Frage und beanstandet einen Mangel an Evaluation auf diesem Gebiet. Dabei bezieht er jedoch ausschließlich auf Forschungsergebnisse bis zur Jahreswende 1983/84, läßt also gerade die obenerwähnten Ergebnisse der späteren achtziger und der neunziger Jahre aus Gründen des Forschungssettings außen vor und hat vermutlich auch von den genannten universitären, insbesondere im Rahmen von Dissertationen vorgenommenen amerikanischen Forschungen der siebziger Jahre kaum Kenntnis nehmen können.

Dabei sind die Heilwirkungen des Schreibens gerade in jüngster Zeit auch in Europa mehrfach untersucht und bestätigt worden – so z. B. im Jahre 1996 durch Studien der Universitäten Bristol und Münster. Nach einem Aufruf der Universität Bristol im Frühjahr 1996 schickten eine Vielzahl von Patient/innen und ÄrztInnen Texte ein, die in Krisensituationen verfaßt und nach eigenem Ermessen der Autorinnen und Autoren heilsam gewirkt hatten. Im Rahmen der Auswertung dieser Texte kamen britische Sozialmediziner zu dem Schluß, daß das Schreiben u. a. bei Depressionen, Trauerarbeit und Streß-syndromen hilfreich gewirkt hatte:

Robin Philipp, Imogen Robertson
Department of Social Medicine,
University of Bristol,
Bristol BS 8 2PR, UK

Spontan gemeldeter gesundheitlicher Nutzen von Poesie von 159 Menschen der allgemeinen Bevölkerung

	Gesundheitlicher Nutzen durch Lesen von Poesie		Gesundheitlicher Nutzen durch Schreiben von Poesie	
Reduzierter Streß	147	(75)	127	(65)
Stimmungsaufhellung	19	(10)	6	(3)
Schmerzminderung im Trauerfall	6	(3)	12	(6)
Verbesserung des Schlafes	5	(3)	–	
Schmerzreduktion	4	(2)	–	
Verringerung oder Absetzung von Antidepressiva/Tranquilizern	4	(2)	11	(6)
Verringerung von Eheproblemen	2	(1)	10	(5)
Reduktion von aktuellem Leiden an Mißbrauch in der Kindheit	1	(0,5)	4	(2)
Summe der Antworten über Gesundheitsnutzen	177	(90)	137	(70)

Quelle: The Lancet, Vol. 347, February 3, 1996, p. 333

Einen ähnlichen Aufruf zum Thema ‹Lesen und Schreiben in psychischen Krisen› verfaßte ebenfalls 1996 die Universität Münster. Die vorläufigen Ergebnisse, die in eine ähnliche Richtung weisen wie die der Bristol-Studie, wurden im Herbst 1996 auf einem Symposion in Münster vorgestellt.

Unsere eigene Arbeit am Institut für Kreatives Schreiben e. V. und an der Alice-Salomon-Fachhochschule für Sozialpädagogik und Sozialarbeit

Berlin bestätigen insbesondere die Forschungsergebnisse der Universität Bristol in bezug auf die Verringerung von Streß und Depression durch therapeutisches Schreiben. Therapeutisch wirksame Effekte kreativen Schreibens in bezug auf kognitives, emotionales und soziales Lernen sind dargestellt bei Lutz von Werder (1991, S. 460ff.); therapeutische Effekte im Rahmen der Kombination schreibtherapeutischer und kreativer Schreibtechniken mit Techniken des Autogenen Trainings beschreibt Barbara Schulte-Steinicke (1997). Eine Befragung psychotherapeutisch arbeitender Psychologinnen und Psychologen im deutschsprachigen Raum, die wir 1996/97 am Hochschuldidaktischen Zentrum der Alice-Salomon-Fachhochschule Berlin im Rahmen einer Prestudy durchgeführt haben (von Werder/Schulte-Steinicke 1997) ergab, daß 60% der Befragten davon ausgehen, daß das Schreiben psychische Heilungsprozesse unterstützt.

3.2 Einführungsübungen in das therapeutische Tagebuchschreiben

«Ein Anlaß, mein Leben seit Beginn des Tagebuchs zu überdenken. Ist es nicht wie ein Traum vergangen?»

James Boswell

In den folgenden Übungen möchten wir Sie dazu einladen, Ihre inneren Ressourcen, soweit Sie mögen, aber auch einige Ihrer schmerzlichen und schwierigen Lebenserfahrungen gemeinsam mit uns für sich selbst neu zu beleben, womöglich neu zu bewerten und kreativ zu nutzen.

Ein Tip dazu: Arbeiten Sie im Schreiben nicht nur mit den vorgeschlagenen Übungen, sondern nutzen Sie die Technik des double-entry-journal (doppelter Eintrag) nach Simon und Soven, zwei amerikanischen Creative-Writing-Lehrerinnen: Notieren Sie sich in Ihrem Tagebuch auch, z. B. nach Durchführung einer Übung, ob diese spezielle Übung Ihnen besonders guttat oder ob Sie gerade mit ihr weniger anfangen konnten! (vgl. Simon/Soven 1989). Auf diese Weise werden Sie sich sensibilisieren für Ihren ganz persönlichen schreibtherapeutischen Weg.

Heilende Worte, Texte und Geschichten

1. TAG

Heilende Sprüche erinnern

Nehmen Sie sich ein wenig Zeit und erinnern Sie sich: Welche Sprüche, welche Worte des Trostes und welche Liedanfänge haben Ihnen einmal gutgetan? Mit welchen Worten wurden Sie als Kind vielleicht getröstet, und mit welchen Worten haben Sie selbst schon einmal ein Kind getröstet – sei es Ihr eigenes oder sei es ein Fremdes? Oder fällt es Ihnen schwer, solche tröstenden Worte für Kinder überhaupt zu erinnern?

Arbeiten Sie zweigleisig oder zweispaltig – notieren Sie die Worte und Sprüche, die Ihnen in den Sinn kommen, und notieren Sie ruhig auch, was Sie dabei empfinden: bei diesen alten Sprüchen, langvergessen, oder vielleicht auch, daß Ihnen dabei eigentlich kaum etwas einfällt – außer eventuell der Frage: Wer hat mich eigentlich getröstet, als ich Kind war?

Hinweis

Hier beginnt vielleicht bereits für einige von Ihnen das, was wir oben als ‹Gymnastik der Seele› bezeichnet haben: Neben guten können auch enttäuschende Erinnerungen hochkommen mit all dem Schmerz, mit dem diese möglicherweise einhergehen. Arbeit mit Erinnerungen kann eben in jeder Hinsicht überraschend sein – bedrückend, wie auch beglückend. Also: Gehen Sie nur so weit, wie es Ihnen selbst verkraftbar und erträglich erscheint – dann pausieren Sie oder lassen diesen Teil der Übung ruhig einfach offen und kommen eventuell später noch einmal darauf zurück.

Erinnern Sie dann auch freundschaftlich oder rituell gebrauchte, gehörte, selbst gesprochene oder gelesene Sprüche, die Sie später als Heranwachsende oder als Erwachsene getröstet, aufgebaut, ermutigt haben.

Notieren Sie auch diese und eventuell auch wieder Ihre Empfindungen dazu.

Heile, heile, Segen	War gleich alles halb so schlimm.
Kommt her, Kinder!	Bei dem Spruch war immer eine gute Überraschung in Aussicht.

Hey, altes Haus!	Scheinbar abgedroschen, aber der Spruch, mit dem Charly mich immer aufmöbeln konnte.
Auch eine Reise von tausend Meilen beginnt mit dem ersten Schritt	Laotse-Spruch, vom Meditationslehrer gelernt, hat oft geholfen, wenn mir wieder ein Projekt mir übern Kopf wuchs, sollte ich mir wieder, wie damals, über den Schreibtisch hängen!

2. TAG

Heilsame Schreiberfahrungen erinnern und nutzen

Erinnern Sie sich in der folgenden Tabelle: *Wann in Ihrem Leben* hat Ihnen gerade das geschriebene, das von Ihnen selbst geschriebene Wort Kraft gegeben? Und: *Auf welche Weise* haben Sie damals das Schreiben genutzt?

Als Tagebuchaufzeichnung?

Als regelmäßiges oder gelegentliches Aufzeichnen Ihrer Nachtträume?

Als Brief an einen vertrauten Menschen oder vielleicht als Brief an einen imaginierten Freund, als Brief, den Sie möglicherweise nie abgeschickt haben?

Hat eine der in Kapitel 1 vorgestellten Starttechniken Sie an eine eigene Vorgehensweise erinnert?

Hat eine kreative Schreibübung aus diesem Buch Sie entsprechend inspiriert?

Oder haben Sie noch auf eine ganz andere Weise schreibend an sich gearbeitet?

Halten Sie die Erinnerungen an Schreibverhalten und auslösende Situation doch einmal zur Selbstüberprüfung im folgenden Arbeitsbogen fest:

Auslösende Situation	Schreibtechnik/Textsorte
Trennung	Tagebucheintragung
Entscheidungsdruck	Liste
Planung aufwendiger Projekte	Ideensammlung, Netzbild
Verliebtheit	Briefe, Gedichte

3. TAG

Erfahrungen in Ressourcen wandeln

Nehmen Sie sich Ihre Liste von gestern heute noch einmal vor. Betrachten Sie sie genauer. Setzen Sie sich insbesondere mit folgenden Fragen auseinander:

- Sind oder waren es immer wieder bestimmte Schreibtechniken oder Textsorten, die Sie bevorzugen, um schreibend Dinge zu klären?
- Oder nutzen Sie ein eher breites Arsenal an Möglichkeiten?
- Ergibt sich vielleicht so etwas wie ein Muster? Finden sich bestimmte Schreibtechniken und Textsorten besonders häufig in Auseinandersetzung mit bestimmten Lebenssituationen?

Eine unserer Klientinnen listete z. B. in wichtigen Entscheidungssituationen stets ihre noch offenen Fragen auf und dachte dabei an ihre verstorbene Großmutter – eine Person, die ihr schon zu Lebzeiten häufig Ratgeberin und Trostspenderin gewesen war . Meist kam ihr dabei in den Sinn, wie diese sich wohl zu der Situation geäußert hätte, und auf diese Weise wurden ihr neue, oft wichtige Aspekte der Situation klarer.

> Mein Haus am See hätte ich nicht gekauft, wenn ich nicht plötzlich gespürt hätte: Großmama hätte sich hier auch wohl gefühlt, und es hätte ihr gefallen, mich hier auf der Terrasse sitzen und arbeiten zu sehen. Im Tagebuch habe ich ihr das Haus beschrieben, und sie schien mir zuzulächeln. Da habe ich Mut gefaßt und meinen Makler angerufen. Die Transaktion war etwas riskant, aber ich habe es geschafft, ohne mich finanziell zu ruinieren. (Anja, Designerin, 37 Jahre)

Haben Sie die Liste nicht bis zum Ende ausgefüllt, dann lassen Sie sich vielleicht jetzt noch einige weitere Möglichkeiten einfallen, Schreiben zu Entlastung und Trost einzusetzen, und vervollständigen Sie sie damit.

☛ **Tip**

Nehmen Sie sich vor, in einer zukünftigen Situation, die Sie besonders fordert, dann doch einmal ganz bewußt auf diese Liste zurückzugreifen. Mit ihr haben Sie ja nun u. U. bereits mehrere Vorschläge zur Verfügung, mit Hilfe des kreativen Schreibens die Situation gezielt anzugehen:

Einmal die in Ihrer eigenen Lebensgeschichte bewährten Schreibtechniken samt Hinweisen, in welcher eventuell vergleichbaren Situation Ihnen welche Technik bereits besonders gut geholfen hat. Warum also nicht einfach bewußt und damit zuverlässiger auf eine Weise entstressen, auf die Sie bislang rein intuitiv bereits häufig genug zurückgegriffen haben?

Üblicherweise ist es ja leider eher so, daß uns in bestimmten Situationen ein bestimmtes (Schreib-)Verhalten zwar besonders gut bekommt – aber das ist uns in dem Moment, in dem es ‹darauf ankommt›, meistens gar nicht so bewußt, geht in oder nach der Streßsituation leicht verloren und wird so das nächste Mal, wenn es uns nützlich sein könnte, nicht unbedingt wiedererinnert. Die Liste kann da ein unterstützender ‹Anker› sein.

Dann aber auch Vorschläge zum Ausprobieren für Neues – oft macht man ja neue, gute Erfahrungen zur Lösung von Problemen auch gerade durch das Ausprobieren neuer Strategien. Dieser Weg kann sich vor allem dann empfehlen, wenn das Problem nicht *zu* überwältigend und deshalb auch noch genügend Kraft dafür vorhanden ist, sich auf so eine neue Erfahrung einzulassen.

4. TAG

Adams' zehn Thesen zur Heilkraft des Schreibens überprüfen und weiterentwickeln

Wie stehen Sie zu den zehn Punkten der Heilkraft des Tagebuchschreibens, die die amerikanische Tagebuchtherapeutin Kathleen Adams benennt? Zu Beginn dieses Kapitels haben wir Ihnen diese schon vorgestellt. Konnten Sie Adams beim Lesen zustimmen? Oder sehen Sie manches anders? Kam Ihnen einiges bekannt vor? Machen Sie doch einmal für sich den Test:

Gehen Sie nochmals kurz die gerade vorgestellte Auflistung der zehn Punkte therapeutischer Wirksamkeit des Schreibens nach Adams durch und fertigen Sie dann, wenn Sie mögen, eine eigene Liste an. Fragen Sie sich dafür, welche Punkte, welche Aspekte Sie selbst am Schreiben immer wieder einmal als therapeutisch wirksam, als hilfreich, tröstend und stärkend erlebt haben. Lassen Sie sich ruhig von Adams inspirieren, soweit Ihnen das schlüssig erscheint, was sie sagt. Aber: Übernehmen Sie nicht einfach ihre Auflistung, die aus spezifisch poesietherapeutischer Arbeit mit z. T. ausgesprochen traumatisierten Menschen heraus entstanden ist. Wählen Sie aus Adams Auflistung die drei Punkte aus, die Sie selbst am stärksten ansprechen und die Sie vielleicht auch aus eigener Erfahrung bestätigen können. Möglicherweise ergänzen Sie die Liste um einige weitere Aspekte, die Ihnen selbst bedeutsam erscheinen, die bei ihr nicht oder nicht so deutlich zum Zuge gekommen sind? Denn neben dem Allgemeingültigen entscheidet in einem so individuellen Prozeß, wie dem des Schreibens immer auch die eigene Biographie mit darüber, was wie wirkt.

Ihre Liste könnte z. B. so aussehen:

Fünf Punkte therapeutischer Wirksamkeit des Schreibens, die mir wichtig sind:

1. Verfügbarkeit des Schreibmaterials (s. Punkt 1 bei Adams)
2. Aufmerksamkeit nach innen lenken
(Ich muß spüren, daß da in mir etwas sich ausdrücken und aufgeschrieben werden will, regelmäßige Entspannungsübungen z. B. sensibilisieren mich dafür.)
3. Katharsis (s. Adams' Punkt 2)
4. Abstand
(Wenn ich die ausgedrückten Gefühle nachlese, gewinne ich oft fast automatisch mehr Abstand. Meine inneren Kommentare relativieren die Gefühle und Befindlichkeiten, die sich auf dem Papier ausgedrückt haben.)
5. Klarheit (s. Adams' Punkt 9)
(Hängt aber auch mit diesem ‹inneren Abstand› [Punkt 4] zusammen. Hilft, klarere Entscheidungen für den Alltag zu treffen, wenn die Gefühle rausgeschrieben sind).

(Jacques, 44, Lehrer)

Bewahren Sie diese Liste für sich gut auf, lesen Sie sie ab und an wieder durch, und verändern oder ergänzen Sie sie gegebenenfalls gelegentlich – z. B. nachdem Sie neue Schreiberfahrungen mit den Vorschlägen gemacht haben, die Ihnen in diesem Kapitel begegnet sind! Pflegen Sie Ihr inneres Selbstgespräch, kommentieren Sie Ihr selbsttherapeutisches Schreiben, werden Sie im besten Sinne des Wortes Ihr/e eigene/e Ratgeber/in! Dadurch gehen Sie in doppelter Weise heilend mit sich um: einmal in bezug auf die Inhalte, mit denen Sie sich schreibend auseinandersetzen, und andererseits in bezug auf die Gestaltung der Beziehung zu sich selbst. Oder, wie es der Psychotherapeut und Kommunkationstheoretiker Paul Watzlawick ausdrückt: Sie nutzen den Beziehungs- wie den Inhaltsaspekt Ihres – in diesem Falle inneren – Dialogs.

Doch Worte können nicht nur heilen – sie können, wir alle wissen es, ebenso leicht, wenn nicht leichter, erschrecken oder kränken. Sie können Mißverständisse kreieren. Worte können uns verletzen, und sie decken unsere Verletzlichkeit auf.

5. TAG

Der Vieldeutigkeit von Worten auf die Spur kommen

Tragen Sie einmal für sich zusammen, welche Worte für Sie selbst in Ihrer Biographie eine besondere Bedeutung gehabt haben. Koseworte? Worte, die in einen speziellen Dialekt gehören? Notieren Sie sich diese Ausdrücke.

Fragen Sie sich: Gab es schon einmal Situationen, in denen Sie mit diesen so persönlich besetzten Worten auf Unverständnis gestoßen sind, in denen Sie einfach nicht ‹rüberbringen› konnten, woran Ihnen lag? Erinnern und notieren Sie solche Situationen und die Möglichkeiten, die Ihnen einfallen, die Situationen zu entschärfen, die Kränkung zu überwinden.

6. TAG

Verfremdete Geschichten

Verfremden Sie Erlebnisse und Erfahrungen, wie Sie sie gestern beschrieben haben, und erfinden Sie dazu eine Kürzestgeschichte (vgl. von Werder 1996, S. 154ff.) nach folgendem Schema:

- Anfang: Vorstellung Ihrer Person oder des Protagonisten / der Protagonistin und der Situation
- Handlungsbeginn: das Treffen mit dem Antagonisten
- Spannungssteigerung: Beginn eines Gesprächs, vielleicht über ein heikles Thema zwischen beiden
- Höhepunkt: Nutzung mißverständlicher Ausdrucksweise mit unerwarteten, vielleicht dramatischen Konsequenzen
- Schluß: Hier sind Sie noch einmal besonders gefragt. Bleibt der Schluß offen? Treibt er die absurde Situation einem weiteren Höhepunkt zu? Löst sich die Situation in Gelächter?

Auch wenn uns das im Umgang mit anderen nicht immer leicht fallen mag: Im Umgang mit uns selbst im Tagebuch bleibt es unsere Aufgabe, immer neu den Dialog mit uns zu suchen, mit uns selbst im Gespräch zu bleiben. Und auch das ist oft schwer genug: Wie häufig entschwinden uns Ideen, Assoziationen, Bilder, wenn wir sie nicht rechtzeitig festhalten. Gerade schmerzliche Bilder lassen sich nun leichter bannen von einem guten inneren Ort aus, an dem wir uns entspannt und sicher fühlen.

Eigene Geschichten erinnern

Erinnern Sie noch einmal den angenehmen inneren Ort, den Sie während Ihrer Einführungsphase ins Tagebuchschreiben mit Hilfe der Basistechnik Nr. 4 (Imaginieren) genauer für sich entdeckt und beschrieben haben. Dieser innere Ort ist auch ein guter Ausgangspunkt, um uns versteckteren Aspekten unserer eigenen Lebensgeschichte noch ein wenig genauer zu nähern. Ein guter Ausgangspunkt deshalb, weil solche eher versteckteren Aspekte unserer Geschichte sich häufig deshalb vor unserem Bewußtsein ‹verstecken›, weil ihre Erfahrung in unserem Leben vielleicht irgendwie heikel war, irgendwie schmerzlich, irritierend, beschämend oder einfach schwer verständlich. Der innere Ort hilft, beim Rückblick und bei der Suche danach Gelassenheit zu bewahren, uns selbst besser zu verstehen.

7. TAG

Geschichte der eigenen Tagträume

Einen ‹inneren Ort› bauen wir uns manchmal im Laufe unseres Lebens auch spontan auf. Denken Sie deshalb zunächst an Ihren jetzigen ‹inneren Ort› und lassen Sie dann Ihren Blick zurückschweifen: auf vergangene Stationen Ihres Lebens, auf Situationen, in denen Tagträume, angenehme Tagträume, um genau zu sein, Sie begleitet haben. Dabei ist es gleichgültig, ob diese Ihnen seinerzeit tatsächlich Kraft gespendet haben oder ob sie eher eine Art Fluchtpunkt aus einer bedrängenden Situation darstellten. Notieren Sie, was Sie von Ihren vergangenen Tagträumen erinnern und überlegen Sie, welche Elemente solcher ehemaliger oder auch noch aktueller eigener Tagträume Ihnen so wohltuend erscheinen, daß Sie Ihren jetzigen ‹inneren Ort› gern damit ausstatten würden. Notieren Sie dann diese Elemente und entwickeln Sie das Bild Ihres ‹inneren Ortes› gegebenenfalls neu!

8. TAG

Die Geschichte meines Körpers

Unser Körper bildet die Grundlage unseres Lebens. An welche intensiven körperlichen Erfahrungen erinnern Sie sich? Angenehmer oder weniger angenehmer oder sogar sehr unangenehmer Art? Und: An welche wollen Sie sich erinnern? Woran erinnern Sie sich gern, und woran wollten Sie lange nicht mehr denken? Erinnern Sie sich aus der Gelassenheit eines Ihrer in der letzten Übung gefundenen angenehmen Tagträume an Einzelheiten aus der Geschichte Ihrer Körpererfahrungen, bringen Sie sie dann, soweit es Ihnen möglich ist, in die korrekte zeitliche Reihenfolge und kommentieren Sie schließlich auch einige davon aus heutiger Sicht.

Traumgeschichten – die Geschichte meiner Träume

In unseren Träumen verarbeiten wir unsere Erfahrungen. Oft können sie uns wichtige Hinweise für unsere Entwicklung geben. Das haben Sie sicherlich schon in Auseinandersetzung mit den Möglichkeiten zum ‹Träumen und Schreiben› (Kapitel 1) erfahren. Auf welche Weise haben nun Ihre Träume Ihre individuelle Lebensgeschichte begleitet und beeinflußt?

9. TAG

Die erste Traumerinnerung

Welches ist der erste Traum in Ihrem Leben, an den Sie sich erinnern? Ein Kindertraum, ein beeindruckender Traum Ihrer Jugend, ein Krisentraum?

Wie weit erinnern Sie Träume zurück? Wenn es Ihnen hilft, gehen Sie auf der Spurensuche nach Ihrer ersten Traumerinnerung ähnlich assoziativ vor, wie in Übung 8. Wenn Sie auf den Traum gestoßen sind, den Sie für Ihren ersten erinnerten halten, beschreiben Sie ihn, malen Sie ihn und beschreiben Sie auch, was Ihnen dazu einfällt. So ein erinnerter erster Traum und seine Botschaft werfen bei genauerer Betrachtung oft so etwas wie ein Schlaglicht auf Fragen und Themen des – von damals her gesehen – zukünftigen Lebens.

10. TAG

Schlüsselträume

Schlüsselträume sind die Träume, die uns als besonders eindrücklich in Erinnerung geblieben sind. Beschreiben Sie heute Ihre Schlüsselträume und das, was Sie am intensivsten an ihnen beeindruckt hat.

11. TAG

Wiederholungsträume

Wiederholungsträume enthalten insofern besonders bedeutsame Botschaften, als wir gerade die Botschaften dieser Träume für gewöhnlich noch nicht gut genug entschlüsselt haben – sonst müßte der Traum sich nicht wiederholen. Gibt es in Ihrem Traumleben einen oder auch mehrere Wiederholungsträume? Falls einer davon jetzt noch aktuell ist, notieren Sie ihn und gehen Sie mit ihm so um, wie wir es Ihnen im Kapitel 2 für den Umgang mit aktuellen aufgezeichneten Träumen empfohlen haben. Legen Sie jedoch besonderen Wert auf die Frage: Auf welche Weise kann ich die Botschaft dieses Traums in meinem Leben verwirklichen?

12. TAG

Uns schwierigen Erfahrungen annähern

Jedes Leben ist von Krisen und ihrer Überwindung gekennzeichnet. Listen Sie heute Ihre wichtigsten Krisenerfahrungen auf, und suchen Sie dann eine Krise aus, die Sie erfolgreich bewältigt haben. Beschreiben Sie:

- Wie sah die Krise aus?
- Was waren Ihre Lösungsstrategien?
- Welche davon waren erfolgreich?
- Und schließlich: Was haben Sie aus Ihrer Krise für sich und Ihr Leben gewonnen, welchen Aspekt davon möchten Sie nicht missen?

13. TAG

Schmerzen und Verluste tragen

Krise bedeutet Schmerz und umgekehrt. Nicht jede Krise wird erfolgreich bewältigt, oft genug im Leben haben wir lange an – seelischem oder körperlichem – Schmerz zu tragen. Dann geht es vielleicht eher um Trost, als um Überwindung. Oft tröstet es schon, Gefühle, die mit Schmerz einhergehen, einfach zu beschreiben. Beschreiben Sie heute einmal eine schmerzliche Erfahrung, einen Verlust, ein Leid. Aber: Suchen Sie Halt in einer stabilen, schriftlichen Form. Schreiben Sie einige Sätze über einen vergangenen Schmerz, fassen Sie die Erfahrungen noch einmal in einem Satz zusammen, und finden Sie ein Symbol für die Aussage dieses Satzes.

14. TAG

Veränderungen annehmen

Auch Veränderungen, natürlicher Prozeß des Lebens, bedeuten oft Krisen, manchmal Verlust, manchmal Schmerz. Häufig besteht das krisenhafte Element von Veränderungen im Leben gerade darin, daß wir uns gegen die Veränderung wehren. Doch jede Veränderung enthält die Chance, an ihr zu wachsen und eine neue, bisher unbeachtete Perspektive in unser Leben zu integrieren. Notieren Sie deshalb nicht nur die wichtigsten Veränderungen Ihrer bisherigen Lebensgeschichte, sondern auch diese beiden Seiten:

- Welche Verluste gingen möglicherweise mit dieser Veränderung einher, welcher Aspekt hat Ihnen nicht gefallen, wogegen haben Sie sich gewehrt?
- Und welche neuen Perspektiven sind auf diese Weise in Ihr Leben getreten?

15. TAG

Das innere Gespräch kultivieren – Entscheidungen finden

Schreiben Sie einmal eine Frage auf, die Sie z. Z. besonders beschäftigt.

Ein Thema, das zur Entscheidung ansteht, oder etwas, wobei Sie sich gerade ratlos fühlen. Es sollte ein Thema sein, das für Sie von Bedeutung ist, aber nicht ‹bis zum Zerreißen›, und für dessen endgültige Entscheidung Sie auch noch etwas Zeit haben.

Lassen Sie dann die Frage bis zum nächsten Tag liegen und beschäftigen Sie sich auch nicht mehr gezielt damit – lassen Sie Ihrem kreativen Unbewußten Raum und genießen Sie den Freiraum, den Sie in bezug auf das Thema jetzt erst mal für sich haben.

Nehmen Sie sich die Notiz am nächsten Tag noch einmal vor und schreiben Sie auf, was Ihnen jetzt spontan zu Ihrer Frage einfällt.

Lassen Sie Frage und spontane Antwort wiederum liegen.

Achten Sie in den nächsten Tagen darauf, was Ihnen eventuell noch zur aufgeschriebenen Frage einfällt, ergänzen Sie die bisherige Antwort, immer wenn Ihnen noch etwas in den Sinn kommt.

Nach einigen Tagen werten Sie die bisherigen Antworten aus und nutzen sie als Hilfe für die endgültige Entscheidung.

Mit wem verreise ich?
Mit Peter und seiner Clique?
Oder mit den Müllers?

3.3 Tagebuchschreiben nach verschiedenen psychotherapeutischen Ansätzen

«Auf diesen hellen, leeren Seiten
sind Teile meiner Persönlichkeit geboren und genährt worden,
bis zur Reife.»

MARION WOODMAN

Die im folgenden vorgestellten Tagebuchschreibtechniken stehen in enger Beziehung zu psychotherapeutischen Ansätzen, welche aus ihrem Selbstverständnis heraus besonderen Wert auf die heilenden Aspekte von Sprache und innerer Bilderwelt legen. Mit dem Schreiben nach unterschiedlichen Richtungen sollen gleichwohl unterschiedliche Zugangsmöglichkeiten zum therapeutischen Schreiben gewährleistet bleiben, wie sie ja auch der psychischen Realität von Menschen in ihrer Unterschiedlichkeit entsprechen. Auch sonst ist es ja in der Psychotherapie nicht so, daß jedes Verfahren gleich gut zu jedem Menschen paßt. Zugleich kann daran deutlich werden, daß sich das therapeutische Schreiben keiner bestimmten psychotherapeutischen Richtung verschreiben muß, vielmehr wohnt ihm die Chance inne, unterschiedlichste Wege zu nutzen, um die eigene innere Stimme deutlicher wahrnehmen und gezielter nutzen zu können.

Eine besondere Rolle spielt dabei ganz sicher das dialogische Schreiben. Und das sowohl in bezug auf das Schreiben an jemand anderen wie auch in bezug auf das Anschreiben eigener persönlicher Anteile. Einfach aus dem Grunde ist das dialogische Schreiben so besonders wertvoll, weil die Aufnahme eines Dialogs immer auch bedeutet, sich anderen Sichtweisen und Einstellungen zu öffnen – der beste Weg, die eigene Perspektive zu erweitern und gerade dadurch neuen Zugang zu eigenen brachliegenden Energien zu finden.

Suchen Sie sich dazu aus den Übungsvorschlägen des therapeutischen und selbsttherapeutischen kreativen Schreibens das aus, was Ihnen ganz persönlich guttun könnte.

Tagebuchschreiben zur Entwicklung der eigenen Persönlichkeit

Diese Übungen nutzen das Wissen und die Erfahrung psychotherapeutischer Richtungen vorwiegend humanistischer Orientierung. Trotz unterschiedlicher theoretischer Hintergründe, die wir im folgenden vor dem Übungsangebot jeweils kurz beschreiben werden, haben diese Richtungen eines gemeinsam: Wie die Bezeichnung ‹humanistische Orientierung› ausdrückt, steht bei ihnen jeweils der einzelne Mensch, das Individuum im Mittelpunkt. Und im Mittelpunkt der humanistisch-psychotherapeutischen Bemühungen um das Individuum steht das Interesse an dessen persönlicher Weiterentwicklung, ganz im Sinne des ‹Werde, was du bist›. Nutzen wir also einige der Möglichkeiten, die die humanistische Psychotherapie entwickelt hat, um selbsttherapeutisch mit Hilfe des kreativen Tagebuchs unsere persönliche Entwicklung voranzutreiben.

3.3.1 *Therapeutisches Tagebuchschreiben nach dem gesprächspsychotherapeutischen Ansatz*

Worum geht es in der Gesprächspsychotherapie?

In der von Carl Rogers entwickelten Gesprächspsychotherapie geht es, wie der Name schon sagt, darum, ‹therapeutisch›, also heilend durch Worte, durch das Gespräch zu wirken. Rogers hat eine Vielzahl von Untersuchungen zu der Frage durchgeführt und veröffentlicht, welche Aspekte an einem Gespräch zwischen zwei Menschen – in der Psychotherapie für gewöhnlich Therapeut(in) und Klient(in) eigentlich heilend wirken. Heute legt die Gesprächspsychotherapie großen Wert auf die Ausbalancierung der beiden Aspekte in der psychotherapeutischen Beziehung, die, wie wir oben gesehen haben, bereits Paul Watzlawick als grundlegend für gelingende menschliche Kommunikation überhaupt benannt hat – den Inhalts- und den Beziehungsaspekt. Gerade das heilende, also das therapeutisch wirksame Gespräch kann nach Rogers überhaupt nur dann funktionieren, wenn in einer offenen, verständnisvollen Atmosphäre (Beziehungsaspekt) die Inhalte ausgedrückt werden können, die dem Klienten oder der Klientin am Herzen liegen (Inhaltsaspekt). Dabei sind Aufbau und Pflege einer solchen gutgehenden therapeutischen Beziehung nach Rogers' Erfahrungen sogar noch bedeutsamer als die inhaltliche Gesprächsebene. Auch das ist ja eine Erfahrung, die wir auch aus dem Alltag kennen: Schon das Erleben, daß jemand uns teilnahmsvoll zuhört bei Dingen, die uns bewegen, kann uns stärken, das Erlebnis, Interesse beim anderen Menschen auszulösen, gibt manchmal ebensoviel wie oder mehr als die inhaltliche Auseinandersetzung.

16. TAG

Schreibend Selbstempathie entwickeln

Ein wesentliches Element der Gesprächsführung nach Rogers ist das Entwickeln von Empathie, das heißt: von Einfühlungsvermögen. Die Entwicklung dieser Fähigkeit wird in der psychotherapeutischen Ausbildung regelrecht geübt: Durch genaues Hinhören und Nachfragen (‹Habe ich Sie richtig verstanden, meinen Sie, daß ...?›) kann jede/r das eigene Einfühlungsvermögen steigern. Ebenso wichtig aber und für unsere Belange von besonderer Wichtigkeit ist die Entwicklung des Einfühlungsvermögens und tieferen Verständnisses für uns selbst, die Entwicklung der sogenannten Selbstempathie. Üben Sie diese deshalb einmal eine Zeitlang besonders bewußt beim Tagebuchschreiben:

Betrachten Sie einen kürzlich entstandenen Text und befragen Sie dieses Ich, das diesen Text geschrieben hat: ‹ Sehe ich das richtig, daß Du Dir hier mal wirklich was von der Seele schreiben wolltest?› – ‹Ist es so, daß Dich dieses Thema schon seit längerem ratlos sein läßt?› etc.

Schreiben Sie auf diese Weise einen regelrechten Dialog: Lassen Sie – im Sinne der in Kapitel 1 vorgestellten Basistechnik des dialogischen Schreibens – das einige Tage oder Wochen alte Schreib-Ich antworten und gehen Sie empathisch auf die Äußerungen Ihres Schreib-Ich ein. Nutzen Sie dieses Vorgehen möglichst immer dann, wenn Sie sich tiefergehend mit einem Text auseinandersetzen möchten, der Sie möglicherweise in seiner Gefühlsdichte irritiert. Ihre Maxime: Den irritierenden Gefühlszusammenhang befragen unter der Leitidee, daß die Angelegenheit so, wie sie sich im Text darstellt, ganz gewiß schon ihren Sinn haben wird, auch wenn dieser Ihnen zur Zeit ganz und gar nicht klar ist.

Manchmal hilft die Empathie allein nicht – gerade dann, wenn wir mit uns selbst im unreinen sind und es uns schwerfällt, ein Gefühl oder eine Befindlichkeit zu deuten. Dann kann es guttun, zu metaphorisieren, Gefühle und Befindlichkeiten in Bilder, in Umschreibungen zu packen und auf diese Weise zu versuchen, das schwer Verstehbare doch zu verstehen – ein bißchen genauer jedenfalls. Aus den imaginativen Psychotherapien und aus der Tiefenpsychologie wissen wir, daß das Unbewußte oft in Bildern spricht – z. B. in Träumen oder Tagträumen. Diese Erkenntnis hat sich auch die Gesprächspsychotherapie zunutze gemacht: Sie fragt nach Befindlichkeiten und Gefühlen und bietet in den therapeutischen Gesprächen auch bildhafte Vergleiche für das an, was an Gefühlen eben nicht so einfach in Worte zu fassen ist. Allerdings: Der Einsatz solcher bildhafter Umschreibungen funktioniert nicht wie ein ‹Metaphernbaukasten›, in den die Therapeutin nur hineinzugreifen braucht – ihr muß es gelingen, die ‹richtige› Metapher zu treffen, diejenige, die dem Gesprächspartner ganz subjektiv passend erscheint. Und ebenso wichtig ist es für uns im therapeutischen Selbstgespräch, den Metaphern auf die Spur zu kommen, die unsere Gefühle in ihrer Vielfalt am ehesten umschreiben. Und mit dem Gefühl der Erleichterung, das das Finden der ‹richtigen›, der passenden Metapher begleiten kann, kommen wir mit ein wenig Glück auch dem Gefühl selbst ein bißchen genauer auf die Spur.

17. TAG

Metaphern für Gefühle finden

Lassen Sie sich deshalb einmal von der folgenden Liste inspirieren und versuchen Sie sich einmal darin, selbst solche bildhaften Umschreibungen für Gefühle zu entwickeln – wohlgemerkt: solche Umschreibungen, die Ihnen persönlich etwas sagen!

Gefühl	Umschreibende Metapher
Freude	Sonnenschein, Sternenschein
Wut	berstender Vulkan
Liebe	Glockenklang
Sehnsucht	Durst, ausgezehrte Wüste
Vertrauen	in einer warmen Stube sitzen und Tee trinken
Zuversicht	festen Boden unter den Füßen spüren

Schreiben Sie dann ein kleines Stimmungsbild einer phantasierten Person, in dem Sie Metaphern für unterschiedliche Gefühle einsetzen, mit denen diese Person zu tun hat!

18. TAG

Metaphern für komplizierte Gefühle

Wenn Sie sich selbst in einer schwierigen Situation kaum verstehen, nutzen Sie das innere Selbstgespräch auch einmal so, daß Sie Ihre Nachfragen an sich selbst entsprechend allgemeiner, auf mehrdeutiger, bildhafter Ebene formulieren. Also nicht: ‹Ärgerst Du Dich über diese Leute, mit denen Du Dich täglich auseinandersetzen mußt?›, sondern eher auch einmal so was wie: ‹Das bringt Dich auf die Palme, diese Leute?› Nicht: ‹Ist es aber nicht auch eine gute Sache, daß er Dir geholfen hat?›, sondern: ‹Da fühlst Du Dich ein bißchen wie auf einem schwimmenden Boot, einerseits diese Hilfe in Anspruch genommen zu haben und andererseits die Antipathie?› Diese Bildhaftigkeit hilft, dem anderen, in diesem Fall dem anderen Ich, einen Freiraum zum Weiterdenken zu erhalten, trotz des Gehaltenseins durch die Gesprächsbeziehung.

Z. B. so:

Ich kann heute einfach nicht mehr, das war alles zuviel, der ganze Tag.
Du fühlst Dich ganz erledigt?
Ja, ich hab' schon richtig Bauchschmerzen.
Das liegt Dir wie ein Stein im Magen, der Tag heute?

- Ja, ich möchte den Stein loswerden und wieder richtig loslegen, aber dieser Stein drückt zu schwer.
- Vielleicht hat der auch seinen Sinn?
- Er zwingt mich zur Ruhe, soviel Sinn macht er jedenfalls. Ruhe habe ich auch dringend nötig.
- Vielleicht brauchst Du den Stein, wenn Du Dich ausruhst?
- Ja, ich glaube. Der Stein mahnt mich. Wenn ich mich jetzt nicht ausruhe, versteinere ich langsam.

3.3.2 *Therapeutisches Tagebuchschreiben nach dem Ansatz des Neurolinguistischen Programmierens (NLP)*

Worum geht es im ‹NLP›?

‹NLP› ist die Kurzform für den langen und unschönen Begriff ‹Neurolinguistisches Programmieren›, der aus dem Amerikanischen stammt (Neuro-linguistic Programming heißt es dort).

Entwickelt wurden Begriff wie Methode von zwei ganz offenbar pragmatisch denkenden Amerikanern, dem Informatiker Richard Bandler und dem Linguisten John Grinder. Diese beiden waren Ende der 70er Jahre zu der Ansicht gelangt, wir Menschen **programmierten** uns, unser Hirn, unsere neuronalen Bahnen (‹**Neuro**›) wohl vor allem durch Sprache (‹**linguistisch**›). Vor diesem Hintergrund – den wir im folgenden genauer aufschlüsseln wollen – ist der Begriff ‹NLP› dann wiederum stärker mit Sinn gefüllt: «selbst programmieren» bedeutet schließlich auch «Selbstbestimmung». Wir Europäer/innen können ja den Ausdruck ‹Programmieren› im NLP für uns selbst durch Begriffe wie ‹Selbststeuerung› ersetzen, wenn uns das angenehmer ist. Manch eine/r übersetzt auch NLP mit ‹neue lebendige Perspektiven›.

Sinngemäß wird diese Übersetzung gar nicht allzusehr ‹danebengreifen›, geht es im NLP doch u. a. darum, ein größeres Potential eigener innerer Lebendigkeit zu entwickeln. Aber überprüfen Sie das einfach für sich selbst!

Die Selbststeuerung (das ‹Programmieren›) sieht nach NLP also so aus:

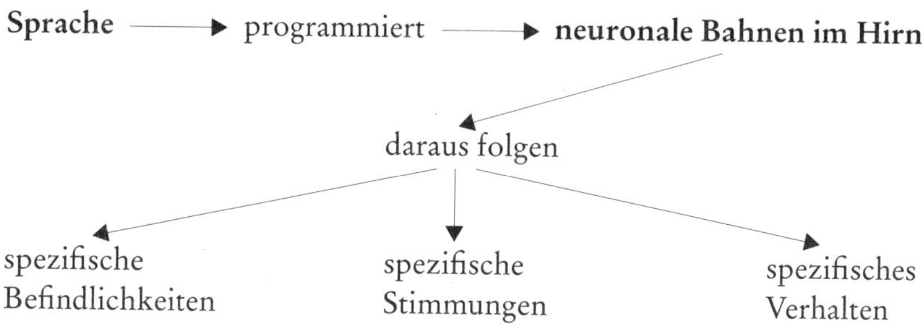

Spannend ist nun der Weg, auf dem nach NLP diese Selbststeuerung, die Umwandlung von Sprache – im Falle NLP zunächst einmal von innerer Sprache – in Befinden und Verhalten geschieht:

Wie eigentlich beeinflussen wir uns denn selbst mit dem, was wir uns innerlich – oft genug unbewußt – auf- und vorsagen?

Wie beeinflussen uns – möglicherweise ebenfalls, ohne daß es uns so ganz bewußt würde – die Worte der anderen?

Und wie nehmen wir – gewollt oder ungewollt – mit unseren Worten Einfluß auf die innere Welt anderer?

Neurolinguistisches Programmieren verfolgt dabei – wenngleich ebenfalls mit Hilfe von Sprache – einen der GT in manchem entgegengesetzten Ansatz: Wichtig sind vor allem die Inhalte, die Themen eines Gesprächs oder auch Selbstgesprächs. Laut NLP kann es sehr sinnvoll sein, genau und explizit den angesprochenen Inhalten nachzufragen, um die sogenannte ‹Tiefenstruktur›, die ‹Sprache hinter den Worten›, ‹herauszufragen› und damit die Inhalte, um die es jemandem ‹eigentlich› geht, die eher unbewußten inneren Bilder, die manchmal doch auch im Gespräch verdrängt bleiben oder verschwiegen werden. Eine Hilfe bieten solche Fragetechniken, die haargenau da ansetzen, wo dem Therapeuten als Zuhörendem oder uns selbst als Menschen, die ihre eigenen Texte lesen, etwas unklar bleibt. Also nicht lockerlassen, dem eigenen Unbehagen trauen, es in Worte und in eine gezielte Frage kleiden. Das kann für das Gegenüber unangenehm sein (deshalb ist eine solche Technik im zwischenmenschlichen Kontakt eher sparsam und nur in einer zur Zeit gut funktionierenden Beziehung anzuwenden), es kann jedoch auch heilsames Licht in ein bedrückendes Dunkel bringen (deshalb können wir uns selbst diese Technik ruhig ab und an zumuten).

Z. B. so:

- Manches bringt mich einfach durcheinander...
- Manches? Was denn zum Beispiel?
- Wenn jemand...
- Jemand?
- Naja, Peter z. B., der macht das immer. Und ich hab' den Verdacht: nur mit mir.
- Du meinst, Peter kommt nur bei Dir zu spät, ohne vorher Bescheid zu sagen?
- Naja, ich weiß nicht. Aber ich denke, mich hält er für so unwichtig, daß er keine Rücksicht nehmen muß.

19. TAG

Die innere Sprache hinter den Worten erkunden

Schreiben Sie eine halbe Seite frei herunter zu Ihrer aktuellen Befindlichkeit. Nehmen Sie dann den Text noch einmal genauer ‹unter die Lupe› – unter der Fragestellung: Was sagt Ihnen dieser Text eigentlich, und was verschweigt er Ihnen? Was steht eigentlich wirklich in diesem Text drin, auch an nicht Ausgesprochenem? Und was deutet der Text womöglich nur an?

Achten Sie dabei vor allem auf Umschreibungen im Text, auf Stellen, die etwas offenlassen, auf Ungereimtheiten – NLP nennt folgende drei hauptsächliche beeinträchtigende Momente sprachlicher Genauigkeit:

Generalisierung – Erfahrungen und Meinungen werden unzuverlässig verallgemeinert;

Tilgung – bestimmte Wahrnehmungen werden «ausgeblendet»;

Verzerrung – bestimmte Erfahrungen werden «schief», übertrieben, unvollständig wahrgenommen.

Wie kommt man oder frau dem nun auf die Spur, was sich hinter diesen Ungenauigkeiten verbirgt? Gerade so, wie im oben gezeigten Dialog-Beispiel – dort, wo ich einen dieser Störfaktoren ausmache, frage ich gezielt nach. Wohlgemerkt: Dort, wo es um Störfaktoren für die Genauigkeit, für die präzise Beschreibung geht – selbstverständlich können solche ‹Störfaktoren› andererseits auch durchaus ihren Sinn haben, kann es an manchen Stellen wiederum reizvoll, sinnvoll, schonend sein, etwas im Ungenauen zu belassen. Und ‹gezielt nachfragen›: Was kann das heißen, wie kann das aussehen? Z. B. folgendes:

Schauen Sie sich Ihren Text von vorhin daraufhin an, welche Ungenauigkeiten in ihm auftauchen, und stellen Sie sich selbst im schreibenden Dialog dann genau die Fragen, die Ihnen zu diesen ungenau gebliebenen Sätzen kommen. Die Antworten, die Ihnen daraufhin kommen, werden Sie manchmal überraschen!

Aber: Seien Sie nicht zu streng mit sich und führen Sie die Übung nicht gegen Ihren eigenen, vielleicht gesunden Widerstand durch. Das hier beschriebene Vorgehen kann immer nur ergänzend zu anderen Vorgehensweisen durchgeführt werden, andernfalls ginge zu schnell die Selbstempathie verloren!

Andererseits vertritt NLP den Ansatz, unsere inneren Bilder mit Hilfe von Sprache sozusagen ‹umzuprogrammieren›, ein Vorgehen, das Bandler und Grinder aus der Hypnose entlehnt haben. Hierzu im folgenden einige Übungen, die ihre Vertiefung im darauffolgenden Abschnitt ‹Therapeutisches Schreiben und Hypnose› erfahren werden.

20. TAG

Mit Worten Bilder malen

Setzen Sie sich entspannt zurecht, notieren Sie sich drei Situationen Ihrer Lebensgeschichte, an die Sie wirklich gern zurückdenken, in denen Sie sich wohl gefühlt haben und Zuversicht empfanden. Ob das nun weit zurückliegende oder noch recht aktuelle Erinnerungen sind, ob sie aus Ihrem Arbeitsleben stammen, aus einem besonders schönen Urlaub oder aus einer Liebesgeschichte ist dabei zweitrangig – wichtig ist Ihre ungetrübt angenehme Erinnerung. Fallen Ihnen zur Zeit keine solchen Situationen ein, ist es auch erlaubt, welche zu phantasieren. Entscheiden Sie sich dann für diejenige Erinnerung oder Phantasie, die Sie besonders bewegt und anspricht, und beschreiben Sie einmal mit Hilfe des Freewriting die Situation. Wichtig, um diese ganz lebendig werden zu lassen: Beschreiben Sie möglichst sinnesnahe:

was Sie in der phantasierten Situation **sehen;**
den **Duft,** den Sie vielleicht riechen,
eventuelle **Geräusche**: Musik, Stimmen, Meeresrauschen.
Fragen Sie sich, was Sie gerade **fühlen, spüren**: Ihr Körpergefühl und Ihre Emotionen: Freude, Staunen oder was sonst? Und schließlich: Genießen Sie, wenn es irgend etwas zu schmecken gibt.

Dann kommen Sie langsam wieder zurück aus der Phantasie und notieren sich, wie es Ihnen auf Ihrer kleinen Phantasiereise ergangen ist.

Hier kommt noch eine weitere, wichtige Maxime ins Spiel: Die ‹Philosophie› des NLP beruht unter anderem auf dem Postulat, daß jeder Mensch und jede Gruppe alle Ressourcen in sich trägt, die er oder sie braucht, um die anstehenden Aufgaben zu lösen. Schwierig ist manchmal lediglich der Zugang zu diesen – oft genug verborgenen, vergessenen, versteckten – Ressourcen. Bin ich aber erst mal in meinem ‹ressourcevollen Zustand›, so werde ich – für mich oder mit anderen – wohl auch eine befriedigende Lösung für das anstehende Problem finden.

NLP ist also ein ressourcenorientiertes Verfahren – und damit wieder einmal gar nicht so weit von unserem Alltagswissen entfernt: Entspannen, tief durchatmen, nachdenken und dann handeln – das sind die Tips, die auch wir im Alltag häufig geben oder zu hören bekommen.

21. TAG

Im Schreiben Kraft tanken

Notieren Sie sich einmal fünf Dinge, die Sie wirklich gern tun. Stellen Sie sich davon dasjenige, was Sie am meisten mögen, intensiv, mit Hilfe aller fünf Sinne vor (s. o. die Übung ‹Lieblingsessen›), und beschreiben Sie es. Beobachten Sie Ihr Befinden und notieren Sie sich kurz, wie es Ihnen jetzt geht.

3.3.3 *Therapeutisches Tagebuchschreiben nach dem transaktionsanalytischen Ansatz*

Worum geht es in der Transaktionsanalyse?

Der Name sagt es schon: In der Transaktionsanalyse (TA) geht es darum, Transaktionen zu analysieren. Transaktionen, genauer gesagt, die wir mit uns selbst und anderen durchführen. Der Begriff ‹Transaktionen› meint dabei im Grunde genommen ebenfalls den Dialog u. a. mit uns selbst: Die TA geht davon aus, daß wir in einem ständigen Dialog mit uns selbst stehen, ständig Transaktionen mit unserer eigenen Person durchführen. Diese sind uns allerdings für gewöhnlich unbewußt. Problematisch wird das dann, wenn wir unbewußt auf eine ungesunde Weise mit uns selbst sprechen und dabei uns oder auch andere schädigen. Deshalb setzt die TA dort an, wo es möglich ist, diesen inneren Dialog ins Bewußtsein zu heben und ihn bewußt zu verändern, ihn gesünder zu gestalten.

Die TA geht davon aus, daß unsere Persönlichkeit aus drei Schichten besteht:

aus dem sogenannten Eltern-Ich,
dem Erwachsenen-Ich und
dem Kind-Ich.

Jede dieser Schichten hat ihre Berechtigung: Im Eltern-Ich ist unsere Fürsorglichkeit uns selbst und anderen gegenüber gespeichert, mit dem Erwachsenen-Ich regeln wir unseren Lebensalltag, und das Kind-Ich steht für Unbefangenheit, Spontaneität und Lebensfreude. Jede dieser Schichten kann aber auch problematisch werden: Das Kind-Ich kann sich in den Vordergrund drängen, ein erwachsenes Verhalten verunmöglichen oder sich so sehr zurückhalten, daß wir uns gehemmt und überkontrolliert fühlen und verhalten. Das Eltern-Ich kann einseitig entwickelt sein – als sogenanntes ‹kritisches Eltern-Ich› – und bewirkt dann ein besserwisserisches oder überbesorgtes Verhalten. Oder es ist zu schwach entwickelt – dann sind wir nachlässig unseren eigenen oder auch fremden Bedürfnissen gegenüber. Das Erwachsenen-Ich schließlich wird nur so gut funkionieren können wie die anderen beiden: Ein zu starkes oder zu schwachses Kind- oder Eltern-Ich können es schwächen und handlungsunfähig machen – der innere Dialog, die ‹Transaktionen› sind aus dem Gleichgewicht.

Die Transaktionsanalyse plädiert übrigens bereits seit längerem dafür, diesen inneren Dialog mit Hilfe von Tagebuchschreiben lebendig zu halten oder wieder lebendig werden zu lassen:

> «Am Ende können wir nicht selten die Feder mit neu gewonnener Klarheit und vielleicht mit einer guten Entscheidung aus der Hand legen» (Gührs/Nowak 1995 S. 219).

22. TAG

Das kritische Eltern-Ich aufspüren

Ansichten des Eltern-Ichs, die heute noch in uns nachwirken, zeigen sich häufig in Sprüchen, die zu Haus bedeutsam waren. Erinnern Sie sich? Gab es zu Hause ‹geflügelte Worte›, die das Wertesystem der Familie regelten? Entspannen Sie sich einmal, gehen Sie innerlich zurück in die Zeit, als Sie noch zu Hause bei Ihren Eltern lebten, und listen Sie die Sprüche auf, die Ihnen einfallen. Z. B.:

Ordnung ist das halbe Leben.
Fünf Minuten vor der Zeit ist die wahre Pünktlichkeit!
Es wird gegessen, was auf den Tisch kommt.
Frauen gehören an den Kochtopf.
Laß das – das ist Männersache!

Das innere Kind stärken – Selbstwertgefühl gegen Elternsprüche entwickeln

Ein gesundes Selbstwertgefühl ist eine wichtige Voraussetzung dafür, voller Energie im Leben zu stehen. Die Basis hierfür wird bereits in der Kindheit gelegt – in liebe- und respektvollen Beziehungen zwischen Eltern und Kind. Frühe negative Beziehungserfahrungen lassen sich durch spätere gelingende Beziehungen korrigieren. Das funktioniert allerdings nicht immer – schon deshalb nicht, weil negative Erfahrungen oft lange nachwirken und die eigene Sichtweise und Erwartungshaltung auch in späteren Beziehungen prägen können. Wer kennt nicht die Situation, daß z. B. gerade Menschen, die als Kind häufig benachteiligt wurden, sich auch als Erwachsene nur zu leicht zu kurz gekommen fühlen? Andererseits ist kaum jemand von einem rundum idealen Netz früher zwischenmenschlicher Beziehungen gehalten worden – Abwertungen des kindlichen Selbstgefühls durch übermächtig scheinende Erwachsene prägen die Kindheit nahezu jedes Menschen. Häufig drücken diese sich in mahnenden bis abwertenden Sprüchen aus. «Halte dich gerade», «Reiß dich zusammen» oder «Benimm dich» gehören dabei noch zu den harmloseren, die aber Spuren hinterlassen können, wenn sie sich wiederholen. «Aus Dir wird nie etwas» geht da schon tiefer – und gehört doch auch zu den Sprüchen, die Kinder sich anhören müssen, die sie möglicherweise verdrängen, soweit sie können, und die unbewußt dennoch weiterwirken können – im mangelnden Zutrauen zu sich selbst beispielsweise. Wichtig, um die destruktive Wirkung solcher Sprüche zu überwinden, ist daher zunächst einmal, diese sich vor Augen zu führen, sie nicht mehr zu verdrängen, um sie dann später kritisch überprüfen zu können. Allerdings: Es ist wichtig, zu einem solchen Unterfangen entspannt und einigermaßen stabil zu sein, die gefühlsmäßige Belastung, die vor der Befreiung und Transformation steht, auch verkraften zu können. Heben Sie sich die folgende Übung deshalb gegebenenfalls für eine ‹stabile Phase› auf!

23. TAG

Schützenhilfe für das innere Kind

Nutzen Sie zunächst die Listentechnik und fertigen Sie eine Liste abwertender Sprüche an, die Sie sich in Ihrem Leben haben anhören müssen und die Sie heute erinnern, an denen Sie vielleicht zum Teil auch durchaus noch ‹knabbern›.

Schieben Sie die Liste dann zunächst einmal wieder von sich und entspannen Sie für einige Momente.

Nehmen Sie dann, entspannt, wie Sie sind, Kontakt zu den Gefühlen auf, die das Notieren der Sprüche in Ihnen ausgelöst hat. Vermutlich sind diese einigermaßen heftig und lebendig. Erinnern Sie sich noch an die Arbeit mit der Liste der ‹guten, tröstenden und stärkenden Sprüche› zu Anfang dieses Kapitels? Auch diese haben möglicherweise intensive Gefühle in Ihnen ausgelöst, wenn auch wahrscheinlich zum großen Teil freundlichere Gefühle als die der jetzt von Ihnen erarbeiteten Liste. Mit solchen Gefühlen läßt sich meist am besten umgehen, wenn man sie ruhig zur Kenntnis nimmt, samt der spontanen weiteren, z. B. körperlichen Reaktionen, die sie auslösen. Und am entlastendsten ist es, diese Reaktionen einfach auszuleben – natürlich nicht real, sondern z. B. auf dem Papier. Setzen Sie sich doch – jetzt, hier und heute – den Sprüchen auf der Liste von gestern zur Wehr, so wie Sie es früher als

Kind nicht konnten. Schreiben Sie in die zweite Spalte der Liste, was Sie vielleicht früher am liebsten erwidert hätten.

Ein Indianer kennt keinen Schmerz.	Dann will ich kein Indianer sein, denn Schmerz gehört zu meinem Leben, und ich will ihn zeigen dürfen.
Wenn Du so weitermachst, bringst Du es nie zu etwas.	Wenn ich so weitermache, komme ich genau dahin, wo ich hinwill.

Nicht immer haben wir die Kraft, uns im passenden Moment gegen Kränkungen zu wehren und positive Visionen zu entwickeln. Manchmal ist es wichtig, uns selbst erst einmal – oder wieder einmal – die Wärme zu geben, die wir immer schon gebraucht hätten, um mit genügend Energie für uns selbst einstehen zu können. Nun hätte niemand von uns überlebt, hätte er oder sie in der Kindheit neben schmerzlichen nicht auch gute, stärkende Erfahrungen gemacht, Erfahrungen des Angenommenseins.

Blättern Sie nochmals zurück zur Liste der heilenden Sprüche zu Beginn dieses Kapitels. Lassen Sie diese nochmals auf sich wirken. Und notieren Sie sich diesmal dazu, wer diese Sprüche zu Ihnen gesagt hat. Solche Menschen, die uns irgendwann einmal Kraft gegeben haben, nennen wir Mentoren oder Mentorinnen. Sie wirken – aus der bewußten oder unbewußten Erinnerung heraus – auf eine nährende, liebevolle Weise in unser Leben hinein. Deshalb ist es natürlich besser, wenn wir uns diese Wirkung bewußtmachen und möglichst bewußt nutzen. Und solche Menschen müssen übrigens nicht nur Menschen gewesen sein, die wir real erlebt haben. Auch Menschen, von denen wir z. B. gelesen oder gehört haben, Autoren, berühmte Persönlichkeiten, Vorbilder, vielleicht jemand aus früheren Zeiten, können uns Kraft geben, wenn wir an sie denken.

24. TAG

Ein liebevolles Eltern-Ich entwickeln

Listen Sie fünf reale oder phantasierte Personen oder Wesen auf, die für Sie liebevoll- nährende, wärmende, freundliche Qualitäten verkörpern, Mentorinnen und Mentoren, die Ihnen in Ihrem Leben Kraft geben könnten. Notieren Sie dann:

- Welche Qualitäten dieser Figuren schätzen Sie besonders?
- Welche dieser geschätzten Qualitäten kennen Sie auch bei sich selbst?
- Welche nährende Qualität möchten Sie in nächster Zeit bei sich kultivieren und weiterentwickeln?

25. TAG

Im Schutze eines liebevollen Eltern-Ichs erwachsener werden

Notieren Sie sich zunächst eine Angelegenheit, die Sie im Moment gerade beschäftigt: eine Entscheidung, die ansteht, eine Frage, zu der Sie sich äußern sollen, oder ähnliches.

Konzentrieren Sie sich dann auf die in der gestrigen Übung ausgewählte nährende Qualität – oder, sollte diese inhaltlich nicht passen, auf eine andere. Malen Sie dann einmal diese Qualität, so wie Sie persönlich sie empfinden: vielleicht sehr konkret, vielleicht als Symbol, das vor Ihrem inneren Auge aufsteigt. Spüren Sie die Qualität, wie sie aus Ihrem Bild spricht.

Treten Sie nun mit dieser Qualität in einen Dialog über die Frage, um die es Ihnen geht – ganz im Sinne der Basistechnik aus Kapitel 1.

3.3.4 *Therapeutisches Tagebuchschreiben nach Methoden der Selbsthypnose*

«Tagebuch führe ich,
weil ich fasziniert bin von der Wandlung,
die ein anderer mit meinem Blute schreibt.»
JOCHEN KLEPPER

In diesem Kapitel transzendieren wir, wie versprochen, ab und an die Arbeit auf der bewußten Ebene, um uns auch unbewußt motivierten Erfahrungen zuzuwenden und die kreative Kraft zu nutzen, die unser Unbewußtes für uns bereithält. Unser Medium ist dabei der Trancezustand, den wir durch ein vorsichtiges selbsthypnotisches Vorgehen zu initiieren suchen. Dieses Vorgehen kann den Prozeß der Selbsterkenntnis und der Entwicklung von Ressourcen enorm vorantreiben und wird deshalb als hypnotische und selbsthypnotische Arbeit von alters her zu heilenden Zwecken genutzt – viel länger schon, als es eine regelrechte Psychotherapie gibt. Und diese Technik kann kreative Prozesse sehr erleichtern und wurde deshalb als Schreibstimulus immer wieder von Autorinnen und Autoren angewandt. Allerdings: Die direkte Arbeit mit den Kräften des Unbewußten verlangt zugleich einiges an Verständnis unbewußter psychischer Prozesse – und einiges an Vorsichtsmaßnahmen. Lassen wir diese außer acht, können wir leicht in größere psychische Krisen geraten, weil die Flut innerer Bilder, unbedacht an die Oberfläche unseres Bewußtseins gerufen, uns überwältigt und uns weder genügend Freiraum läßt für konzentrierte Selbsterkenntnis noch für einen kreativen Schreibprozeß. Diese Erfahrung mußten manche Autoren machen, die allzu unvorbereitet und allzu fasziniert die Welt des Unbewußten betreten haben. Der Psychologe und Forscher zu Grenzgebieten der Psychophysiologie Claudio Naranjo (1988, S. 113 ff.), gibt eine eindrückliche Beschreibung der Leiden, die der Naturwissenschaftler und Autor Professor Ludwig Staudenmeyer zu Anfang dieses Jahrhunderts durchlief und zwei Jahrhunderte zuvor der schwedische Forscher Emanuel Swedenborg, nachdem beide eher zufällig und ohne Möglichkeiten der Selbststeuerung und Selbstkontrolle auf Methoden selbsthypnotischen Schreibens gestoßen waren.

> «Ich bin ein ‹hörendes Medium› geworden, wie die Spiritisten sagen.»
> (Staudenmeyer, zit. nach Naranjo, S. 113)

Deshalb zunächst einige Informationen zum Thema ‹Hypnose und Selbsthypnose› und dann die konkreten Übungsangebote. Unsere Bitte an Sie:

Lesen Sie sich den Informationsteil diesmal auf jeden Fall zunächst sorgfältig durch!

Führen Sie die Schreibübungen nur in entspanntem, ausgeschlafenem Zustand durch und nur, wenn Sie wirklich genügend Zeit haben.

Sollten Sie sich gerade in einer Krisensituation befinden, verzichten Sie zunächst auf unser Angebot und kommen Sie später darauf zurück. Für Sie ist mit hoher Wahrscheinlichkeit das ‹Philosophische Tagebuch› zunächst das geeignetere ‹Therapeutikum›.

Worum geht es in Hypnose und Selbsthypnose?

Hypnose ist ein schillernder und häufig mißverstandener Begriff – Assoziationen wie ‹Show›, ‹Manipulation›, ‹unheimliche Rituale› und auch ganz einfach ‹Schwindelei› liegen vielen Menschen nahe. Wer hat nicht schon gehört, gelesen oder auch selbst erlebt, wie andere Menschen unter tatsächlicher oder scheinbarer Hypnose – denn wie können Außenstehende den Unterschied schon nachprüfen? – unvorstellbar Scheinendes vollbracht haben? Da werden Muskeln so bretthart, daß jemand es erträgt, einen anderen, schwereren Menschen auf sich spazierengehen zu lassen. Da lutscht jemand selbstvergessen, mit verdrehten Augen an einer Zitrone und glaubt offenbar, es handle sich um Himbeereis. Da erkennt jemand – scheinbar wach und orientiert – seine besten Freunde nicht wieder. Oder auch: Da ist vielleicht jemand, der lange leidend und nicht belastbar war, ganz offensichtlich schmerzfrei, die Lebensfreude ist gestiegen, und er erzählt uns, Hypnose habe ihm seinen Dauerschmerz genommen. Oder seine Angst vor dem Zahnarzt und sein schnelles Bedürfnis nach Betäubungsspritzen. Oder ihre Abhängigkeit von Zigaretten oder anderen Suchtmitteln. Und wer kennt nicht die vielen verblüfften Kommentare, die die Umwelt angesichts solcher Erfahrungen parat hat – von Faszination über Ratlosigkeit bis hin zu Ungläubigkeit und vorschnellem Urteil, wie ‹Einbildung›, ‹Scharlatanerie›, ‹Einzelfall› und ‹Zufall›? Und hat sich möglicherweise selbst schon des öfteren gefragt, was denn da eigentlich unter dem Namen ‹Hypnose› eigentlich wirklich passsiert?

Diese Situation – starke Effekte, wenig schlüssige Erklärungen, dazu hohe Kosten, die eine Hypnosesitzung meist verursacht – ist tatsächlich recht verwirrend und sicherlich einer der Gründe dafür, daß die Hypnose auch heute noch einen eher zweifelhaften Ruf genießt. Und eben diese Situation steht in einer langen Tradition. Denn: Zwar gibt es das Phänomen und den Einsatz der Hypnose bereits seit Jahrtausenden – schon die Schamanen des Altertums haben offenbar mit hypnoseartigen Techniken gearbeitet, religiöse Trancen damit eingeleitet und Heilungen vollbracht. Doch das geheimnisumwitterte und dabei so effektive Mittel wurde außer zu wohltätigen immer wieder auch zu unheilstiftenden und machtstabilisierenden Zwecken eingesetzt – z. B. für Exorzismus und Demagogie. Und funktionierte in diesen Zusammenhängen offenbar ebenso effektiv. Auch in der Tradition der modernen Therapie der körperlichen und seelischen Erkrankungen wurde Hypnose immer wieder einmal eingesetzt, in ihren Effekten bestaunt und dann doch wieder fallengelassen – z. B. von Sigmund Freud, der einiges über sein hypnotisch-therapeutisches Vorgehen veröffentlicht hat[2], ehe er die Hypnose dann zugunsten der von ihm entwickelten Technik der freien Assoziation verließ.

2 Vgl. insbesondere vor 1900 veröffentlichte Schriften.

Und sicherlich spielte das aufgezeigte Doppelgesicht der Hypnose dabei eine entscheidende Rolle.

> «... in der vielköpfigen Familie von Problemen, die das Arbeitsfeld der Psychologie ausmachen, ist die Hypnose das schwarze Schaf. Wie eine unerwünschte Monstrosität wandert sie hin und her zwischen Laboratorien und Jahrmärkten, Kliniken und Varietétheatern...» (Jaynes 1993, S. 461).

Es gibt allerdings in dieser vielköpfigen Familie mittlerweile eine Vielzahl von wichtigen und ernstzunehmenden Forschungsrichtungen und -einrichtungen – zu letzteren zählen in Deutschland insbesondere die Deutsche Gesellschaft für Hypnose (DGH) und die Milton-Erickson-Gesellschaft (MEG). Hier werden auch seriöse Ausbildungen in Hypnose angeboten.

Soviel allerdings mittlerweile Psychologie und auch Medizin zum Phänomen ‹Hypnose› geforscht haben – letztlich erklärt ist das, was unter Hypnose in Körper und Seele passiert, bis heute nicht. Bestätigt ist lediglich, daß es ein Phänomen Hypnose tatsächlich gibt, daß es beschreibbar und beobachtbar ist und daß damit durchaus effektiv heilend gearbeitet werden kann. Und noch etwas anderes ist heute klar: Hypnose ist durchaus kein ‹ganz besonderer›, ‹anderer›, dem Menschen eigentlich fremder Zustand – Hypnose ist ein Zustand, in dem wir alle täglich mehrmals uns aufhalten – für gewöhnlich allerdings zu kurz, um das bewußt zu registrieren oder gar effektiv für unsere Ziele zu nutzen. Hypnose ist ein Zustand, in den unser Körper sich selbst regelmäßig bringt, um sich zu erholen. Auf den Punkt gebracht und dabei vielleicht durchaus verblüffend für den einen oder die andere: Spontane Selbsthypnose gehört, ohne daß uns das bewußt sein muß, zum menschlichen Leben einfach dazu.

Betrachten wir, um diese Tatsache genauer zu verstehen, einmal die Phänomenologie von Hypnose, das, was sich am hypnotischen Zustand beschreiben läßt. Werfen wir einen Blick in die Literatur oder erinnern wir uns auch an eigene Beobachtungen und Erfahrungen, so fällt als erstes auf: Hypnose ist offenbar ein ganzheitliches Phänomen, ein Phänomen, das sich in allen Bereichen menschlichen Erlebens und Fühlens gleichzeitig auswirkt, ein Phänomen von Körper, Seele und Geist.

Körperlich ist zu beobachten, daß sich der Muskeltonus verändert – die Muskulatur kann entspannter, lockerer, aber auch gerade umgekehrt an manchen Stellen des muskulären Apparates härter werden, Atem und Herzfrequenz verlangsamen sich im Laufe der hypnotischen Versenkung: Der Atem wird tiefer, das Herz schlägt ruhiger.

In bezug auf die geistige Tätigkeit eines Menschen in Hypnose sind Veränderungen der Hirnwellenfrequenz festzustellen. Sog. Alpha- und manchmal auch Thetawellen lösen die Betawellen ab, die für den Alltagsbereich charakteristisch sind. Dieses Hirnwellenbild – Alpha- und Thetawellen – läßt auf eine starke Konzentration nach innen schließen und auf eine Art geistigen Rückzug gegenüber äußeren Reizen.

Dem entsprechen Erfahrungen im seelischen Bereich, von denen Menschen in oder nach Hypnose berichten. Häufig sieht sich jemand in Hypnose einer internen Bilderwelt gegenüber, Phantasien, aber auch Erinnerungen, oft sogar sehr alte und lang vergessene, steigen in einer manchmal verblüffenden Intensität auf, und eine Vielfalt hiermit korrespondierender Gefühle kann sehr realistisch durchlebt werden.

Diese Beobachtungen entsprechen in vielem dem, was an Menschen beobachtet wurde, die in tiefer Konzentration sind, die sich gerade völlig einer kreativen Aufgabe widmen oder sich auch gerade einer Meditation hingeben. Und auch bei Menschen, die sich, z. B. im Rahmen eines Entspannungsverfahrens, in sehr tiefe Entspannung begeben haben, lassen sich ähnliche Beobachtungen finden. Ornstein /Naranjo nennen insbesondere die Punkte:

muskuläre Veränderungen;

Veränderungen in Atem- und Herzfrequenz und

Veränderung der Hirnwellentätigkeit, die auf eine starke geistige Konzentration deutet,

als Punkte, die bei allen drei Gruppen – kreativ arbeitenden, meditierenden und Entspannung trainierenden Menschen – beobachtet worden sind. Ornstein/Naranjos Beobachtungen sprechen dafür, daß es einen bestimmten körperlich-geistigen Zustand beim Menschen gibt, den wir mit ‹entspannter Konzentration› bezeichnen können, einen Zustand körperlicher Entspannung bei gleichzeitiger starker geistiger Klarheit, den wir im Alltag vielleicht eher selten einmal spontan erreichen, dem wir uns mit spezifischen Techniken jedoch gezielt annähern können.

Der Sinn eines solchen Zustandes entspannter Konzentration ist ebenfalls häufig erfragt worden. Wozu eigentlich sich gezielt in diese entspannte Konzentration begeben? Auf der Hand liegen dürfte nach den bisherigen Ausführungen, daß es sich bei dem hypnotischen um einen sehr sensiblen Zustand handelt, einen Zustand, der Menschen beflügeln und bereichern, aber auch irritieren und möglicherweise erschrecken kann. Und es ist ein Zustand, der empfänglich macht für alle möglichen geschickt genug gestalteten Einflüsse von außen, einfach aufgrund der Gefühlsintensität.

Hier haben wir noch einmal die andere, sozusagen die innere Seite des oben bereits von anderen beschriebenen ‹Doppelgesichts› der Hypnose. Von hier aus werden auch die Gefahren und Probleme vielleicht noch einmal verständlicher, die mit Hypnose einhergehen können: Ganz sicher kann ein Mensch in hypnotischem Zustand zum Beispiel für Manipulationen vielfältiger Art anfälliger sein. Andererseits birgt ein solcher Zustand natürlich auch viele Chancen. Um nur die unseres Erachtens wichtigsten zu nennen:

Die tiefe Entspannung mit ausgeglichener Atem- und Herzfrequenz bedeutet offenbar eine Erholungsphase für den Körper.

Die tiefe geistige Konzentration läßt offenbar tiefere Bewußtseinserfahrungen und größere kreative Fähigkeiten zu, als das im gewöhnlichen Alltagsbewußtsein der Fall ist.

Das Wie, die Frage, wie Hypnose ausgelöst werden kann, hängt wiederum mit der Phänomenologie als solcher relativ eng zusammen. Sowohl körperliche als auch geistige Tätigkeiten – bestimmte körperliche Bewegungen, bestimmte innere Vorstellungen – sind geeignet, diesen Zustand auszulösen. So gibt es die Möglichkeit, auf dem Wege beinahe rein körperlichen Trainings in den Zustand hypnotischer Selbstversenkung zu gelangen, und ebenso auch Wege geistiger Konzentration: häufig genug der Konzentration auf Sprüche, Worte und innere Bilder. Wichtig ist vor allem, daß die Methode zu dem Menschen paßt, der in die hypnotische Versenkung geht oder geführt wird.

Und was heißt nun ‹Selbsthypnose›?

Selbsthypnose als Technik des effizienten Umgangs mit sich selbst heißt, kurz gesagt, folgendes: uns selbst bewußt und willkürlich – dann, wenn es uns passend erscheint – in diesen Zustand entspannter Konzentration zu versetzen, uns selbst regelmäßig körperliche Erholung, Konzentrations-, Kreativitäts- und Problemlösetraining zu gönnen. Die Selbsthypnose ist vielleicht noch weniger bekannt, als die Hypnose überhaupt. Dabei kann es sich durchaus lohnen, solche Techniken zu kennen und zu trainieren. Können diese doch, einmal eingeübt, ein jederzeit leicht abrufbares und ausgesprochen angenehmes Medium des Umgangs mit den eigenen Tiefen, aber auch des Umgang mit äußeren Streßauslösern sein. Im Gegensatz zur Fremdhypnose sind wir dabei auf uns selbst gestellt, wir sind unser eigener kostenloser, stets vorhandener und vertrauenswürdiger Therapeut und Coach. Und dabei können wir in unserer selbsthypnotischen Arbeit durchaus auf unsere Alltagserfahrung zurückgreifen: Bestimmte Techniken zur spontanen Selbsthypnose hat nahezu jeder – häufig allerdings eher unbewußt – zur Hand. Ein entspanntes Dösen zur Lieblingsmusik, kurzfristige Tagträumereien, das Versinken in einem Roman sind zum Beispiel übliche Wege, in körperlicher Entspannung und geistiger Fokussierung Erholung zu finden.

Gezielte Wege in die Selbsthypnose gibt es natürlich viele, wenn wir unsere Definition von Hypnose als einen ‹Zustand entspannter Konzentration› in Erinnerung behalten. Letztlich können Entspannungs- und Meditationsverfahren dazugehören, aber auch unsere ganz individuelle Form des kreativen Arbeitens. Selbstverständlich aber hat, wie bereits oben angesprochen, auch die Hypnose als Wissenschaft und als Methodenarsenal ihre ganz eigenen Wege entwickelt, die für die Selbsthypnose mit Erfolg fruchtbar eingesetzt werden können – Wege, die sich zum großen Teil relativ eng an der Phänomenologie der Hypnose orientieren, die also manchmal eher ein körperbetontes und manchmal ein eher seelisch-geistiges Vorgehen in den Mittelpunkt stellen. Diesen Wegen wollen wir uns im folgenden vor allem zuwenden – vorwiegend im Zusammenhang mit dem kreativen Schreiben.

Schreiben als Weg der Selbsthypnose

Gerade wer gerne schreibt, hat damit, oft ohne es zu wissen, schon eine Menge Erfahrung mit den ersten Schritten hinein in die selbsthypnotische Versenkung gesammelt – denn letztlich bedeutet auch ‹Schreiben› ja nichts anderes, als sich – auf ein Thema, z. B. auf eine Fragestellung und die damit einhergehenden Ideen, Assoziationen und inneren Bilder – zu konzentrieren, möglichst in entspanntem Zustand, der diesen Fluß von Bildern und Worten erleichtern kann. Viele Dichter, aber auch andere Menschen mit Spaß am Schreiben, haben diesen Zustand beschrieben, in dem Ideen einfach ‹fließen›, in dem Körper und Geist gelöst sind, ein Zustand, der genauso auch für die Hypnose beschrieben wird. Und viele Menschen haben gerade auch im Schreiben ihre ganz eigenen Wege, in diesen Zustand zu gelangen: wissentlich oder unwissentlich eine selbsthypnotische Vorgehensweise.

Und wie steige ich da wieder aus?

Sollten Sie sich einmal nicht wohl fühlen – steigen Sie aus der Selbsthypnose für dieses Mal einfach aus. Recken und strecken Sie sich dazu, atmen Sie tief durch und bringen Sie dadurch Körper und Geist wieder in den gewohnten Alltagszustand zurück. Ganz wichtig: Auf diese Weise sollten Sie auch jede Form der Selbsthypnose wieder beenden. Schließlich wollen Sie ja anschließend fit sein und nicht in Trance durch die Gegend laufen! Und: Halten Sie auch dann schriftlich Ihre Erfahrung fest, wenn Ihnen einmal ein selbsthypnotisches Erlebnis nicht so gut bekommen ist! Mit etwas Abstand nachgelesen, kann Ihnen Ihr Text Hinweise darüber geben, was Sie nicht anders machen konnten.

Hier also einige Übungen für Ihr selbsthypnotisch geführtes Tagebuch!

Übungen für sechs Tage

26. TAG

Selbsthypnose erfahren

Zunächst eine Übung, die den Fokus vor allem auf die körperliche Seite der Hypnose legt:

Setzen Sie sich entspannt zurecht, suchen Sie sich einen Punkt, irgendwo im Raum, eine Gardinenfalte vielleicht, das Ende einer Teppichfranse, einen Ausschnitt auf einem Bild oder einfach ein kleines Stück Wand, und schauen Sie nun einmal bewußt nur auf diesen Punkt. Das heißt: Fokussieren, bündeln Sie Ihre Aufmerksamkeit darauf. Lassen Sie das Drumherum, so gut Sie können, los: alles das im Raum, was sich um diesen Punkt gruppiert, den Rest der Gardine, die anderen Falten, den Teppich, das Bild, die Wand vor Ihrem Auge verschwimmen, während Sie einfach nur diesen Punkt betrachten. Es gibt nicht viel zu sehen, wenn wir einen einzelnen Punkt betrachten, gerade deshalb fordert es vielleicht für Sie um so mehr an Konzentration, bei diesem Punkt zu bleiben. Und um diese Konzentration geht es. Konzentrieren Sie sich einfach darauf, den gewählten Punkt, diesen in sich bedeutungslosen Punkt zu betrachten. Es ist gut möglich, daß Ihre Augen nach einiger Zeit zu tränen beginnen oder daß Ihnen die Augenlider schwer werden. Nicht nur für Ihren Geist, auch für Ihren Körper ist diese Art von Konzentration ungewohnt. Lassen Sie die Augen schließlich ruhig zufallen, wenn Ihnen danach ist, und betrachten Sie einige Augenblicke lang die Bilder, die Muster, das Farbenspiel, das vielleicht vor Ihrem inneren Auge aufsteigt. Schreiben Sie dann einige Minuten frei über diese Erfahrung.

Brennende Augen. Schwere in den Lidern und dann auch im Körper. Der Ehrgeiz, die Konzentration aufrechtzuerhalten. Und wie schwer das fällt. Wie angenehm, der Schwere nachzugeben, die Augen zu schließen. Leere im Kopf. Nein, Punkte. Dieser Punkt an der weißen Wand, diese Punkte, tanzende Punkte. Ich glaube, so ein ähnliches Spiel habe ich als Kind schon mal gespielt. Ich drückte mir kurz auf die Augenlider, und bunte Punkte tanzten. Ich fand das schön, aber auch unheimlich. Mein Körper erschien mir auf einmal fremd.

Dieses Erleben, den eigenen Körper als fremd zu empfinden, kann den Zustand hypnotischer Selbstversenkung durchaus einmal begleiten. Es ist ja auch recht realistisch – auf einmal gehen wir mit unserem Körper schließlich ziemlich anders um, als sonst gewohnt. Beobachten Sie sich, ob Sie neugierig sind, mit diesem ungewohnten Zustand zu experimentieren.

27. TAG

Das Sensu-Mindmap

Im Zusammenhang mit dem Neurolinguistischen Programmieren haben wir die Bedeutung des sinnesspezifischen Phantasierens kennengelernt. Diese Intensität ist im Zustand der Hypnose noch gesteigert: Wir nehmen genauer wahr, wenn wir innerlich alle fünf Sinne «eingeschaltet» haben. Und das Schreiben kann uns den Schritt in diese Intensität erleichtern und uns im Anschluß an die selbsthypnotische Erfahrung helfen, diese zu erinnern und zu verarbeiten. Sie können auf diese Weise jede Situation recht lebendig zurückholen, die Sie erinnern, die Ihnen vielleicht einmal Freude gemacht und Kraft gespendet hat. Durch die sinnesintensive Erinnerung haben Sie die Chance, die Situation wieder ähnlich intensiv zu durchleben und neu aus ihr zu tanken. Probieren Sie dazu einmal das Sinnes- oder Sensu-Mindmap: In der Mitte des Mindmap findet sich ein Hinweis auf die Situation, darum herum gruppieren Sie auf den verschiedenen Mindmap-Ästen die Sinnesaspekte, und beschreiben deren Einzelheiten in den Mindmap-Zweigen. Das Schöne: Auf diese Weise haben Sie nahezu mit einem Blick die gesamte Situation wieder abrufbar vor sich.

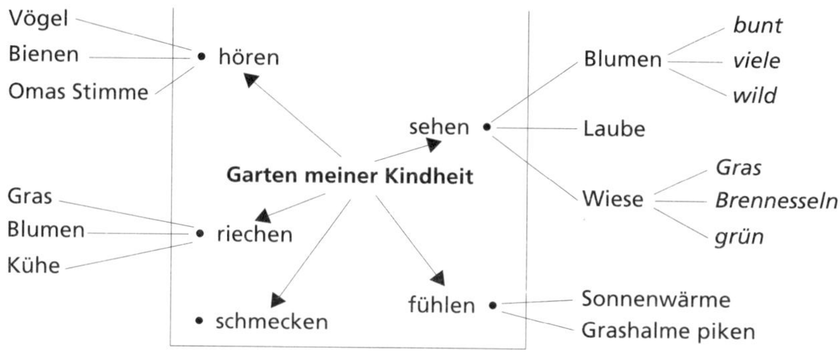

28. TAG

Drittes Auge

Auf eine besonders eindrucksvolle Weise können Sie das Zusammenspiel von Körper und Geist vertiefen, wenn Sie sich beim Visualisieren einer angenehmen Situation auf Ihr sog. ‹Drittes Auge› konzentrieren. Der Begriff ‹Drittes Auge› stammt aus dem Yoga und meint den obersten Punkt der Nasenwurzel. Wenn wir in konzentrierter Verfassung unsere geschlossenen Augen nach innen, Richtung Nasenwurzel drehen, können phantasierte Bilder plötzlich eine unerwartete Lebendigkeit entfalten, als wäre uns ein inneres – eben das ‹dritte› – Auge geöffnet worden. I. H. Schultz, der Begründer des Autogenen Trainings, empfiehlt diese Technik Menschen, die die meditative Oberstufe des Autogenen Trainings besonders intensiv erfahren möchten. Allerdings kann diese Technik auch fehlschlagen – und statt lebendiger innerer Bilder einfach nur Kopfschmerzen produzieren. Grund genug, hier Vorsicht walten zu lassen und bei Kopfschmerz, Müdigkeit und Abgeschlagenheit darauf zu verzichten. Auch bei kurzsichtigen Menschen ist das Phänomen des plötzlich auftretenden Kopfschmerzes beobachtet worden.

Also: Betrachten Sie noch einmal Ihr Sensu-Mindmap von gestern, erinnern Sie die aufgezeichnete Erfahrung in Selbsthypnose und vertiefen Sie sie mit Hilfe der Konzentration auf Ihr ‹Drittes Auge›. Notieren Sie anschließend Ihre Erfahrungen und entscheiden Sie, ob Sie auch in Zukunft Ihr selbsthypnotisches Vorgehen auf diese Weise intensivieren wollen.

29. TAG

Serielles Schreiben

Eine vorwiegend geistig orientierte Arbeitsweise stellt das ‹serielle Schreiben› dar. Dieser Begriff meint ‹Schreiben in Serie›, das heißt, ein Element – vielleicht ein formales, vielleicht ein inhaltliches – taucht im Schreiben serienmäßig immer wieder auf. Das kann dem Text eine besondere stilistische Note geben, zugleich bindet es die Aufmerksamkeit. Und damit sind wir bei der Selbsthypnose – gerade auch im seriellen Schreiben üben wir das Fokussieren. Auf diese Weise können wir Erinnerungen und unverstandenen Gefühlen auf die Spur kommen – bei jedem Schritt der Serie ein wenig tiefer.

Stellen Sie sich ein Thema, bei dem Sie sich gern etwas genauer verstehen würden: eine wiederkehrende Situation, die Ihnen nicht angenehm, aber selbst nicht recht klar ist, ein unverstandenes Gefühl o. ä., und notieren Sie es kurz.

Stellen Sie sich so entspannt wie möglich auf diese Situation ein und beginnen Sie Ihren ersten Satz mit den Worten ‹Ich erinnere mich ...› und schreiben Sie dann frei auf, was Ihnen als nächstes einfällt.

Beginnen Sie dann wieder mit den Worten ‹Ich erinnere mich ...›, und schreiben Sie ein paar Sätze lang frei herunter, was Ihnen als erstes einfällt.

Durchlaufen Sie die Spirale auf diese Weise mehrere Male und lassen Sie sich dabei tragen von dem, was spontan an Bildern und Erinnerungsfetzen entstehen mag.

Betrachten Sie den schließlich entstandenen Text und markieren Sie sich die Punkte und Aspekte, die erst während des Schreibens aufgekommen sind, die Ihnen zuvor nicht im Bewußtsein waren.

Ich erinnere mich an den Garten meiner Kindheit. Große Apfelbäume, eine kleine grüne Laube. Ich erinnere mich an die Großmutter, die häufig in der Laube ihren Nachmittagskaffee einnahm. Blümchenkaffee. Ich erinnere mich, daß ich mich freute, wenn die Großmutter in der Laube saß und daß ich mit ihr spielen wollte. Ich erinnere mich auch, daß sie selten dazu Lust hatte. Sie lud mich ein, bei ihr zu sitzen, von ihrem Kaffee zu nippen und mich mit ihr zu unterhalten. Ich erinnere mich an meinen Konflikt – ich wollte bei ihr sein, aber ich wollte doch auch spielen. Ich erinnere mich, daß ich immer eine Weile bei ihr saß, bis das Kribbeln in meinem Körper mich wieder fortzog, hinaus in die Sonne, in das weiche Gras. Und ich erinnere, daß dieses Wiederhinausgehen zum Spielen doch mit Schmerz verbunden war – mit wem sollte ich nur spielen? Ich erinnere mich, daß mir das Spielen nach dem Kaffee mit der Großmutter häufig weniger Spaß machte als vorher – meine guten Ideen schien ich vergessen zu haben. Und ich erinnere mich jetzt, daß ich als Kind oft sehr einsam gewesen sein muß, nicht teilen konnte, was ich so gern teilen wollte. (Gudrun, 31 Jahre, Lehrerin)

Dieser Text ist ein Beispiel dafür, wie durch die bewußte Konzentration Bilder, Gefühle und Stimmungen aufkommen, die zunächst durchaus nicht klar erkennbar in dem ursprünglichen Bild enthalten sein müssen. Gudruns Kommentar: «Als ich den Text schrieb, wollte ich tatsächlich nicht unbedingt so tief in ein altes Lebensgefühl einsteigen – der serielle Text hat mich in vielen kleinen Schritten darauf hingeleitet.»

30. TAG

Aus Ressourcen schöpfen

Ein Vorteil hypnotischer wie selbsthypnotischer Arbeitsweise ist, daß in diesem Zustand ein rascher Zugriff auf Ressourcen, auf innere Kraftquellen möglich ist. Mit Hilfe dieser Kraftquellen können wir Probleme und Schwierigkeiten, die wir in einem bestimmten Bereich unseres Lebens haben, oft leichter lösen. Die Energie und der innere Abstand der Ressource helfen manchmal sogar, ganz neue Lösungen kreativ zu entdecken oder in einem scheinbaren oder realen Problem doch noch eine ‹gute Seite› zu entdecken, z. B. so:

Entspannen Sie sich und stellen Sie sich Ihren Lieblingsort vor. Intensivieren Sie diese Erfahrung z. B. mit Hilfe des Sensu-Mindmap (s. o.). Tauchen Sie zunächst ganz in die gute Erfahrung ein.

Stellen Sie sich dann, aus dieser guten Situation heraus, das Problem vor: Sehen Sie die problematische Situation und sich selbst darin weit hinten am Horizont. Lassen Sie die Situation auftauchen, aber nur soweit Ihnen das angenehm ist.

Achten Sie darauf, daß es Ihnen weiterhin gutgeht – schieben Sie das Bild jeweils so weit weg, daß Sie es noch gut genug sehen können, es Sie aber emotional nicht allzusehr tangiert.

Fragen Sie sich nun: Was fällt Ihnen ein zu dieser Problemsituation? Was haben Sie bisher übersehen? Was braucht dieses, Ihr anderes Ich, das dort hinten in seinen Sorgen, seiner Problematik, seinem Leid gefangen ist?

Lösen Sie sich sanft aus der Versenkung, notieren Sie Ihre Eindrücke und entwerfen Sie einen Plan, Ihre Erkenntnisse auch umzusetzen. Helfen kann Ihnen dabei das Listenprinzip:

Problem, wie es ursprünglich aussah	Neue Sicht des Problems	Was muß sich ändern?	Welche Schritte stehen an?

31. TAG

Innere Mentoren und Helfer

Eine andere Ressource sind Vorbilder, Mentoren und Helfer:

Lassen Sie z. B. in einem wirklich guten inneren Zustand (den Sie z. B. mit Hilfe der gerade beschriebenen Techniken erreicht haben) das Bild eines Ratgebers, einer Mentorin, eines Vorbildes erscheinen, einer Person eben, der Sie vertrauen und die Sie für ein bestimmtes Problem wirklich gern um Rat und Einschätzung fragen würden, wenn es nur ginge. Das kann eine Person sein, die Sie gut kennen oder auch nur von ferne, aus dem Fernsehen, aus der Literatur. Es kann sogar jemand sein, der oder die in einer anderen Zeit gelebt hat. Es kann auch ein Tier oder ein schöner Gegenstand, ein Stein vielleicht oder ein Schmuckstück sein, einfach irgend etwas, womit Sie sich wohl fühlen.

Stellen Sie diesem inneren Mentor Ihr Problem vor und bitten Sie um Rat.

Warten Sie ab, was geschieht. Vielleicht gibt es eine oder mehrere konkrete Antworten, vielleicht solche symbolischer Art: ein Bild vielleicht, das vor Ihrem inneren Auge auftaucht, oder ein vieldeutiger Spruch. Oder vielleicht geschieht erst einmal gar nichts – das kann bedeuten, daß Ihnen die Antwort später kommen wird.

Sie können, wenn Sie möchten, auch in einen etwas längeren Dialog eintreten, noch einmal nachfragen, was Sie nicht verstehen.

Bedanken Sie sich dann bei Ihrem Mentor und notieren Sie den kurzen Dialog anschließend. Sollte der Dialog sich im Schreiben noch ein wenig weiter ausspinnen, so ist das in Ordnung.

Finden Sie einen Weg, die gewonnenen Erkenntnisse in Ihrem Lebensalltag umzusetzen.

32. TAG

Affirmationen

Affirmationen – Leitsprüche, die helfen können, bestimmte Ziele zu erreichen, bestimmte Verhaltensweisen und Einstellungen zu verändern – sind einer der bekannteren Schwerpunkte von Selbsthypnose. Ihren Vorlauf haben sie in den sogenannten ‹posthypnotischen Suggestionen›: Die Hypnotisierende gibt der hypnotisierten Person bestimmte Aufträge, die diese dann nach Aufwachen aus dem hypnotischen Zustand selbstverständlich und unhinterfragt ausführt. So selbstverständlich, so mühelos wünschen wir uns ja alle manchmal eine Neuorientierung, eine neue Handlungsweise. Dies kann gelingen, wenn das Neue recht eigentlich zu uns paßt und wir uns darauf im Zustand der Selbstversenkung haben einstellen können, d. h., ohne daß der Alltag uns dazwischengekommen ist, uns ablenkt, uns in altgewohnte, ungewollte Bahnen lenkt. Sprüche, die im Zustand konzentrierter Versenkung gegeben werden, können tatsächlich in tiefere Schichten unserer Motivation dringen – und sind deshalb, wenn wir sie uns als Affirmationen geben, oft im nachhinein besonders wirksam. Dreierlei ist dabei jedoch wichtig:

1. Wir müssen viel Sorgfalt auf das Definieren des Ziels verwenden! Fragen Sie sich: Wo will ich eigentlich hin? Helfen können dabei die beiden letztgenannten Übungen.

2. Die Affirmation muß sorgfältig formuliert sein:

Kurz und prägnant, möglichst rhythmisch und positiv! Negativbeispiele wirken auf Ihr Unbewußtes genauso wie positive Sprüche – beim Spruch ‹Ich habe keine Angst› z. B. bleibt vor allem das Wort ‹Angst› hängen, also gerade das, was Sie eigentlich vermeiden möchten. Also lieber «Ich bin mutig» oder «entschlossen» oder auch «Ich bleibe gelassen».

3. Die Arbeit mit der Affirmation über einen längeren Zeitraum hinweg regelmäßig in den Tagesablauf einbauen, z. B. im Rahmen von Entspannungsübungen, als Zettel über Ihrem Schreibtisch, den Sie nicht übersehen können, o. ä.

3.3.5 *Therapeutisches Tagebuchschreiben nach Ansätzen der transpersonalen Psychologie – Tagebuchschreiben als spirituelle Reise*

«Ich schreibe mein Tagebuch auf den Knien und vor dem Angesicht Gottes.»
JOHN HENRY KARDINAL NEWMAN

«Ich hatte erkannt, daß der Schreibprozeß oft veränderte Zustände bewirkt, die sehr stark mystischen Vistionen ähneln.»
BURGHILD NINA HOLZER

Bislang haben wir uns vor allem mit solchen Aspekten des therapeutischen Tagebuchschreibens befaßt, die uns helfen, unser Ich zu stärken und unsere persönliche Entwicklung in der Welt voranzutreiben. Das sind auch die vorrangigen Aufgaben, die sich diejenigen psychotherapeutischen Ansätze gestellt haben, mit denen wir in diesem Kapitel gearbeitet haben. Und doch sind die Entwicklung unserer Persönlichkeit, die Überwindung einengender Glaubenssätze und Verhaltensweisen und die Beförderung von Kreativität und Problemlösefähigkeiten nicht alles, was Psychotherapie erreichen kann. Es gibt im menschlichen Leben auch – spontan oder mit Hilfe von Psychotherapie – Erfahrungen, die über diese Entwicklungen, ja, über unsere Person hinausgehen, Erfahrungen, die uns mit dem Ganzen der Schöpfung verbinden – transpersonale Erfahrungen also. Solche Erfahrungen können uns manchmal sehr überraschend einholen: im Zusammenhang mit einer Lebenskrise beispielsweise oder auch mit dem Überwinden derselben. Oder aber das Staunen begleitet uns ganz einfach durch unseren Lebensalltag: In den vielen kleinen Wundern, die uns umgeben, fällt es uns an. Zu dieser Erfahrung kommt es vor allem in Zeiten, in denen wir uns Zeit nehmen können oder müssen zum Innehalten: Wenn wir ein kleines Kind haben und versorgen zum Beispiel, wenn wir krank sind, einmal aus der täglichen Betriebsamkeit aussteigen, uns schonen müssen oder wenn unsere Pensionierungszeit zur Zeit geworden ist, uns unserem Leben noch einmal ganz auf unsere eigene Weise zu widmen.

Nur zu häufig aber sind transpersonale Erfahrungen solcherart, daß sie uns geschehen, uns in Staunen, vielleicht auch in Verwirrung versetzen und sich irgendwann wieder aufzulösen scheinen: Wenn der Alltag uns wieder eingeholt hat, vergessen wir sie halb und halb und denken nur ab und an, in Zeiten der Muße, mit einem gewissen Staunen, fast ungläubig an sie zurück.

Wir können solche Erfahrungen aber auch bewußt nutzen, um unser Leben ganzheitlicher, voller, fröhlicher zu leben. Transpersonale Erfahrungen für die eigene Lebensgestaltung bewußt zu nutzen heißt nämlich immer auch, die Energien zu nutzen, die mit diesen Erfahrungen einhergehen: die Energie der Liebe, der Klarheit, der Zugewandtheit zum Leben. Lebendige Beispiele für Lebensläufe, in denen Menschen die Erfahrung ihrer eigenen transpersonalen Energien nutzten, um ein volleres, sich und andere bereicherndere Leben zu führen, nennt z. B. P. Ferruci (1992).

Immer aber ist es einfacher, sich dem Phänomen derartiger Erfahrungen produktiv zu nähern, wenn wir es uns im Schreiben bewußtmachen, bewußt aneignen. Denn für die Verarbeitung solcher höchst individuellen Erfahrungen müssen wir unsere ganz eigene Sprache finden. Unserer Alltagssprache fehlen häufig einfach die Worte für derartige Erfahrungen, wollen wir mit unseren Mitmenschen darüber in einen Dialog treten, stoßen wir nicht immer auf offene Ohren. Hier wird der innere Dialog also besonders wichtig – die Auseinandersetzung mit uns selbst kann helfen, uns transpersonalen Erfahrungen zu öffnen, diese zu verarbeiten und vorzubeugen, daß sie nicht in eine transpersonale Krise auswachsen. Dabei hilft uns das transpersonal-spirituelle Tagebuch.

Das transpersonal-spirituelle Tagebuch ist ein Reisetagebuch im Geiste transpersonaler Psychologie und Therapie auf dem spirituellen Weg, den wir alle gehen. Und wenn wir es genau betrachten, gehen wir auf diesem Wege ‹doppelt›:

einmal als äußere Person: Wir gehen ‹ganz normal› durch eine Landschaft, eine Straße, einen Park,

und gleichzeitig als innere Person: als der- oder diejenige, die Gefühle, Glaubenssätze, Hoffnungen und Freuden in sich wahrnimmt.

Manche oder mancher geht diesen ‹doppelten Weg› von uns sehr bewußt, sehr gezielt – jemand anders vielleicht unwillkürlich und lange, ohne es zu merken. Dennoch: Jedes Leben und eben auch jedes Schreiben umfaßt die spirituelle Dimension – über kurz oder lang, intensiver oder weniger intensiv kommen wir mit dieser Dimension gerade auch beim Schreiben in Berührung:

Vielleicht durch ein Staunen über die Vielfalt der Bilder, die sich uns auf einmal in unseren Texten aufdrängt.

Vielleicht durch ein Aufbrechen alter, längst vergessener Erinnerungen mitten im Schreibprozeß.

Vielleicht durch die intensiven Gefühle, die mit diesen Erinnerungen einhergehen.

Vielleicht durch das eine oder andere Symbol, das aus unseren Texten spricht und das wir möglicherweise genauer verstehen möchten.

Betrachten wir den Ausdruck ‹Spiritueller Weg› einmal einige Momente lang etwas genauer, ehe wir zu den Übungen des spirituellen Tagebuchschreibens kommen.

‹Spirituell› leitet sich ab von ‹Spiritus› (lat. ‹Seele, Geist›). Beim spirituellen Weg geht es also um den seelisch-geistigen Weg, den wir gehen. Die Betonung liegt dabei eher auf ‹geistigen›, denn: den seelischen Weg im Sinne der Arbeit an und mit unserer Biographie gehen wir immer, sowieso, eindeutig – und es ist uns auch überwiegend bewußt, daß wir ihn gehen. Der spirituelle Weg meint dagegen einen inneren Weg, der über die Bewältigung unserer individuellen und zwischenmenschlichen Alltagserfahrungen hinausgeht: den Weg, der an Fragen anknüpft, die sich im Alltag häufig eher ‹zwischen den Zeilen› finden lassen. Fragen, die Kinder oft stellen, aus der Situation heraus, daß sie noch wenig in die Pflichten des Alltags eingepaßt sind, daß sie eher noch staunen können.

Fragen wie z. B.:

Warum bin ich eigentlich auf der Welt?
Wo war ich, bevor ich hier war?
Warum seid Ihr meine Eltern?
Warum blühen die Blumen?
Wohin verschwindet am Morgen der Mond?

Und so weiter und so weiter. Kommt Ihnen das bekannt vor? Und falls ja, woher? Von den Fragen Ihrer eigenen Kinder oder denen, mit denen Sie ab und an zu tun haben? Oder sogar aus Ihrer eigenen Kindheit? Die meisten Menschen vergessen solche Fragen schon im Laufe Ihrer Kindheit, einfach dann, wenn Ihr Interesse für die Welt durch Wissenszuwachs konkreter und faßbarer wird. Statt für die Frage ‹Wohin verschwindet der Mond?› interessiert sich ein junger Mensch dann vielleicht für Astronomie. Und wird sich günstigenfalls einige Jahre lang intensiv damit auseinandersetzen, ehe er dann auf die von großen WissenschaftlerInnen immer wieder bestätigte Tatsache stößt, daß gerade die Wissenschaft eben nicht alle Fragen beantworten kann.

Häufig tritt in bestimmten Krisenzeiten unseres Lebens die Neugier auf die ‹Fragen hinter den Alltagsdingen›, die ‹Fragen hinter den Fragen› wieder auf. Durch Stillwerden, durch Meditation, eben auch durch Schreiben können wir in solchen Krisenzeiten neue Kraft gewinnen – wir können aber auf diese Weise auch den Weg zu dieser besonderen Art des Fragens auch mitten aus unserem Alltagsleben heraus zurückfinden.

Transpersonale und spirituelle Erfahrungen in der Psychotherapie zu thematisieren und zu befördern ist ein Ansatz mit Traditon – schon C. G. Jung arbeitete in dieser Richtung. Eigene transpersonale Erfahrungen, ausgelöst u. a. durch die Krise der Lösung von seinem Mentor Sigmund Freud, brachten ihn zum Fragen und zur schreibenden Suche nach Antworten auf seine Fragen. Diese Erfahrung hat Jung eindrucksvoll beschrieben in seiner Autobiographie ‹Erinnerungen, Träume, Gedanken› (Olten 1971). In ‹Die Beziehungen zwischen Bewußtem und Unbewußtem› macht er dezidierte Vorschläge für eine psychotherapeutische Arbeit am Phänomen der transpersonalen Erfahrung. In Italien arbeitete Roberto Assagioli, ein enger Freund Jungs, zeitgleich an der Entwicklung seines ebenfalls transpersonal orientierten psychotherapeutischen Ansatzes der Psychosynthese. In den siebziger Jahren entwickelte sich in Amerika die Vereinigung für Transpersonale Psychologie und in den Jahren darauf verschiedene transpersonal ausgerichtete psychotherapeutische Ansätze. Berühmte Vertreter waren und sind z. B. Ken Wilber, Patricia Carrington, Claudio Naranjo, I. Progoff und das Ehepaar Grof. Sie alle haben sich mit Fragen der Entwicklung von Menschen über das Alltagsbewußtsein hinaus und mit den Krisen befaßt, mit denen diese Entwicklung einhergehen kann, in Publikationen übrigens, die zu großen Teilen längst übersetzt sind und in die Auseinandersetzungen der westeuropäischen Psychologie Eingang gefunden haben. Am bekanntesten ist bei uns wohl Stanislav Grofs Buch ‹Die stürmische Suche nach dem Selbst› (München 1991) geworden.

Und gerade in transpersonalen Ansätzen spielt das therapeutische Schreiben immer schon eine gewisse Rolle. Dezidiert für das Tagebuchschreiben weiterentwickelt hat der transpersonale Therapeut I. Progoff (1975) therapeutische Schreibtechniken. Von ihm, aber auch von anderen Therapeuten können wir lernen, das Schreiben sowohl als Medium transpersonaler Erfahrung wie auch als Medium der Verarbeitung solcher Erfahrungen zu nutzen.

Dazu ein Tagebuchschreibprogramm von 68 Tagen!

33. TAG

Innerer und äußerer Schreiber

Beschreiben Sie, wie Ihre Hand beim Schreiben auf dem Papier sich bewegt, und dann, wie Ihre innere Stimme Ihnen die Ideen zum Schreiben vorspricht.

34. TAG

Spiritueller Begleiter

Viele Menschen versuchen, die wachsende äußere Entfremdung durch eine Vertiefung der inneren Erfahrung auszugleichen. Deshalb:

- Beschreiben Sie die Person, die Ihnen als spiritueller Begleiter beim Schreiben Ihres Tagebuchs und beim Verarbeiten Ihrer Erfahrungen helfen könnte. Das kann jemand sein, den Sie konkret kennen oder gekannt haben, jemand, den Sie gerne kennen würden, eine reale oder eine phantasierte Person, möglicherweise aber auch ein Tier, eine Pflanze, ein Stein oder auch ein Symbol. Beschreiben Sie dieses Wesen: Wie sieht es aus? Was ist sein Name? An welchem Ort befindet es sich? Was fällt Ihnen eventuell an ihm auf?
- Clustern und texten Sie, wenn Sie mögen, zu Ihrem vorrangigen Eindruck von diesem Begleiter
- Verabreden Sie in einem kurzen Dialog, wann und auf welche Weise Ihr Begleiter Ihnen dann, wenn Sie ihn brauchen, imTagebuch zur Verfügung steht.

☛ **Tip**

Treten Sie immer dann in einen schriftlichen Dialog mit Ihrem Begleiter, wenn eine Frage oder Übung rund um dieses spirituell-transpersonale Tagebuch Sie besonders bewegt.

Das Bedeutsame am dialogischen Schreiben im spirituellen Tagebuch leitet sich daraus ab, daß es ja nicht nur einen inneren Bilderstrom (Stream of Consciousness) gibt, es gibt auch einen ständigen inneren Dialog. Ein ständiges Spiel von Fragen und Antworten spielt sich stetig in uns ab – manchmal bewußter, manchmal weniger bewußt. Tagebuch-Schreiben sollte nun eben nicht den inneren Monolog pflegen, sondern den inneren Dialog. Diesen inneren Dialog hat auch C. G. Jung (1986, S. 174ff.) beim Schreiben seines ‹Roten und Schwarzen Buches› während seiner eigenen spirituellen Erfahrung, der sogenannten «Nachtmeerfahrt», genutzt.

Innere Dialoge können auch in Trialoge und Quadraloge übergehen: Ein Aspekt der Seele stellt im Dialog eine Frage, und ein anderer Teil der Seele antwortet, wenn man nicht kontrollierend eingreift. «Je spezifischer die Frage ist, die man zuläßt, um so konkreter wird die Antwort sein» (C. Baldwin, a. a. O., S. 29). Der spirituelle innere Dialog kann fünf Phasen haben:

Definition des Themas
Aushandlung der Schwerpunkte des Dialoges
Kern des Dialogs
Problemlösung
Abschluß des Dialogs.

35. TAG

Dialog mit dem Schatten

Unser Schatten ist nach C. G. Jung derjenige Anteil unserer Persönlichkeit, der die Seiten enthält, die wir uns nur ungern zugestehen – sozusagen unsere ‹dunkle Seite›. Diese Seite enthält oft Energien, die uns nützen könnten, würden wir sie nur nützen, statt sie zu verdrängen. Verdrängt dagegen engt sie uns ein und holt uns doch zugleich auch immer wieder ein – z. B. in Verhaltensweisen, die wir vielleicht seit Jahren bekämpfen und die doch immer wieder hervorbrechen. Ein Dialog mit unserem Schatten kann helfen, seine Anliegen besser zu verstehen und zu nutzen – denn jede innere Seite, jedes Verhalten hat letztlich irgendein Anliegen, das wichtig und nützlich für uns sein kann, selbst wenn uns dieses zunächst recht rätselhaft scheint. Allerdings: Der Dialog mit dem Schatten – seine Transformation in konstruktive Energie – kann dauern. Häufig sind viele Dialoge notwendig, unterbrochen von weiteren Tagebuchnotizen und Aufzeichnungen, in denen wir darum ringen, die Auseinandersetzungen mit unserem Schatten zu verarbeiten.

Die Entscheidung, ein transpersonal-spirituelles Tagebuch zu schreiben, hat Einfluß auf all unsere weiteren Entscheidungen. Das spirituelle Schreiben führt uns nicht nur an die Grenzen unserer Vorstellungskraft, es führt uns auch wieder zurück in den Alltag. Ein spirituelles Tagebuch verflicht transpersonale und alltägliche Erfahrung und spiegelt uns die Faszinosität der Verbindung zwischen beiden. Es klärt die Grenzen des Alltags zum

Heiligen, zum Tremendum und Fascinosum (R. Otto), das hoch über uns und zugleich tief in uns ruht. Die Begegnung mit der alltäglichen Mystik bewegt unser spirituelles Schreiben.

Mit folgenden Grundschreibtechniken für ein spirituelles Tagebuch wollen wir uns nun näher befassen :

36. TAG

Schreiben in begrenzter Zeit

Entscheiden Sie sich für ein Thema, das Sie gerade bewegt. Notieren Sie es kurz.

Stellen Sie sich dann einen Wecker auf fünf Minuten.

Schreiben Sie los und stoppen Sie, mitten im Satz, wenn der Wecker klingelt. Das Schreiben im Zeitrahmen führt zu kreativer Frustration, Sie merken, daß Sie noch viel zu schreiben haben, und bekommen Lust, es zu tun. Schreiben Sie dann gegebenenfalls mit Hilfe Ihrer Lieblingsschreibtechnik noch ein wenig weiter.

☛ **Tip:**
Schreiben Sie stets zuerst über ein Thema, das Sie wirklich bewegt – ehe Sie dann möglicherweise mit anderen darüber reden. Reden vermindert fast immer den Schreibimpuls.

Fragen aufschreiben:
Das Wichtigste an der spirituellen Suche ist das Fragen. Das innere Fragen wechselt je nach Stimmung. Und: Die wichtigste Technik des Tagebuch-Schreibens überhaupt ist das Fragenstellen. Im ersten Kapitel haben Sie sich bereits ausführlich damit befaßt. Was aber sind die Fragen, die wir uns im spirituellen Tagebuch stellen?

37. TAG

Kinderfragen

Als Kind waren alle Menschen Meister des Fragens. Schreiben Sie alle Fragen auf, die Sie als Kind hatten. Dann erinnern Sie sich an die damaligen Antworten und schreiben Sie diese zu den Fragen.

38. TAG

Fragenpyramide

Ordnen Sie alle Fragen, die Sie haben, von der einfachsten bis zur kompliziertesten.

39. TAG

Fragen aufhängen

Wenn Sie eine Frage finden, schreiben Sie sie auf ein großes weißes Papier, hängen Sie dieses Papier in Ihrem Zimmer auf und schreiben Sie dann Antworten dazu, wann immer Sie auf Antworten stoßen. Auch wenn wir keine Antworten auf Fragen haben, haben wir deshalb oft den Eindruck: Es ist gut, Fragen zu stellen. Fragenstellen heißt neugierig sein. Fragen öffnen uns zur Welt und zum Unbekannten.

40. TAG

Über das Schweigen schreiben

Schreiben über das Schweigen ist eine grundlegende spirituelle Schreibtechnik – und eine, die immer wieder neu bewegt und berührt. Schweigen bei offenen oder geschlossenen Augen kann uns eine Vielfalt tiefer Erfahrungen vermitteln. Wir hören uns ins Schweigen hinein und bemerken den Fluß der Bilder, der Zwiesprache; wir sehen aus uns heraus und sehen, daß die Welt da ist und wir in der Welt. Über das Schweigen zu schreiben ist schwer, aber es kann zum Staunen führen. Kontemplative Ruhe ist ganz wichtig für die spirituelle Reise und das spirituelle Schreiben, auch wenn wir zunächst mit unserer Nervosität zu kämpfen haben. Die Entwicklung einer solchen Ruhehaltung ist vor allem eine Frage der Übung: Im Laufe der Zeit wird die Erfahrung von Ruhe und Schweigen zur Routine und das Schreiben darüber immer leichter möglich. Deshalb: Beginnen Sie jetzt, fünf Minuten zu schweigen. Dann notieren Sie, was Ihnen in den Sinn kommt.

41. TAG

Dialog mit der Angst

Eine spirituelle Reise verändert das Selbstbewußtsein. Das geht nicht ohne wichtige emotionelle Erlebnisse ab. Vor allem die Angst, aber auch der Narzißmus können eine Rolle spielen. Beide sind Abwehrmechanismen des Ich gegen Überforderung, wie sie bei tiefen Erfahrungen eine Rolle spielen kann. Die Angst sagt vielleicht: «Bleib stehen», der Narzißmus sagt: «Du bist in Wirklichkeit nicht klein, ohnmächtig, verlassen, einsam, sondern groß, mächtig, mit allem verbunden und von allen geliebt, also etwas Besonderes.»

Führen Sie deshalb einen Dialog mit Ihrer Angst oder mit Ihrem Narzißmus. Spielen Sie im Dialog den Dialogpart des Realitätsprinzips. Seien Sie in dieser Rolle nüchtern, eng an der Wirklichkeit, nahe am Alltagsbewußtsein. Die Angst oder der Narzißmus können ruhig hysterisch, großartig und irreal sein. Am Schluß des Dialogs soll sich Ihr Real-Ich gegen das abwertende Angst- oder das aufwertende Narzißmus-Ich durchsetzen.

42. TAG

Ganzheitserfahrungen im Leben

Der spirituelle Weg wird auch durch unsere Vorgeschichte bestimmt. Viele Bilder der Ganzheit, der Transzendenz und des Heiligen haben wir im Elternhaus, in der Schule, im Laufe von weltanschaulichen Perioden erlebt: Tao, Buddha-Bewußtsein, inneres Licht, Geist, Kraft, Energie, christliche Erlösung, klassenlose Gesellschaft, Sein wie Utopie.

Deshalb: Denken Sie an eine Ganzheits-oder Transzendenzerfahrung, die Sie in Ihrem Leben besonders berührt hat. Geben Sie ihr einen Namen. Dieser Name wird das Kernwort eines Clusters (s. Kap. 1: ‹Basistechniken›). Schreiben Sie nach dem Clustern einen kurzen Text.

43. TAG

Chronologie Ihrer Ganzheitserfahrungen

Verfassen Sie nun eine Chronologie der Begegnungen mit der Transzendenz, wo auch immer diese stattgefunden haben mögen.

44. TAG

Antworten finden

Beantworten Sie folgende Fragen:

Welche Religion besaßen Ihre Eltern?
Was hat diese Religion für Sie und Ihr Leben bedeutet?
Welche religiösen Wandlungen haben Sie vollzogen?
Welche religiösen Rituale befolgen Sie?
Oder sind Sie in einem atheistischen Elternhaus aufgewachsen?
Welche Bedeutung hatte oder hat der Atheismus für Ihr Leben heute?
Welches Bild kann Ihren höchsten Lebenswert symbolisieren?

45. TAG

Nur ein Satz

Beschreiben Sie Ihre spirituelle Grundanschauung in einem Satz, der natürlich sehr lang sein darf.

Auf der spirituellen Reise sind wir nicht allein. Wir haben einen Körper. Uns besuchen Träume. Wir besitzen Intuition. Und wir können Rituale entwickeln, die uns helfen. Diese Hilfen wollen wir nun im einzelnen betrachten.

Mit und in unserem Körper befinden wir uns auf der spirituellen Reise. Der Körper vermittelt uns wichtige Erfahrungen.

46. TAG

Früheste Körpererfahrung

Was ist die früheste Körpererfahrung, die Sie erinnern? Lassen Sie sich möglicherweise inspirieren durch Ihre Schreiberfahrung in Teil 3.2 dieses Kapitels und schreiben Sie über Ihre früheste Körpererinnerung einen kurzen freien Text.

Tag: Sterblichkeit annehmen

Wann wurde Ihnen bewußt, daß Ihr Körper sterblich ist? Als Kind? Während Ihrer Jugend? Oder erst irgendwann im Erwachsenenalter? Schreiben Sie über diese erste Erfahrung und darüber, wie Sie mit ihr umgegangen sind.

47. TAG

Körperspiele der Naturvölker

Bemalen Sie Ihren Körper und beschreiben Sie ihn dann.

48. TAG

Tagebuchschreiben im Adamskostüm

Beschreiben Sie sich nackt als nackten Menschen. Zeichnen Sie die Umrisse Ihrer Hand in Ihr Tagebuch und versehen Sie Ihre Hand mit Zeichen. Auf eine Zeitungsrolle können Sie auch Ihren ganzen Körper malen oder wie Yves Klein einen Abdruck Ihres bemalten Körpers vollziehen. Gestalten Sie Ihr Körperbild mit den Zeichen der Naturvölker.

49. TAG

Körpergedanken

Schreiben Sie in einen Zweispalter alle guten und alle kritischen Gedanken, die Sie über Ihren Körper entwickelt haben. Führen Sie dann einen Dialog mit Ihrem Körper.

50. TAG

Körpergefühle in der Meditation

Entspannen Sie sich, z. B. mit den Grundübungen des autogenen Trainings, und beschreiben Sie Ihre Körpergefühle: Ruhe, Wärme, Friede.

Die spirituelle Reise wird von Träumen begleitet. Achten Sie wieder auf Ihre Träume, blättern Sie gegebenenfalls noch einmal Ihre Aufzeichnungen durch aus dem Übungsteil ‹Schreiben nach Träumen› der Basisschreibtechniken und aus dem ‹Selbsttherapeutischen Tagebuch›, Teil 3.2.

51. TAG

Traumsymbole

Identifizieren Sie die Symbole in Ihren Träumen. Zeichnen Sie Bilder aller Ihrer Traumsymbole. Legen Sie sich eine farbige Symbolkartei an. Fragen Sie die Symbole nach ihrer Bedeutung. Zur Deutung der Symbole benutzen Sie zum Beispiel das Buch von M. Lurker (1985).

52. TAG

Traumthemen

Legen Sie von Zeit zu Zeit eine Liste aller Traumthemen an, die Sie in Ihrem Tagebuch notiert haben. Achten Sie dann auf die Entwicklung der Themen in Ihren Träumen. Hinweise zu dieser Art der Traumdeutung bei K. Thomas 1986.

53. TAG

Traumarten

Ordnen Sie in Ihrem Tagebuch Ihre Träume den verschiedenen Arten des nichtalltäglichen Traumbewußtseins zu. Unterscheiden Sie z. B. durch farbige Markierung, durch Katalogisierung oder durch Einlage von Trennblättern: Tagträume; Schlummerbilder beim Übergang vom Wachen zum Schlafen und beim Schlafen zum Wachsein; Tagesreste in Träumen; unterhaltende Träume; Träume, die Probleme lösen; Zukunftsträume; aggressive Träume; Angstträume. Gerade Angstträume zeigen oft einen Fortschritt des spirituellen Wachstums an.

54. TAG

Spirituelle Träume

Achten Sie heute einmal besonders auf mögliche spirituelle Träume in Ihrem Tagebuch. Spirituelle Träume unterscheiden sich folgendermaßen:

Astrale Träume: Diese Träume zeigen das Fliegen, die Begegnung mit nichtmenschlichen Personen und mit verstorbenen Personen.

Reinkarnationsträume: Diese Träume zeigen dem Träumer ein Land, das er nicht kennt, und im Besitz einer Sprache, die er sonst nicht spricht, und im Kontext einer Zeit, in der er sonst nicht lebt.

Träume, *die spirituelle Geschenke* vermitteln: Diese Träume zeigen Personen, die den spirituellen Weg begleiten, und Situationen, die Stadien auf dem spirituellen Weg darstellen.

55. TAG

Traumpoesie

Formen Sie aus dem gefundenen Traummaterial, das Sie besonders berührt, Gedichte oder schreiben Sie eine Geschichte.

Nach C. G. Jung lassen sich folgende grundsätzliche Stadien auf dem Individuationsweg unterscheiden:

- die Auseinandersetzung mit der eigenen gesellschaftlichen Verflochtenheit: die Begegnung mit der Persona,
- die Auseinandersetzung mit dem Schatten, mit allem, was man in der eigenen Biographie verdrängt und verleugnet hat,
- die Begegnung mit der Anima – Animus: die Begegnung des Weiblichen im Manne und des Männlichen in der Frau,
- die Auseinandersetzung mit den Gestaltungen des Selbst: der Großen Mutter und dem Alten Weisen.

Diese Stadien werden im Laufe der Individuation immer wieder an verschiedenen Punkten aufgegriffen und ergeben einen langfristigen Prozeß, der in der Zukunft sich dahin öffnet, daß der eigene Individuationsprozeß fortschreitet und die Beziehung zur Transzendenz sich langsam klärt. Achten Sie auf diese Stadien und versuchen Sie, Ihre Träume auch diesen Stadien zuzuordnen.

Jeden Tag haben wir intuitive Einfälle, die wir oft überhören. Das Tagebuch ist der Ort, an dem diese Einfälle festgehalten werden können. Gute Intuitionen sind weder grandios noch manipulativ, sondern ruhig und eindringlich. Sie geben eine Richtung an, urteilen oder verleumden aber nicht.

Sie geben einen wichtigen Wink, ohne zu argumentieren. Sie scheinen wie aus einer anderen Sphäre zu stammen. Sie wollen das Beste für uns.

56. TAG

Sätze ergänzen

Spüren Sie Ihre Intuition in bezug auf Ihre eigene Lebensgestaltung auf, indem Sie Sie folgende Sätze ergänzen:

«Ich weiß, es ist Zeit, zu ...»
«Ich weiß, ich muß ...»
«Es ist nicht gut für mich, zu ...»

57. TAG

Finden Sie einen intuitiven Seelenbegleiter

Stellen Sie sich das Ziel Ihres momentanen Strebens als mythische Person vor. Malen Sie ein Bild dieser Figur. Führen Sie Gespräche mit dieser Figur. Diese Figur wird Sie eine Zeitlang begleiten und dann einer anderen Platz machen. C. G. Jung nannte seinen ersten Seelenbegleiter Philemon.

Durch Rituale bekommen wir einen besseren Bezug zum Spirituellen. «Im Ritual spüren wir die Gegenwart des Heiligen» (Baldwin 1991, S. 159). Im Alltag ist die spirituelle Gegenwart oft kaum spürbar. Im Ritual wird das spirituelle Fühlen zentriert.

58. TAG

Erfinde ein Gebet

Identifizieren Sie einen Wunsch und einen Adressaten dieses Wunsches und schreiben Sie dann ein kleines Gebet.

59. TAG

Mantras schreiben

Wählen Sie ein für Sie bedeutendes Wort und schreiben Sie damit eine Seite voll. Sie werden die magische Kraft dieses Wortes spüren.

60. TAG

Spirituelles Schreibritual

Entscheiden Sie sich heute für ein Schreibritual, das Sie längere Zeit über beibehalten möchten: Schreiben Sie in Ihrem Tagebuch z. B. nur bei Kerzenlicht in der Dunkelheit. Oder schreiben Sie nur, wenn ein Strauß frischer Blumen auf Ihrem Schreibtisch vor Ihnen steht und Räucherstäbchen abgebrannt werden. Entscheiden Sie sich und schreiben Sie dann heute einen Begrüßungstext für Ihr Ritual.

Spirituelles Leben gründet auf Gefühlen: auf Liebe, Vergebung, Vertrauen, Zustimmung.

Entwickeln Sie diese spirituellen Grundgefühle durch Ihr Tagebuch-Schreiben.

61. TAG

Liebesgeschichte

Schreiben Sie Ihre schönste Liebesgeschichte auf, die Sie erlebt haben.

62. TAG

Innerer Dialog

Führen Sie einen inneren Dialog mit der Liebe und schreiben Sie dann diesen Dialog auf.

63. TAG

Danken

Schreiben Sie abends auf, wo Sie am Tag Liebe verspürt und gegeben haben, und enden Sie Ihren Text mit: «Ich bin hier willkommen.»

64. TAG

Kinderbild

Suchen Sie sich ein Foto aus Ihrer Kindheit. Schreiben Sie ein Loblied auf Ihr Kindheits-Ich.

Um so bedrängende Gefühle wie Angst, Wut, Verzweiflung bewältigen zu können, müssen wir uns manchmal im Vergeben üben.

65. TAG

Definition

Definieren Sie einmal, was für Sie Vergebung bedeutet und was sie bewirken kann.

66. TAG

Schnellschreiben

Wenn Sie wütend sind, schreiben Sie schnell Ihre Ängste nieder, so lange, bis Sie sich besser fühlen.

67. TAG

Selbstvergebung

Schreiben Sie eine Tat auf, die Sie belastet, und schreiben Sie dann: «Sie ist vergeben.»

68. TAG

Vergebung von anderen

Schreiben Sie die Tat eines anderen auf, die Sie selbst verletzt hat, und schreiben Sie dann: «Sie ist vergeben.»

69. TAG

Dem Bösen nicht widerstehen

Schreiben Sie einiges auf, was in der Welt böse ist, und schreiben Sie dann: «Es ist so.»

Das Führen eines spirituell orientierten Tagebuchs berührt unweigerlich Glaubensfragen. Unter Glauben soll hier nicht der traditionelle christliche Glaube verstanden werden, sondern eher etwas, was Karl Jaspers als den philosophischen Glauben beschreibt. Karl Jaspers sieht folgende Elemente am philosophischen Glauben:

Grenzenloses Erkennen, Wissenschaft, ist Grundelement des Philosophierens. Nichts darf es geben, was nicht befragt würde, kein Geheimnis darf gegen Forschung geschützt sein, nichts sich abwehrend verschleiern... «Glaube wäre ein Erlebnis, ein Erlebnis des Umgreifenden, das mir zuteil oder nicht zuteil wird.» Und schließlich: «Der philosophische Glaube ist negativ zu charakterisieren: Er kann nicht Bekenntnis werden. Sein Gedanke wird nicht Dogma... Der philosophische Glaube muß daher in der geschichtlichen Situation immer wieder aus dem Ursprung schöpfen. Er gewinnt keine Ruhe in einem Bestand. Er bleibt das Wagnis radikaler Offenheit.» Glaube geschieht «im Raum des Umgreifenden, das weder nur Objekt noch nur Subjekt ist» (Karl Jaspers: Der philosophische Glaube, Frankfurt 1958, S. 13–17). Nun einige Schreibübungen:

70. TAG

Biographie des Glaubens

Benennen Sie in einer Liste die Objekte Ihres «Glaubens»: Zu welcher Zeit Ihres Lebens haben Sie woran geglaubt?

71. TAG

Zweifel

Erstellen Sie einmal eine Liste aller Gründe, warum Sie glauben oder warum Sie nicht glauben können.

72. TAG

Furcht

Schreiben Sie so lange über Ängste, die diffus sind, bis Sie auf Formen der Furcht treffen, die ganz konkret sind.

73. TAG

Eingebildete Ängste

Entwerfen Sie ein Bild der größten Ängste, die Sie sich vorstellen können, und schreiben Sie dann, warum diese Ängste eher unrealistisch sind.

74. TAG

Dialog

Clustern Sie zuerst über die Kraft des Lebens und des Denkens. Führen Sie einen Dialog mit der Kraft des Lebens und mit der Kraft des Denkens und lassen Sie diese Kraft sagen, was gegen alle Furcht spricht.

Kaum ein Mensch stimmt dem Leben ungebrochen zu. Vielmehr versuchen viele, das Leben auf die eine oder andere Art zu bekämpfen. Die Zustimmung zum Leben, das ist für uns meist ein Fremdwort, aber es kann Sinn machen, um diese Zustimmung zu kämpfen.

75. TAG

Meditation

Meditieren Sie über das Wort: «Ich stimme zu.» Und
lassen Sie zu, daß sich ein großer Widerspruch in Ihnen erhebt.

76. TAG

Geschichte

Schreiben Sie eine Geschichte über einen Menschen, der erst nein zum Leben gesagt und dann gelernt hat, ja zu sagen.

77. TAG

Liste

Fertigen Sie ein Listengedicht von allen Dingen an, die Sie am Leben bejahen können. Beginnen Sie jede Zeile mit dem Wort: «Ich stimme zu, daß ...», oder: «Ich bin dankbar dafür, daß ...»

78. TAG

Die gute Seite

Schreiben Sie heute einmal über etwas Böses, Trauriges, Schmerzliches, was Ihnen in Ihrem Leben widerfahren ist. Schreiben Sie dann auf, welche guten Seiten das Böse dennoch für Sie hatte.

79. TAG

Schnellschreiben

Schreiben Sie alle Geheimnisse auf, die Sie im Leben noch nicht gelöst haben. Über jedes dieser Geheimnisse schreiben Sie dann so schnell wie möglich eine Seite ohne Zensur.

Nachdem Sie Ihre spirituellen Grundkräfte gefestigt haben, geht es nun darum, zusätzliche Fähigkeiten durch das Üben tiefer zu entwickeln. Diese zusätzlichen Fähigkeiten heißen Aufmerksamkeit, Konsequenz, die Einheit von Träumenwollen und Handeln und die Entfaltung von Selbstbewußtsein.

Sicher haben Sie bemerkt, daß durch das regelmäßige Schreiben Ihre Konzentrationsfähigkeit sich gesteigert hat. Sie werden auch erkennen, daß wachsende Aufmerksamkeit mit wachsender Disziplin einhergeht.

80. TAG

5 Dinge

Schreiben Sie fünf Dinge auf, die Sie in eine friedlich-fröhliche Stimmung versetzen.

81. TAG

Meditatives Schreiben

Setzen Sie sich ruhig vor Ihr Tagebuch, kontrollieren Sie den Fluß Ihres Atems oder die Wärme- und Schwereempfindungen. Wenn Gedanken kommen, schreiben Sie sie auf. Wenn der Gedankenfluß versiegt, machen Sie einen Strich. Verharren Sie so lange, bis Sie einige Striche auf dem Papier haben, und betrachten Sie dann die Bewegung Ihrer Gedanken und die Veränderung ihrer Unterbrechungen.

82. TAG

Spirituelle Disziplin

Schreiben Sie einen Dialog mit der Dame Disziplin, um zu erkennen, wie weit die Entwicklung Ihrer spirituellen Disziplin sich entwickelt hat.

Schon bei Sören Kierkegard, dem Begründer der Existenzphilosophie, können Sie lesen, daß ein tieferer Schritt der Weiterentwicklung der Seele nicht ohne die Entwicklung von Konsequenzen oder Entscheidungen vonstatten geht. Überprüfen Sie mit den folgenden Übungen, wie weit Sie schon dabei sind, diese Konsequenzen zu entwickeln.

83. TAG

Aufwachsen

Welche Lebensziele haben Sie im Lebenslauf entwickelt? Welches ist Ihr Ziel heute?

84. TAG

Heroen der Kindheit

Welche Vorbilder hatten Sie in der Kindheit, und was haben Sie von ihnen übernommen? Meditieren Sie und schreiben Sie einen kleinen Text.

85. TAG

Erwartungen

Denken Sie daran, was Sie noch unbedingt tun wollen, bevor Ihr Leben vorbei ist, 86. Tag. Zeichnen Sie über diese unbedingte Aufgabe ein Bild.

87. TAG

Selbstbild

Konfrontieren Sie sich mit Ihrem eigenen Selbstbild. Unterscheiden Sie die verschiedenen Selbstbilder, die Sie von sich haben. Identifizieren Sie Ihr liebstes Selbstbild.

88. TAG

Bilder vom Lebensweg

Führen Sie einen Dialog mit all denen, die Ihnen Bilder vom Lebensweg vermittelt haben, und begründen Sie dann Ihre eigene Wegentscheidung. Malen Sie vielleicht alle unterschiedlichen Bilder vom Lebensweg, die Sie kennen.

Eine wichtige Kraft, konsequent zu handeln, entwickelt sich, wenn man seine eigenen Träume erforscht, die Wünsche und das Wollen, das in diesen Träumen liegt, erkennt und in Handeln umsetzt. Dabei sollten Sie aber nicht versäumen, zwischen dem objektiv Möglichen und dem subjektiv Gewollten zu unterscheiden. E. Bloch (Frankfurt 1977) hat in seinem Hauptwerk «Das Prinzip Hoffnung» darauf hingewiesen, daß sich gerade aus der Abarbeitung des Subjektiven am objektiv Möglichen die entscheidenden Dimensionen für ein realitätstüchtiges Handeln entwickeln können. Wenden Sie sich nun einigen Übungen zur Konkretisierung des Verhältnisses von objektiv und subjektiv Möglichem zu.

89. TAG

Stellungnahme

Schreiben Sie den Satz weiter: «Hier, wo ich jetzt stehe, will ich...»

90. TAG

Zukunftsversprechen

Machen Sie eine Tagebuch-Eintragung, die genau ein Jahr später geschrieben sein könnte.

91. TAG

Wunsch-Abc

Schreiben Sie ein Abc-Darium all Ihrer Wünsche. D. h., fertigen Sie eine Liste all Ihrer Wünsche an, die mit einem Wort beginnen muß, das sich nach der Logik des Abcs entfaltet. Das Abc-Darium kann entweder in einzelnen Worten bestehen oder auch aus einzelnen Sätzen, die dann immer mit einem Buchstaben des Alphabets beginnen müssen.

92. TAG

Zukunftsvision

Versuchen Sie, sich Ihre Zukunft erst in Farben, dann in Gerüchen, dann als Geschmack und dann in Tönen vorzustellen, und beschreiben Sie Ihre Sinneseindrücke dann.

Die Entwicklung von Selbstbewußtsein ist eine wichtige Begleiterscheinung des spirituellen Weges. Allerdings ist das Selbstbewußtsein kein fixes Ergebnis, sondern ein Prozeß, der immer wieder von neuem in Angriff genommen werden muß. Da sich das Verhältnis von Individuum und Gesellschaft häufig in unübersehbarer Weise verändert und auch das Verhältnis von Individuum und Körper ständigen Wandlungen unterworfen ist, geht es darum, Selbstbewußtsein als goldenen Weg zwischen Extremen immer wieder neu zu suchen. Die Entwicklung des Selbstbewußtseins hängt dabei davon ab, daß Sie sich mit Ihrem Gewissen, mit Leitfiguren und mit angemessenen Zukunftsvisionen auseinandersetzen. Deshalb folgende Übungen:

93. TAG

Stimmen des Gewissens

Hören Sie auf die Stimme Ihres Gewissens. Führen Sie einen Dialog mit dieser Stimme.

94. TAG

Auseinandersetzung mit Leitfiguren

Legen Sie vier Spalten auf einer Seite Ihres Tagebuchs an und tragen Sie in die erste Spalte die Leitfiguren des realen Lebens ein. Die zweite Spalte umfaßt die Traumfiguren. Die dritte Spalte Figuren aus der Literatur, die vierte Spalte Figuren, die transpersonale Erfahrungen verkörpern.

95. TAG

Zukunftsvision der nächsten fünf Jahre

Versetzen Sie sich mit Hilfer einer Entspannungsübung in eine Ruhestellung und stellen Sie sich dann die nächsten fünf Jahre vor: Erfolge, Krisen, Ermutigungen, die beste Phase innerhalb dieser fünf Jahre, Ihre spirituelle Entwicklung und Ihr Ziel. Wenn Sie aus der Versenkung aufwachen, überprüfen Sie, wieweit Ihr Fünf-Jahres-Plan realisierbar ist.

Ihr spiritueller Weg ist immer in den Alltag eingebunden. Ihre spirituellen Versenkungen und Übungen sind Teile des Alltags und reichen doch manchmal über ihn hinaus. Sie müssen sich deshalb ständig des Spannungsverhältnisses zwischen Spiritualität und Alltag vergewissern und sich auch immer wieder absichern, daß die Kraft Ihrer Spiritualität sich im Alltag ausdrückt und daß Sie zum anderen über Ihrer Spiritualität den Alltag nicht vergessen. Dafür einige Übungen:

96. TAG

Rückblicke

Schreiben Sie eine Seite über Ihre spirituelle Reise in der dritten Person nach Art des beobachtenden Schreibens.

97. TAG

Liste aller Freunde

Fertigen Sie eine Liste aller Freunde und benennen Sie die spirituellen Fragen, die Sie mit ihnen besprechen können.

98. TAG

Vertrag

Schließen Sie einen neuen Vertrag mit dem Leben für eine neue Phase Ihres spirituellen Weges.

99. TAG

Beschluß

Legen Sie fest, wie Sie die spirituelle Reise anderer Menschen unterstützen können.

100. TAG

Bücher

Legen Sie eine Liste der Bücher an, die Sie noch lesen möchten, damit Ihre spirituelle Reise einen weiteren Impuls erhält.

101. TAG

Tagesereignisse

Kommentieren Sie aus spiritueller Warte ausgewählte Tagesereignisse und Ereignisse der Weltpolitik.

Literatur

Adams, K.: Journal Writing as a Powerful Adjunct to Therapy, in: Journal of Poetry Therapy, New York, Vol. 10, Nr. 1 (1996), S. 31ff.

Dies.: The Way of the Journal: A Journal Therapy Workbook for Healing, Arvada 1993.

Baldwin, C.: One to One. A new and updated Edition of the Classic Self-Understanding Through Journal Writing, New York 1991.

Bandler, R./Grinder, J.: Die Struktur der Magie, Paderborn 1990.

Bloch, E.: Das Prinzip Hoffnung, Frankfurt 1977.

Eberwein/Schütz: Hypnose, Paderborn 1996.

Ellenberger, H. F.: Die Entdeckung des Unbewußten, Bern 1972 (Bd. 1–2).

Ferrucci, P.: Unermeßlicher Reichtum. Wege zum spirituellen Erwachen, Basel 1992.

Goldstein, M.: Poetry and Therapeutic Factors in Group Therapy, in: Journal of Poetry Therapy 1989, Heft 2, S. 231–241.

Grof, S.: ‹Die Stürmische Suche nach dem Selbst›, München 1991.

Gührs, M./Nowak, C.: Das konstruktive Selbstgespräch – Der Dialog mit dem inneren Ratgeber, in: dies.: Das konstruktive Gespräch. Ein Leitfaden für Beratung, Unterricht und Mitarbeiterführung mit Konzepten der Transaktionsanalyse, Meezen 1995.

Jaynes, J.: Der Ursprung des Bewußtsteins, Reinbek, 2. Aufl. 1993.

Johnson, R.: Ich schreibe mir die Seele frei, Freiburg, 3. Aufl. 1995.

Jung, C. G.: Die Beziehungen zwischen Bewußtsein und Unbewußtem, Zürich/Leipzig 1938.

Ders.: Erinnerungen, Träume, Gedanken, Olten 1986.

LeCron, L.: Selbsthypnose, München (o. J.).

Lurker, M.: Wörterbuch der Symbolik, Stuttgart 1985.

Mazza, , M.: Poetry: An ancillary Technique in Couples› Group Therapy, in: American Journal of Family Therapy 1981, Heft 9, S. 53–57.

Morrow Lindbergh, A.: Muscheln in meiner Hand, München 1980.

Dies.: Stunden von Gold, Stunden von Blei, München 1980.

Naranjo C./Ornstein, E.: Psychologie der Meditation, Frankfurt 1988.

Nin, A.: Die Tagebücher, Frankfurt 1979.

Ornstein/Naranjo: Meditation, Frankfurt 1988.

Otto, R.: Das Heilige, München 1992.

Philipp, R./Robertson, I.: Poetry helps healing, in: The Lancet, Heft 3, Feburar 1993.

Progoff, I.: At a Journal Workshop: The Basic Text and Guide, New York 1975.

Ders.: The Practise of Process Meditation, New York, 8. Aufl. 1989.

Revenstorf, D.: Hypnose, Heidelberg 1991.

Rogers, C.: Therapeut und Klient, Frankfurt/M. 1995.

Schiwy, M.: A Voice of Her Own, New York 1996.

Schulte-Steinicke, B.: Autogenes Training und Kreatives Schreiben, Berlin 1997.

Dies.: Entspannung, NLP und wissenschaftliches Schreiben, Berlin 1995.

Seaward, B.: Managing Stress, Boston 1994.

Simon/Soven: The Teaching of Writing in Social Work Education, in: Journal of Teaching in Social Work, Vol. 3, No 2, 1989.

Thomas, K.: Träume selber deuten, Stuttgart 1986.

Ders.: Autogenes Training – Selbsthypnose nach I. H. Schultz, Stuttgart 1989.

Werder, L. von: Schreiben als Therapie, München 1989.

Ders.: Lehrbuch des kreativen Schreibens, Berlin 1991.

Ders.: Schreib- und Poesietherapie, Weinheim 1995.

Ders.: Erinnern, Wiederholen, Durcharbeiten. Die eigene Lebensgeschichte kreativ schreiben, Berlin 1996.

Ders./Schulte-Steinicke, B.: Die Heilkraft des Schreibens, in: Blitz-Info ‹Kreatives Schreiben›, Nr. 5, Berlin 1997.

Woolf, V.: A writer's diary, London 1953.

Kapitel 4

Ein philosophisches Tagebuch schreiben

«Kein Tag ohne eine Zeile.»
PLINIUS

«Nütze jeden Tag. Carpe diem.»
HORAZ

«Es geht mir von Tag zu Tag besser.»
ÉMILE COUÉ (Autosuggestionsformel)

Vom Sinn eines philosophischen Tagebuchs

Die ideale Philosophie geht von sicheren Erkenntnissen aus. Sie beschreibt das Leben, wie es wirklich ist. Sie stellt die ganze Tragik und Dramatik des Lebens der einzelnen Individuen in den Mittelpunkt ihrer Forschung. Sie entwickelt Hilfen der Vernunft da, wo der einzelne sich extremen Gefahren konfrontiert sieht. Sie weist Wege aus den Gefahren der Welt.

Die ideale Philosophie erfüllt diese Aufgaben nicht durch den Aufbau großer Gedankensysteme, sondern durch die Entwicklung von Methoden der konkreten Lebenshilfe im Alltag. Diese philosophischen Methoden müssen in allen Lebenssituationen anwendbar sein und schnell spürbare Hilfe bringen.

Die ideale Philosophie hat sich in der langen Geschichte der Philosophie, in denen die philosophischen Systeme entstanden und wieder einstürzten, immer wieder Gehör verschafft. Sie hat sich nach den Einbrüchen ihrer Tradition immer wieder neu entwickelt. Ihre Spuren sind deshalb in allen philosophischen Bemühungen zu erkennen.

Die ideale Philosophie ist an der Entwicklung des Selbstdenkens des Ich orientiert. Das Ich ist der Ort, an dem die ideale Philosophie praktiziert wird. Die Rettung des Ich im Alltagsleben mit seinen Grenzsituationen und metaphysischen Abgründen betreibt die ideale Philosophie.

Die ideale Philosophie ist praktische Philosophie für das Ich. Die ideale Praxis des Selbstdenkens ist das Schreiben. Der ideale Ort des selbstdenkenden Schreibens des Ich ist das Tagebuch.

Im folgenden Kapitel wird ein Vorschlag für das Führen eines philosophischen Tagebuchs gemacht. Dieser Vorschlag ist ein Versuch. Wir möchten Ihnen vorschlagen, durch das Führen eines philosophischen Tagebuchs diesen Versuch für sich selbst zu überprüfen.

4.1 Gefährdung und Rettung des Ich

«Ich selbst bin der Gegenstand meines Tagebuchs.»
MICHEL DE MONTAIGNE

«Der große Gedanke – mein ganzes inneres Leben in meinem Tagebuch dermaleinst aufgezeichnet zu sehen – füllt ganz meinen Geist.»
FRANZ VON BAADER

Der Begriff des Ich

Seitdem das Ich entdeckt worden ist, gibt es eine breite philosophische Diskussion über seinen Begriff. Aus der Vielzahl der Definitionsversuche läßt sich heute folgender gemeinsamer Nenner über den Begriff des Ich herausschälen:

Das Ich ist seine Biographie. Aus einer Vielzahl von Taten, Erlebnissen, Gefühlen und Reaktionen bildet das Ich eine unverwechselbare Ich-Identität. Diese Ich-Identität bildet durch Erinnerung eine unverwechselbare Biographie. Im Vollzug seiner biographischen Ich-Identität wird das Ich als zeitliche Erscheinung immer von der Angst vor dem Tod und dem Schmerz begleitet.

- Das Ich ist Zentrum und Gegenstand der Ich-Reflexion. Es gibt das Ich, das nachdenkt, und das Ich als Einheit seiner Taten und Denkinhalte.
- Das Ich ist das Selbst. Trotz aller Bestimmungen durch die Umwelt bleibt das Ich mehr als der bloße Reflex der Umwelteinflüsse. Das Ich als Selbst hat Selbstbewahrung und Selbstachtung und die Chance zur Existenz.
- Das Ich ist individueller Körper, Wille und Wahrnehmung. Das Ich wird von einem unbewußten Willen getragen, der den individuellen Körper und die sinnliche Wahrnehmung umfaßt. Das Ich ist der ständige Versuch, die inneren Willens- und Gefühlserlebnisse mit den äußeren sozialen Anforderungen in Einklang zu bringen.
- Das Ich ist Vollzug, Handlung und Tätigkeit. Das Ich unterscheidet sich gegenüber den Nicht-Ichen. Das Ich setzt sich selbst allen Menschen und der Natur gegenüber. Es erkennt die Chance des Scheiterns oder des Gelingens seines Selbst-Seins an. Es sagt zu sich selbst: «Ich bin Ich und niemand sonst. Ich bin ein mir gehörendes Zentrum, das so in Natur und Gesellschaft nicht wieder vorkommt.» Das Ich konstituiert sich als Entwurf. Es ist nicht mit seinem Lebensentwurf identisch. Das Ich kann sich selbst durch eine, seine Freiheit einschränkende Lebensphilosophie verraten: durch Determinismus, Kollektivismus und Nihilismus.

Das Ich ist zum Ich-Sein verurteilt, aber nur in Kommunikation mit anderen: von der Geburt bis zu seinem Tode.

- Das Ich ist Vernunft und Instanz des Transzendierens. Das Ich ist auch der Ort, wo Ideen, Gedanken vom Ganzen entstehen, dem sich das Ich verdankt. Das Ich findet sich nur, wenn es findet, was es sich nicht selbst verdankt, sondern dem es sich verdankt, wenn es sich vorfindet.

Geschichte des Ich

Die Entstehung und Entwicklung des Ich war ein historischer Prozeß. Das Ich des Urmenschen war ein Gruppen- und Stammes-Ich. Das anfängliche Ich hatte einen naturmythischen Sinn, Horizont, der für alle Clanmitglieder verbindlich war. Individuelles Verhalten war weder für die Funktion des Clans erforderlich, noch war es gefordert. Das Schicksal des Ich war mit dem Schicksal des Clans identisch (J. S. Kon, 1983, S. 118). In der antiken und mittelalterlichen komplexen Gesellschaft blieb das Gruppen-Ich für die Mehrzahl der Individuen verbindlich. «Doch neben dem partikulären weltlichen ‹Wir› (Familie, Nachbarschaft, Stand) hebt das Christentum das universale ‹Wir› der geistigen Zugehörigkeit zu Gott hervor» (J. S. Kon, 1983, S. 158). Allerdings kam es bei den Vertretern der intellektuellen Eliten der Antike und des Mittelalters zu einem Individualisierungsschub. Die individuelle Selbstreflexion steigerte sich für gehobene Kreise. «Die alte Formel, wonach der Mensch das Maß aller Dinge ist, erhält nach und nach einen immer individuelleren Sinn und veranlaßt die Philosophen, öfter in die Tiefen des eigenen Ich hinabzuschauen und ihm größere Bedeutung beizumessen» (J. S. Kon, 1983, S. 146). Zur Basis des Ich der oberen Kreise wurde der innere Dialog, wo das Ich nun Ankläger, Verteidiger und Richter in einer Person wurde.

Im Mittelalter verstand man die Individualisierung für die breite Masse als Trennung vom Ganzen und damit als Unglück und als Krankheit der Seele.

Die bürgerliche Gesellschaft verallgemeinerte schrittweise die Expansion der Ich-Identität in allen Schichten der Gesellschaft. Mit der räumlichen Vereinzelung und dem Wachsen der individuellen Selbständigkeit ging eine Erhöhung des Wertes des Ich, ein Schub in der Intimisierung und Komplizierung der Innenwelt des Ich einher. Das moderne Ich versteht sich weniger als Teil der Familie oder der Gemeinde, sondern als autonomes Subjekt, das nur zeitweilig mannigfaltige Rollen in verschiedenen Gruppen spielt (vgl. T. Luckmann 1980, S. 123ff.). Das moderne Ich erlebt nun einen individuellen Tod, eine individuelle Kindheit und die individuelle Lebenswelt seiner Biographie. Das Ich bildet eine eigene Lebensphilosophie aus, weil die kollektiven Mythen und totalitären Religionen ihre Macht verloren haben (vgl. J. Habermas, 1973, S. 118ff.). Die Introspektion des Ich wächst zugleich mit der Einsamkeit, die in den Städten oft freiwillig gesucht wird. Als Begleitung der Einsamkeit treten Gefühle wie Weltschmerz, Verzweiflung, Melancholie, Schwermut und Langeweile in den Vordergrund der Ich-Befindlichkeit (W. Lepenies, 1972). Das moderne Ich tritt immer häufiger als der «Einzige» im Kontext sich bekämpfender Egoisten auf.

Max Stirner hat dem verbreiteten narzißtischen modernen Ich mit folgenden Worten Ausdruck verliehen: «Ich bin nicht Nichts im Sinne der Leerheit, sondern das schöpferische Nichts, aus welchem ich selbst als Schöpfer alles schaffe ... Mir geht nichts über mich» (M. Stirner 1979, S. 5). Das Ergebnis der Selbstanalyse des modernen Ich könnte lauten: «Frei bin ich von dem, was ich los bin, Eigener von dem, was ich in meiner Macht habe ... Mein eigen bin ich jederzeit und unter allen Umständen, wenn ich mich zu haben verstehe und nicht an andere wegwerfe» (M. Stirner 1979, S. 173). «Was bleibt übrig, wenn ich von allem, was ich nicht bin, befreit worden bin? Nur Ich und nichts als Ich» (M. Stirner 1979, S. 180). Das moderne Ich ist ein «uneingestandener, heimlicher, verdeckter oder versteckter Egoist» (M. Stirner 1979, S. 182). Heute zerbricht die Familie, und das Ich wird «zum Akteur seiner marktvermittelten Existenzsicherung und seiner Biographieplanung und -organisation» (U. Beck 1986, S. 209). Das moderne Ich versteht sich als «Selbst im Gehäuse, dem die anderen Iche als etwas Fremdes und Äußeres oder gar als Kerkermeister gegenüberstehen» (N. Elias 1987, S. 177).

Gefährdungen des Ich

Sosehr das egoistische Ich heute auch im Zentrum der Alltagswelt steht, so sehr ist es auch Gefahren ausgesetzt. Das Ich verliert mit dem Ruin der freien Lohnarbeit in einer Gesellschaft, der die Arbeit ausgeht, seine ökonomische Basis. Eine postmoderne Gesellschaft, die die Natur zerstört, eine atomare Hochrüstung unterhält, die Nord-Süd-Konflikt eskalieren läßt und eine ungeheuere Bevölkerungsexplosion zuläßt, untergräbt auch die ökologischen Grundlagen des Ich. Die neuen Medien uniformieren das Bewußtsein des Ich. Das Ich geht in der Masse der uniformen Konsumenten unter. «Das Zeitalter der ungeheueren industriellen Macht ist dabei, das Ich zu liquidieren» (M. Horkheimer 1976, S. 148). Die Computerisierung der Kopfarbeit entwertet die Vernunft des Ich. Das Ich vergißt, diese Teile seiner persönlichen Kompetenz angesichts der Macht der Maschinen. Obgleich sich die Gesellschaft rasend schnell verändert, bleibt sich die individuelle Biographie, die konstante

Umbruchs-, Zusammenbruchs-, Abbruchs- und Krisenbiographie bei fast allen gleich. Das Ich folgt in seinem Leben einem Schema, das in jede Massenumfrage paßt. Tendenzen zum Totalitarismus reduzieren die Iche auf soziale Atome, die jeden utopischen Traum verlieren und zu jeder Anpassung bereit sind. Das Ich erscheint entzentralisiert und multidimensional, variabel, ozeanisch und regellos. Wenn heute Regeln in der Ich-Entwicklung erkannt werden, dann als achtteiliger Zyklus von Identitätskrisen, den E. H. Erikson folgendermaßen beschreibt: «Das Ur-Vertrauen des Ich im ersten Lebensjahr wird vom Ur-Mißtrauen bedroht. Der Kampf um Autonomie des Ich im zweiten und dritten Lebensjahr wird untergraben durch Scham und Zweifel. Im vierten bis sechsten Lebensjahr steht das Ich zwischen Initiative und Schuldgefühlen. Im siebten bis zwölften Lebensjahr entfaltet das Ich Werksinn und kämpft dabei ständig mit dem Minderwertigkeitsgefühl. In der Jugend schwankt das Ich zwischen Identitätsfestigung und Identitätsdiffusion. Im frühen Erwachsenenalter steht das Ich zwischen Intimität und Distanziertheit. In der Krise der Lebensmitte klammert sich das Ich an die Generationssolidarität und wird gleichermaßen von Stagnation bedroht. In der letzten Lebensphase geht es dem Ich um Integrität und die Überwindung von Verzweiflung und Ekel vor dem Leben» (E. H. Erikson 1979).

Es werden heute Theorien verbreitet, daß es das Ich gar nicht gibt und daß sowohl das einzelne Ich als auch die Gattung Mensch notwendig zum Untergang verurteilt sind. Als Konsequenz wird geraten, gleich mit allen Ichen und der ganzen Gattung Schluß zu machen. Der freiwillige Selbstmord der Gattung wird gepredigt. Philipp Mainländer hatte seinen Ultranihilismus schon um die Jahrhundertwende propagiert: «Jetzt erfüllt das Herz nur noch die eine Sehnsucht: ausgestrichen sein für immer aus dem großen Buch des Lebens. Und der Wille erreicht sein Ziel: den absoluten Tod» (P. Mainländer 1894, Bd. I, S. 311). Das Ideal des Endes der Weltgeschichte heißt für Mainländer: «Und dann senkt sich die stille Nacht des Todes auf alle. Wie sie alle im Moment des Übergangs selig sich erheben werden: sie sind erlöst, erlöst für immer» (P. Mainländer 1894, Bd. I, S. 315). Ulrich Horstmann stimmt neuerdings Mainländer zu: «Der wahre Garten Eden – das ist die Öde. Das Ziel der Geschichte – das ist das verwitterte Ruinenfeld» (U. Horstmann 1985, S. 59). Alle Iche, so lautet die nihilistische Botschaft, sind es nicht mehr wert zu leben. Horstmann fordert die Endlösung für das Ich. Es geht darum: «daß wir ein Ende machen müssen mit uns und unseres Gleichen, sobald und so gründlich wie möglich – ohne Pardon, ohne Skrupel und ohne Überlebende» (U. Horstmann 1985, S. 7).

Rettung des Ich

Gegen den technologischen und ideologischen Nihilismus der Moderne, der das Ich liquidieren will, hat Nietzsche den «Übermenschen», Ernst Bloch das «Prinzip Hoffnung», Martin Heidegger das «Andenken an das Sein» aufgeboten. Das Ich kann sich aber für seine Rettung nur auf sich selbst besinnen, auf das «Prinzip Selbst-Sein». Das Ich realisiert dieses Prinzip, indem es an einer praktischen Philosophie der Ichbehauptung arbeitet. Diese Ichphilosophie orientiert sich an folgenden Zielen: Jeder kann sich im Tagebuch zum Selbstdenken anregen. Jeder wird sein eigener Philosoph. Jeder benutzt in seinem Tagebuch die Denk- und Schreibmethoden der großen Philosophen, um den Grund zu erhellen, aus dem es sich für das Ich zu leben lohnt. Das Ich vergeistigt sich. Es vermindert seine materielle Abhängigkeit von seiner zerstörten Umwelt. Die eigene Philosophie des Ich negiert die Zerstörung des Ich durch Zynismus und Nihilismus. Die je eigene Philosophie, im Tagebuch erarbeitet, wird öffentlich in philosophischen Cafés. Dort wird die eigene Philosophie der Ausgangspunkt, um mit allen anderen Ichen in die Auseinandersetzung um das Eine zu treten, das alle umfaßt und die Iche ins Leben gerufen hat. Die Rettung des Ich ist heute ohne philosophisches Tagebuch schwer denkbar.

Philosophieren im Tagebuch

Wer philosophierend Tagebuch schreibt, spaltet sein Ich. Es tritt als lehrendes Ich seinem betroffenen Ich gegenüber. Sein lehrendes Ich ruft sein anderes Ich auf, zu geistigen Ordnungen und Übungen. Das philosophische Tagebuchschreiben hat Ähnlichkeit mit dem sokratischen Denkverfahren. Durch Selbstanalyse und Selbstsynthese will sich das pilosophierende Ich in seiner Entwicklung stützen und stärken. Daneben will das Tagebuch-Ich sein Ich überwinden und das Absolute jenseits des Ich auf dem Grunde seiner Seele erfassen.

Für beide Intentionen des philosophischen Tagebuchschreibens wollen wir nun im folgenden einige Beispiele vorstellen:

Das philosophische Tagebuch folgt der antiken Maxime: «Erkenne dich selbst.» Das philosophische Tagebuch des Ich erhielt durch verschiedene Philosophen grundsätzliche Anregungen. Michel de Montaigne (1533–1592), der neun Jahre eine Selbstanalyse vollzog, schrieb: «Ich wende meinen Blick nach innen ... Jedermann schaut von sich weg, ich schaue in mich hinein; ich habe nur mit mir selbst zu tun ... Ich kreise in mir selbst» (M. de Montaigne 1953, S. 537). Montaigne stellte fest: «Ich studiere mich mehr als irgendeinen Gegenstand. Das ist meine Metaphysik, das ist meine Physik» (M. de Montaigne

1953, S. 852). Das Resultat seiner Ich-Forschung lautet: Das Ich ist sprunghaft und von wechselnden Stimmungen geprägt. Es läßt sich nicht fassen. «Ich kann meinen Gegenstand nicht fassen. Er geht taumelnd und wankend in natürlicher Trunkenheit einher» (M. de Montaigne 1953, S. 623).

René Descartes' «Meditationen» (1638) wurden zu einem weiteren Vorbild für philosophische Tagebücher, weil sie die Einheit von eigenen Gedanken und eigener Biographie mit dem Ziel der Ergründung der eigenen Existenz anstrebten. Descartes zeigt einen Weg, wie man im Ausgang vom «Ich denke, also bin ich» den Gegensatz von Lebenswelt und objektiven Gedanken überwindet.

Der irische Philosoph George Berkeley (1685–1753) setzt in seinem Tagebuch das Ich mit dem Willen gleich und schlägt folgendes Experiment vor: «Verfolge ein Kind im Mutterleib, achte auf die Kette und Abfolge seiner Vorstellungen, beobachte, wie Wollen in den Geist kommt! Das kann Dich vielleicht mit Deiner Natur vertraut machen» (G. Berkely 1979, S. 84).

Großen Einfluß auf die philosophischen Tagebücher hatten auch J. J. Rousseaus «Bekenntnisse» (geschrieben 1781–88), die die innere Biographie des Autors rückhaltlos schildern. Rousseau beginnt seine Bekenntnisse mit den Sätzen: «Ich beginne ein Unternehmen, das ohne Beispiel ist und das niemand nachahmen wird. Ich will meinesgleichen einen Menschen in der ganzen Naturwahrheit zeigen, und dieser Mensch werde ich sein. Ich allein» (J. J. Rousseau 1961, S. 7).

Weiteren Einfluß auf philosophische Tagebücher gewann unter der Prämisse des «principium individuationis» Arthur Schopenhauer, der «die Welt als Hölle, die Angst, die Langeweile, das Selbst und das Du entdeckte und zum Gegenstand des Philosophierens machte» (G. R. Hocke 1978, S. 374).

Franz von Baader begreift 1786 sein Tagebuch als Selbstanalyse: «Der große Gedanke – mein ganzes inneres Leben in meinem Tagebuch dermaleinst zusammen aufgezeichnet zu sehen – füllt meinen ganzen Geist» (F. v. Baader 1928, S. 15 f.).

Auch Maine de Biran (1766–1824) gibt in seinem philosophischen Tagebuch eine Analyse seines Ich: «Wenn ich feststelle, wer ich bin, stoße ich darauf, was ‹Ich› eigentlich heißen kann. Ich – das ist keine Sache, keine res, sondern eben jenes Erleben, auf das das Erscheinen von Sachen, äußeren Gegenständen sowohl als inneren Gegenständen zurückgeht» (M. de Biran 1977, S. 39). Birans Grundformel des Ich lautet: «Ich will, ich handle, also bin ich.» Auf die Frage: «Was ist das Ich?», antwortet Biran: «Man muß sich auf den innersten Gesichtspunkt des Bewußtseins stellen; nach so vollendeter Einheit, die über alle Erscheinungen in unveränderlicher Haltung urteilt, nimmt man dieses Ich wahr: man fragt nicht mehr, was es ist» (M. de Biran 1977, S. 133).

Einen neuen Aufschwung nahm das philosophische Tagebuch unter existentialistischen Vorzeichen während und nach dem Zweiten Weltkrieg. Die Fragilität des Ich wurde nun entdeckt. Albert Camus (1913–1960) erkennt, daß das Ich sich in einer absurden Welt vorfindet: «Fremd, zugegeben, daß mir alles fremd ist» (A. Camus 1995, S. 103). Sein Ich möchte sich von allem lösen: «Sich von allem lösen. In Ermangelung der Wüste. Die Pest oder Tolstojs kleine Bahnstation» (A. Camus 1995, S. 130). Das Ich sieht sich von der Welt zurückgestoßen: «Nicht ich verzichte auf die Menschen ... Die Menschen verzichten auf mich» (A. Camus 1995, S. 153). Das Ich erlebt sich in vollkommener Einsamkeit: «Die vollkommene Einsamkeit. In der Bedürfnisanstalt eines großen Bahnhofs um ein Uhr morgens» (A. Camus 1995, S. 240). Das Ich erlebt seine permanente Wertlosigkeit. «Die erhabenen Seelen interessieren mich – und nur sie allein. Aber ich selber bin keine erhabene Seele» (A. Camus 1995, S. 270). «Ich mache mir tagelang die häßlichsten Vorstellungen von mir» (A. Camus 1993, S. 32). Das Ich lebt in der Hölle. «Die Hölle ist hier, sie muß gelebt werden» (A. Camus 1993, S. 71).

J. P. Sartre (1905–1980) entdeckte das Ich als Ungeziefer: «Der Pestkranke des Dorfes bin ich. Ich müßte Glöckchen tragen. Ich habe den Eindruck, ein gemeines Ungeziefer zu sein» (J. P. Sartre 1996, S. 102). Das Ich ist absolut unbedeutend: «Ich bin kein Großer dieser Welt, und ich verkehre nicht mit den Großen dieser Welt» (J. P. Sartre 1996, S. 265). Das Ich überblickt das ganze Leben überhaupt nicht: «Dunkel spürte ich, daß man sein Leben nicht überblicken kann, solange man es lebt» (J. P. Sartre 1996, S. 265). Aber das Ich ist total frei: «Man ist total verantwortlich für sein Leben» (J. P. Sartre 1996, S. 289). «Wenn ich aber anerkenne, daß ich keine Entschuldigung habe, dann wird meine Freiheit meine eigene, und ich nehme für immer diese schreckliche Verantwortung an» (J. P. Sartre 1996, S. 313). Das Ich ist fundamental einsam. «Ich genüge mir selbst in der nicht endenden Einsamkeit des Für-Sich» (J. P. Sartre 1996, 473). Das Ich ist «das monströse Produkt des Kapitalismus, des Parlamentarismus, der Zentralisierung und des Beamtentums» (J. P. Sartre 1996, S. 523).

Das philosophische Tagebuch versucht aber nicht, wie in den eben genannten Beispielen beim Ich stehenzubleiben. Es erforscht die Beziehung des Ich zur Welt, zum Zeitgeschehen und zur Transzendenz.

Blaise Pascal (1623–1662) hat in seinem Tagebuch die Kleinheit des Ich erkannt, aber auch seine Größe. «Durch die Ausdehnung umgreift mich das

Weltall und verschlingt mich wie ein Punkt, durch den Gedanken umgreife ich es» (Blaise Pascal o.J., S 60). «Das Ich ist nur ein Schilfrohr, das schwächste der Natur, aber es ist ein denkendes Schilfrohr (B. Pascal o.J., S. 61). «Das Ich kann sehr wohl erkennen, daß es einen Gott gibt, ohne zu wissen, was er ist» (B. Pascal o.J., S. 40). Damit überwindet Pascal die narzißtische Ich-Fixierung, und er öffnet sein Denken dem Andenken an das große Nicht-Ich, dem Universum. Aus der Erfahrung des Universums Gottes entwickelt Pascal dann eine entschiedene Ichverachtung.

Auch Novalis' Tagebücher beschwören das Nicht-Ich. Ich ist mehr als Ich. «Ich bin Du» (Novalis 1957, Bd. II., S. 76). Wenn das Ich erkennt, daß das Nicht-Ich ein Du ist, kann es sich sogar dem größeren Du öffnen. «Wir sind gar nicht Ich... Wir sind Keime zum Ich-Werden. Wir sollen alles in ein Du... verwandeln – nur dadurch erheben wir uns selbst zum großen Ich – das Eins und Alles zugleich ist» (Novalis 1957, Bd. II., S. 454).

S. Kierkegaard (1813–1855) treibt in seinen Tagebüchern die Überwindung des Ichkultes weiter. Das Ich kann die Transzendenz des Ich nicht begreifen, aber durch den Glauben erfassen: «Immanent (im phantastischen Medium der Abstraktion) ist Gott nicht da... Nur für einen Existierenden ist Gott da...» (S. Kierkegaard 1923, Bd. I., S. 284).

Theodor Haecker schreibt in seinen «Tag- und Nachtbüchern» im Zweiten Weltkrieg während der Angst der Bombennächte: «Wenn die Schwierigkeiten zu groß werden, stürze ich mich in die Unbegreiflichkeit Gottes» (T. Haecker 1947, S. 98). Haecker überwindet die Isolation des Ich mit den Worten: «Mein Partner ist das große Du» (T. Haecker 1947, S. 300).

Mircea Eliade, der Religionsphilosoph, notiert in seinem Tagebuch den Vorlauf vor der Geburt als Methode der Ich-Überwindung. Der Philosoph «tendiert von Zeit zu Zeit zum Archetyp, zu den reinen Zuständen. Daher die Neigung zum ersten Augenblick zurückzukehren, das zu wiederholen, was am Beginn gewesen ist» (M. Eliade 1973, S. 18).

Eine introspektive Technik der Ichüberwindung hat auch der Tiefenphilosoph C.G. Jung (1875–1966) während seiner «psychotischen Nachtmeerfahrt» praktiziert. Er konzentrierte sich mit Hilfe der Methoden der aktiven Imagination mit den archetypischen Gestalten des kollektiven Unbewußten. Über diese Erfahrungen mit seinem Schatten, mit seiner Anima, entwickelte er in seinem «Blauen Buch» und in seinem «Roten Buch» tagebuchartige Dialoge.

Das philosophische Tagebuch zeigt in seiner hier nur punktuell angesprochenen Geschichte einen großen Reichtum der Ich-, Welt- und Transzendenzerforschung und -erfahrung. In den folgenden Kapiteln soll deshalb ein Kurs im philosophischen Tagebuchschreiben vorgestellt werden.

In Tagesportionen kann der Kursabsolvent und die Kursabsolventin gegen die Gefährdung ihres Ich anschreiben. Jeden Tag wird die/der Schreibende so für ihr oder sein Ich ein wenig Kraft zurückgewinnen, die heute so stark verdunkelt wird. Jeden Tag baut er oder sie an ihrer oder seiner «inneren Burg», die auch einen Turm zum Ausblick ins «Jenseits» hat. Jeder Tagebuchschreiber wird so seinen eigenen Beitrag zur Abwehr des Nihilismus und zur Liquidierung des Ich entwickeln.

4.2 Ich-Analyse

Das Tagebuch von heute an festhalten!
Regelmäßig schreiben!
Sich nicht aufgeben!
Wenn keine Erlösung kommt,
so will ich jeden Augenblick
ihrer würdig sein.

Franz Kafka

Ich danke Dir, Tagebuch!
Meine Erregung hat sich gelegt.
Ich bin wieder ruhig und menschenfreundlich.

Henri-Frédéric Amiel

Am Beginn des philosophischen Tagebuchschreibens der Moderne steht die Ich-Analyse. J. C. Lavater schrieb in seinem geheimen Tagebuch von 1770: «Über mich selber nachzudenken ist Leben des Lebens» (J. C. Lavater 1771, S. 56). Der Tagebuchschreiber der Moderne sucht «mit seinem persönlichen, seelischen und geistigen Eigentum Ewigkeit zumal gegen den wachsenden Andrang der Vermassung und Technisierung des Industriezeitalters» (G. R. Hocke 1978, S. 77). Dabei greift der Tagebuchschreiber bei seiner Ich-Analyse auf Methoden zurück, die lange vor der Moderne entwickelt worden sind. Deshalb werden wir in diesem Kapitel acht Methoden der Ich-Analyse von der Antike bis zur Gegenwart erproben können. Wir werden mit der Selbstprüfung beginnen und dann das Selbstgespräch, die Selbsterweckung durch Lesen, Formen der philosophischen Selbsthilfe, Methoden der Selbstbeherrschung, die kathartische Selbstbefreiung sowie die Techniken der Selbsterforschung des biographischen Unbewußten und des kollektiven Unbewußten vorstellen.

Selbstprüfung

Die Selbstprüfung wurde zur philosophischen Praxis durch den Spruch am antiken Apollontempel in Delphi: «Erkenne dich selbst». Selbstprüfung als Selbsterkenntnis sicht sich der Schwierigkeit gegenüber, daß das Ich als Subjekt des Erkennens zugleich Objekt des Erkennens werden soll. Dieser Schwierigkeit kann das Ich begegnen, indem es Teile von sich als Objekte der Selbsterkenntnis sich gegenüberstellt: z. B. die moralischen Qualitäten des Ich, die Macht der Emotionen über das Ich, die Flüchtigkeit des Ich, die Eigenheiten des Ich, das dem Ich gegenüber Unbewußte, die Selbsttäuschung des Ich, die Handlungsspuren des Ich, die Fehlleistung und Träume des Ich sowie die Differenz von Ich und Existenz.

Die Selbstprüfung steht weiter vor dem Problem, daß das Ich sich selbst schafft, um bei der Reflexion seiner selbst dann festzustellen, daß es sich nicht selbst geschaffen hat. Das Ich ist in seinem aktiven Verhalten zu sich selbst immer nur die Möglichkeit der Ich-Verwirklichung. Deshalb gibt es für das Ich keinen fixierbaren Gegenstand, sondern immer nur die erfahrbare Gewißheit, in diesem Handeln erfahre ich, daß ich selbst bin. Aber gerade das Handeln kann zum Gegenstand intensiver reflektierender Selbstkritik werden. So kann Selbstprüfung zur Verzweiflung führen, weil das aktuelle Urteil über das Ich für endgültig gehalten wird, obwohl es doch nur ein zeitliches Urteil für den Augenblick sein kann. Aus der Verzweiflung befreit die Erfahrung von anderen Menschen, deren Ich ausdrückt, was sie sind. Diese Menschen verbreiten den Eindruck, sie erzwingen sich nicht selbst, sondern verwirklichen sich selbst. Soweit ein Ich sich selbst ausbleibt und Bodenlosigkeit erlebt, ist der Freund, der nicht zweifelt, der einzige Halt. Der Freund oder die Freundin steht dem reflektierenden Ich bei, auch wenn das Ich sich selbst schon verloren gibt. Keinem Ich werden jemals seine Möglichkeit zu leben erlöschen, auch wenn das Ich diese Möglichkeiten selbst nicht mehr erkennt. Die Möglichkeiten des Ich werden faktisch, wenn das Ich nicht reflektiert, sondern existiert. Die Zweifel des Ich an seinem Dasein lösen sich durch den Denkakt des Zweifelns selbst auf. Im Zweifel am Ich wird dem Ich deutlich, daß es zweifelt, also denkt, also ist. Wenn diese Unbezweifelbarkeit des Zweifels mit vitalem Lebensgefühl begleitet wird, verschwindet der Zweifel am Dasein des Ich von selbst.

Aus der Geschichte der philosophischen Selbstprüfungen und Selbstreflexionen entsteht ein Bild von der Entwicklung der Selbsterkenntnis. Wenn man die Geschichte dieser Methoden der Selbsterkenntnis sich praktisch aneignet, werden die Schwierigkeiten der Selbsterkenntnis geringer. Auch mit den Gefahren der Selbsterkenntnis: der Selbstüber- oder -unterschätzung, kommt man nun besser zurecht. Erfährt man doch aus der Geschichte der Selbsterkenntnis, daß diese auch ein Stück «Höllenfahrt» werden kann, ehe sie zum stabilen Selbstbewußtsein verhilft.

Fangen wir also nun mit unseren Übungen zur Selbstprüfung an:

1. TAG

Die Stimme des Gewissens

Sokrates weist in seiner Verteidigungsrede vor dem Athener Gericht, das ihn dann zum Tode verurteilt, darauf hin, daß er sich in allen kritischen Lebenssituationen mit einer inneren Stimme beraten hätte. Diese innere Stimme hätte ihm immer geholfen, das Richtige zu tun. Sicher kennen auch Sie die Stimme des Gewissens, das zweite Ich, das andere Ich, das sich oft in ihrem Selbstbewußtsein zu Wort meldet. Damit der Kontakt zu dieser inneren Kraft sich verbessert, sollten Sie ihr einen Namen geben. Sie sollten mit ihr so oft sprechen, wie es nötig ist. Sie sollten diese Gespräche schriftlich führen und festhalten.

✏ *Aufgabe:* Beginnen Sie einen schriftlichen Dialog mit Ihrer inneren Stimme jetzt!

2. TAG

Erkenne dich selbst

Dieser Spruch stand an dem Apollontempel in Delphi und hieß in ganzer Länge: «Erkenne dich selbst, daß du kein Gott bist, sondern ein Sterblicher in seiner Sterblichkeit.»

Viele Philosophen der Antike und der Neuzeit haben Methoden der Selbsterkenntnis erarbeitet, mit denen Sie sich in den nächsten Tagen beschäftigen sollten. Nach *Aristoteles* sollte die Selbsterkenntnis helfen, die Selbstüberschätzung und Selbstunterschätzung zu vermeiden.

✏ *Aufgabe:* Schreiben Sie auf, in welchen Situationen Sie zur Selbstüberschätzung und in welchen Situationen Sie zur Selbstunterschätzung neigen.

Seneca meint, die Selbsterkenntnis führe zur Einsicht in die Schwäche der von Emotionen beherrschten Seele. Die Selbsterkenntnis steigere die

Ruhe des Gemüts durch Förderung der richtigen Einschätzung der eigenen Kräfte. «Die Seele soll man täglich anrufen», schreibt Seneca, «daß sie Rechenschaft ablege. Man soll jeden Abend seine Seele fragen, welch Böses in Dir hast Du heute geheilt? Welchen Verkehrungen hast Du heute widerstanden? Um wieviel bist Du heute besser?»

✎ *Aufgabe:* Stellen Sie sich nun diese Fragen und beantworten Sie sie.

Ein wesentlicher Teil der Selbstprüfung war die Selbstkritik bei unrechten und die Selbstbelobigung bei rechten Handlungen.

✎ *Aufgabe:* Schreiben Sie einige Sätze der Selbstkritik zu Ihren unrechten und einige Sätze der Selbstbelobigung zu Ihren rechten Handlungen auf.

Plotin teilt die Selbsterkenntnis in drei Stufen:

Erste Stufe: Der Mensch erkennt, daß er nicht mit seinem Körper und seinen äußeren Gütern identisch, sondern daß er seine Seele ist.

Zweite Stufe: Der Mensch kann zwischen sich als innerem und äußerem Menschen unterscheiden.

Dritte Stufe: Der Mensch erkennt das unsterblich Seelische und das vergänglich Körperliche an sich.

✎ *Aufgabe:* Versuchen Sie diese drei Stufen schriftlich zu vollziehen. Beschreiben Sie erst, was Ihr Körper und Ihre äußeren Güter sind, und dann, was Ihre Seele ist. Stellen Sie sich dann als äußeren und als inneren Menschen dar. Beschreiben Sie dann, was an Ihnen vergänglich und was unsterblich sein sollte.

3. TAG

Selbstbeobachtung

Bei *Michel de Montaigne* (1533–1592) vollzieht sich Selbsterkenntnis im Geist der Neuzeit nur auf dem Wege empirischer Selbstbeobachtung und Selbstanalyse des individuellen Lebens. Über seine neunjährige Selbstanalyse, die er nach seinem Rückzug aus der Politik begann, schreibt er: «Die anderen gehen immer anderswohin… Ich kreise in mir selbst» (M. de Montaigne 1953, S. 537). Das Ergebnis einer Selbstanalyse war die Erkenntnis der permanenten Veränderung seines Ich im Laufe von Tagen und Wochen. «Ich heute und Ich einst, das sind zweierlei Menschen: aber welcher der bessere, wüßte ich nicht zu sagen… So aber bin ich, der torkelnde, schwindlige, unstetige Gang eines Betrunkenen, oder ich gleiche einer Binse, die der Wind hin und her weht, wie er will» (M. de Montaigne 1953, S. 759). Das Ich als ständig sich veränderndes Wesen kann Montaigne nicht fassen. Montaigne befreit sich aber durch seine Selbstreflexion von jedem Anspruch der Mustergültigkeit seines Ich. Die Selbstanalyse des Ich erweist sich als unergründlich und unerschöpflich: «Jeder Tag bringt einen neuen Einfall. Unsere Stimmungen verändern sich, wie die Zeit sich bewegt» (M. de Montaigne 1996, S. 159).

✏ *Aufgabe:* Versuchen Sie die Entwicklung Ihres Ich zu fixieren. Schreiben Sie die Entwicklung Ihrer Gedanken und Gefühle in Form eines Tageslaufprotokolls am Ende dieses Tages einmal auf. Das Tageslaufprotokoll sollte folgende Spalten haben:

Spalte 1: Stundenangaben,
Spalte 2: Fakten,
Spalte 3: Gedanken,
Spalte 4: Gefühle.

Sie können auch an mehreren Tagen solche Tageslaufprotokolle anlegen. Wenn Sie diese Protokolle miteinander vergleichen, werden Sie sehr schön den «torkelnden Gang» Ihres Ich erkennen.

4. TAG

Moralische Selbstprüfung

Immanuel Kant (1724–1804) spricht von der Höllenfahrt der Selbsterkenntnis: «Dieses ist, erforsche, ergründe Dich selbst ... nach der moralischen Vollkommenheit, in bezug auf Deine Pflicht – Dein Herz, ob es gut oder böse sei, ob die Quelle Deiner Handlungen lauter oder unlauter und was ... ihm selbst zugerechnet werden kann und zum moralischen Zustand gehören mag ... Die moralische Selbsterkenntnis ... ist aller menschlicher Weisheit Anfang ... Nur die Höllenfahrt der Selbsterkenntnis bahnt den Weg zur Vergötterung» (I. Kant 1962, Bd. 4, S. 576). Kant warnt vor der Fehlentwicklung der Selbsterkenntnis, die er als schwärmerische Verachtung oder als eigenliebige Selbstschätzung bezeichnet.

✏ *Aufgabe:* Versuchen Sie mal eine moralische Bilanz Ihres heutigen Tages in bezug auf folgende Gesichtspunkte:

Gelungene oder gescheiterte Pflichterfüllung,
Lauterkeit oder Unlauterkeit der Handlungen,
eigene oder von den Verhältnissen bestimmte Taten.

5. TAG

Lob der Ich-Erkenntnis

Der Kantianer *J. G. Fichte* sagte 1802: «Das Ich ist alles.» J. G. Fichte schließt sein Werk «Die Bestimmung des Menschen» mit der Lobeshymne auf das Ich: «So lebe und so bin ich, und so bin ich unveränderlich, fest und vollendet für alle Ewigkeit, denn dieses Sein ist kein von außen angenommenes, es ist mein eigenes, einiges wahres Sein und Wesen» (J. G. Fichte 1962, S. 192). Dem widersprach 1844 Max Stirner: «Fichte spricht vom absoluten Ich. Ich aber spreche von Mir, dem vergänglichen Ich» (M. Stirner 1979, S. 199). Dem vergänglichen Ich ist Stirner auf der Spur, unter der Frage, was denn dem Ich gehört. Dem Ich gehört, so Stirner, worüber es Macht hat. Worüber man keine Macht hat, das gehört nicht zum Ich. «Mein eigen bin Ich jederzeit und unter allen Umständen, wenn ich mich zu haben verstehe und nicht an andere wegwerfe» (M. Stirner 1979, S. 173).

✏ *Aufgabe:* Beschreiben Sie den Besitz Ihres Ich, den Sie nicht mit anderen teilen.

Richtig entwickelt sich die Ich-Analyse, wenn Sie die Eigenheiten Ihres Ich, seine Freiheiten von allen Fesseln, außer der Selbsterhaltung enthüllen. «Suchet nicht die Freiheit ... in der Selbstverleugnung, sondern suchet Euch selbst, werdet Egoisten, werdet jeder von Euch ein allmächtiges Ich» (M. Stirner 1979, S. 181).

✏ *Aufgabe:* Beschreiben Sie sich mal als extremen Egoisten, als sterblichen Einzigen, vielleicht kommen Sie mit dieser Beschreibung Ihrem Ich näher.

Der Egoist ist aber kein isolierter Einzelner. In der Gesellschaft strebt das Ich danach, sich «im Verein der Einzigen» zu verwirklichen. «Als Einziger kannst Du Dich bloß im Verein behaupten, weil der Verein nicht Dich besitzt, sondern Du ihn besitzt oder Dir zu Nutzen machst» (M. Stirner 1979, S. 349).

✏ *Aufgabe:* Beschreiben Sie einmal den «Verein», in dem Sie als Einziger im Alltag leben.

6. TAG

Grenzen der Selbstanalyse

Arthur Schopenhauer (1788–1860) hat die Grenzen der Selbstanalyse herausgearbeitet, auf die schon Aristoteles und Kant hingewiesen haben. Schopenhauer stellte fest, daß Selbstverkennen, Selbstbetrug und Eigenliebe dazu führen, daß wir über die Motive unseres Tuns zumeist im Irrglauben sind, sie oft nicht einmal mutmaßen und erst später über sie im Spiegel unserer Taten belehrt werden.

Aufgabe: Schreiben Sie mal auf, wie stark Ihr Selbstverkennen, Ihr Selbstbetrug und Ihre Eigenliebe Ihre Selbsterkenntnis verzerren können oder auch verhindern. Fragen Sie vielleicht auch einen guten Freund oder eine Freundin, welche Grenzen Ihre Selbstanalyse haben könnte.

Schopenhauers Kritik geht aber noch weiter: «An uns selbst und unabhängig von den Objekten des Wollens und Erkennens können wir uns nicht bewußt werden» (A. Schopenhauer 1977, Bd. I/2, S. 351). Sobald wir in Ansehung unseres Wollens «in uns gehen, und uns, in dem wir das Erkennen nach innen richten, einmal uns völlig besinnen wollen, so verlieren wir uns in eine bodenlose Leere ... und wenn wir uns selbst ergreifen wollen, erhaschen wir mit Schaudern, nichts, als ein bestandloses Gespenst» (A. Schopenhauer 1977, Bd. I/2, S. 351). Den Anfang der Selbsterkenntnis kann der Mensch nur machen, wenn er erkennt, was er will, «was also für sein Glück das Wesentlichste ist, sodann was die zweite und dritte Stelle nach diesem in seinem Leben als Wert einnimmt, wie auch, daß er erkenne, welches im Ganzen sein Beruf, seine Rolle und sein Verhältnis zur Welt ist» (A. Schopenhauer 1977, Bd. I/2, S. 451).

Aufgabe: Legen Sie eine Liste der Interessen Ihres Willens an. Beschreiben Sie den höchsten Wert Ihres Willens. Beschreiben Sie dann, was Ihr eigentlicher Beruf, Ihre Rolle und Ihr Verhältnis zur Welt ist.

7. TAG

Selbstanalyse ist Täuschung

Friedrich Nietzsche (1844–1900) radikalisierte die Skepsis einer Möglichkeit der Selbsterkenntnis. «Wir sind uns unbekannt, wir Erkennenden, wir uns selbst: das hat seinen guten Grund. Wir haben nie nach uns gesucht – wie sollte es geschehen, daß wir eines Tages uns finden ... wir bleiben uns eben notwendig fremd, wir verstehen uns nicht, wir müssen uns verwechseln, für uns heißt der Satz in alle Ewigkeit: ‹Jeder ist sich selbst der Fernste› – für uns sind wir keine Erkennenden» (F. Nietzsche 1960, Bd. II, S. 763).

✎ *Aufgabe:* Für Nietzsche kann der Mensch sich nicht erkennen, weil er nicht will. Schreiben Sie mal die Gründe auf, warum Sie sich nicht erkennen wollen.

8. TAG

Nietzsches Selbstanalyse

Kurz vor Ausbruch seines Wahnsinns im Januar 1890 schreibt Friedrich Nietzsche den «Ecce homo». In ihm versucht er – trotz aller Vorbehalte – nun doch eine eigene Selbstanalyse. Er will erforschen, wer er ist. Seine Methode der Selbsterforschung beschreibt er am 15. Oktober 1889 mit folgenden Worten: «An diesem vollkommenen Tag, wo alles reift und nicht nur die Traube braun wird, fiel mir eben ein Sonnenblick auf mein Leben: Ich sah rückwärts, ich sah hinaus, ich sah nie so viele und so gute Dinge auf einmal ... und so erzähle ich mir mein Leben» (F. Nietzsche 1960, Bd. II, S. 1069). Am 6. November 1889, nach drei Wochen, ist seine autobiographische Selbstanalyse fertig. Sie hat zwei prinzipielle Seiten: «Das eine bin ich, das andere sind meine Schriften» (F. Nietzsche 1960, Bd. II, S. 1099).

✎ *Aufgabe:* Beschreiben Sie auch mal Ihre beiden Seiten, das, was Sie sind, und das, was Ihre bisherigen Schriften sind.

Die Selbstanalyse des «Ecce homo» schreibt gegen den ausbrechenden Wahnsinn an. So fallen bei Nietzsche die Urteile über sich selbst wie über seine Schriften ziemlich maßlos aus. Nietzsche selbst sagt über sich.: «Ich bin bei weitem der furchtbarste Mensch, den es bisher gegeben hat ... Ich bin der erste Immoralist: damit bin ich der Vernichter par excellence» (F. Nietzsche 1960, Bd. II, S. 1153). Über sein Hauptwerk sagt er, daß man vielleicht «Lehrstühle zur Interpretation des Zarathustra errichten wird» (F. Nietzsche 1960, Bd. II, S. 1099). Das Scheitern von Nietzsches Selbstanalyse zeigt einmal mehr ihre Schwierigkeit.

✎ *Aufgabe:* Listen Sie jetzt einmal die Schwierigkeiten auf, die Ihnen Ihre Selbstprüfung macht.

9. TAG

Selbstbiographie

Ohne die Paralyse, an der Nietzsche litt, wäre seine biographische Selbstanalyse nicht in krassen Fehlurteilen geendet. Der Philosoph *Wilhelm Dilthey* (1833–1911) hat die Chance der Selbstbiographie als Mittel der Selbsterkenntnis viel optimistischer als Nietzsche eingeschätzt: «Die Selbstbiographie ist die höchste und am meisten instruktive Form, in welcher uns das Verstehen des Lebens entgegentritt... Die Selbstbiographie ist nur die zu schriftstellerischem Ausdruck gebrachte Selbstbesinnung des Menschen über seinen Lebenslauf» (W. Dilthey 1974, S. 246f.). In der Selbstbiographie «faßt das Selbst seinen Lebenslauf so auf, daß es die menschlichen Substrate, geschichtlichen Beziehungen, in die es verwebt ist, sich zum Bewußtsein bringt» (W. Dilthey 1974, S. 251).
✏ *Aufgabe:* Schreiben Sie einen kurzen Lebenslauf, der Ihr Leben in die geschichtlichen Beziehungen einordnet, in denen Ihr Leben verlief.

10. TAG

Sigmund Freuds Selbstanalyse

Mit Sigmund Freuds Selbstanalyse der Jahre 1895–98, deren Ergebnisse er in seinem Hauptwerk «Die Traumdeutung» 1900 publizierte, erreicht die philosophische Selbsterkenntnis ihr wissenschaftliches Stadium. Freud fängt bei der Selbstanalyse mit der Erforschung des Unbewußten an. Er erkennt nämlich, daß das Ich keineswegs autonom, sondern vom Gewissen (dem Über-Ich) und den Trieben (dem Es) abhängig ist. Selbsterkenntnis soll nun dazu verhelfen: Da, wo bisher Es ist, soll Ich werden.
✏ *Aufgabe:* Listen Sie einmal auf, welche Kenntnisse Sie schon von Ihrem Über-Ich und von Ihrem Es haben.

Freud geht damit über eine Selbsterkenntnis des Bewußtseins aus sich selbst, das bisher die Philosophie bei der Selbsterkenntnis bestimmt hatte, hinaus. Zu den Quellen des Unbewußten gehören Träume, freie Assoziationen, spontane Mitteilungen, Fehlleistungen, Phantasien, die auf andere Menschen projiziert werden können. «Unser Weg, das geschwächte Ich zu stärken, geht von der Erweiterung seiner Selbsterkenntnis aus. Wir wissen, das ist nicht alles, aber es ist der erste Schritt. Der Verlust solcher Kenntnis bedeutet für das Ich Einbuße an Macht und Einfluß, er ist das nächste greifbare Anzeichen dafür, daß es von den Anforderungen des Es und des Über-Ich eingeengt und behindert ist» (S. Freud 1972, Bd. XVII, S 103).

✏ *Aufgabe:* Schreiben Sie Ihren Namen und dann ganz schnell zehn Worte, die Ihnen zu Ihrem Namen einfallen. Schreiben Sie dann einen Kommentar zu den eingefallenen Worten. Schreiben Sie dann drei Ihrer Schlüsselträume auf und versuchen Sie, sie dadurch zu deuten, daß Sie nach den gleichen Motiven in allen drei Träumen suchen.

11. TAG

C.G. Jungs «Nachtmeerfahrt»

Als der Schweizer Tiefenphilosoph C. G. Jung (1875–1961) sich von seinem Lehrer Sigmund Freud trennte, geriet er in eine tiefe seelische Krise. Jungs Krise begann 1913 mit Weltuntergangsvisionen. Jung hatte Träume, in denen er sich selbst ermordete. Um mit diesen Einbrüchen des Unbewußten fertig zu werden, begann er alle Träume und Visionen aufzuschreiben. Er entwikkelte dabei die Methode der aktiven Imagination. Diese Methode arbeitet folgendermaßen: Man schließt die Augen, entspannt sich und stellt sich eine Wiese vor. Dann läßt man seinen Phantasien freien Lauf. Bald werden sich Personen einstellen. Mit diesen Personen führt man lange Phantasiegespräche, die man dann aufschreiben kann (vgl. C. G. Jung 1963, S. 184). Aus den Personen, denen C. G. Jung in aktiver Imagination begegnete, mit Namen wie Philemon oder Ka, entstand später C. G. Jungs Tiefenphilosophie der Archetypen. Durch seine Selbstanalyse überwand C. G. Jung nach vier Jahren seine Krise. Über die Erfahrungen mit seiner vierjährigen «Nachtmeerfahrt» handelt dann aber sein gesamtes Werk.

✏ *Aufgabe:* Versuchen Sie einmal eine kleine aktive Imagination. Schließen Sie die Augen. Stellen Sie sich eine Wiese vor. Gehen Sie ein Stück auf dieser Wiese. Achten Sie auf eine Person, die Ihnen dort begegnet. Reden Sie kurz mit dieser Person. Nehmen Sie dann Ihre leichte Trance zurück. Schreiben Sie Ihre Begegnung auf und geben Sie eine Deutung Ihrer Erlebnisse, bezogen auf Ihre gegenwärtige Lebenssituation.

12. TAG

Karl Jaspers Existenzerhellung

Karl Jaspers (1883–1969), der deutsche Begründer der Existenzphilosophie, hat in seinem Werk «Existenzerhellung» eine moderne Methode der Selbstprüfung vorgestellt. «Erkenne Dich selbst, ist nicht Forderung, in einem Spiegel zu wissen, was ich bin, sondern auf mich zu wirken, daß ich werde, wer ich bin. Ich prüfe in der Selbstreflexion, von den Dingen der Welt mich zu mir zurückwendend, mein Tun, meine Motive und Gefühle, nach dem Maßstab, ob ich sie selbst bin und sein will» (Karl Jaspers 1956, Bd. II, S. 37).

✏ *Aufgabe:* Prüfen Sie schriftlich, ob Sie mit Ihrem Tun, Ihren Motiven und Ihren Gefühlen einverstanden sind.

Karl Jaspers bestimmt weiter: Die Selbstreflexion stößt auf zwei Grenzen. Sie stößt auf die Triebe: «Das undurchdringliche Dunkel der empirischen Gegebenheit des inkommunikablen triebhaften Eigenwillens, der jeweils kräftiger oder schwächer sein kann» (Karl Jaspers 1956, S. 41). Daneben erkennt Selbstreflexion aber eine andere Dimension: «Die mögliche Existenz des Selbst, das im Medium der Verstehbarkeit sich zur Erscheinung kommt» (Karl Jaspers 1956, S. 41). Selbstreflexion enthüllt nämlich, daß das Ich eine empirische Erscheinung in der Welt ist und zugleich etwas ist, was unbedingt und entschieden das sein will, was es für alle Ewigkeit sein kann. Selbstreflexion entdeckt die Unterscheidung des uneigentlichen alltäglichen Ich vom eigentlichen existentiellen Ich. Selbstreflexion entdeckt auch, daß das eigentliche Existieren nur möglich ist, wenn sich das Ich auf das ganze Eine der Welt bezieht, das sich immer verbirgt. «Ich sehe Transzendenz und werde meines Seins gewiß, selbst wenn sie nicht zu mir spricht, und ich im Trotz gegen sie stehe. Sehe ich sie nicht mehr, so fühle ich mich selbst versunken» (K. Jaspers 1956, S. 49).

✏ *Aufgabe:* Beschreiben Sie, wie Sie in der Selbstreflexion Ihren dunklen triebhaften Willen und Ihre geistigen Existenzmöglichkeiten entdeckt haben.

Das Ich entdeckt die Existenz als Sprung aus der alltäglichen Daseinsweise. Zu diesem Sprung kommt es, wenn das Ich mit Tod, Leiden, Kampf oder Schuld konfrontiert wird. Tod, Leiden, Kampf oder Schuld sind für Jaspers Grenzsituationen. «Grenzsituationen erfahren und Existieren ist dasselbe. In der Hilflosigkeit des Daseins ist es der Aufschwung des Seins in mir» (K. Jaspers 1956, S. 204).

✏ *Aufgabe:* Beschreiben Sie, wie Sie sich in der hilflosen Konfrontation mit Grenzsituationen geschenkt wurden.

Selbstgespräch

Plato bezeichnet das Denken als das stille Selbstgespräch der Seele. Moderne Entwicklungspychologen wie Piaget und Wygotski sehen im Selbstgespräch der Kinder den Kern zur Entwicklung der Vernunft der Erwachsenen. Die lange Geschichte der philosophischen Praxis entwickelte viele Methoden des Selbstgesprächs. Beim Selbstgespräch kommt es auf das Stellen der richtigen Fragen an. Das Selbstgespräch kann unterstützt werden durch Techniken zur Entspannung. Das Selbstgespräch hat seinen Ort zu verschiedenen Zeitpunkten des Tages, in denen der Einzelne mit sich selbst Umgang pflegen kann. Verschiedene Formen des philosophischen Selbstgesprächs sollen nun vorgestellt werden.

13. TAG

Grundfragen

Schon die antiken Philosophen dachten, indem sie sich laut selbst unterhielten und dann die Resultate ihrer Selbstgespräche aufschrieben. Stellen Sie sich also wichtige Lebensfragen, z. B.:

«Wer bin ich?»
«Woher komme ich?»
«Wohin gehe ich?»

Denken Sie daran, daß Sie sich diese Fragen schon seit Ihrer Kindheit gestellt und oft beantwortet haben. «Ein wunderbares Zeichen dafür, daß der Mensch als solcher ursprünglich philosophiert, sind die Fragen der Kinder» (K. Jaspers 1963, S. 11).

✎ *Aufgabe:* Stellen Sie sich die drei Fragen im Abstand von mehreren Stunden und vergleichen Sie Ihre Antworten, die Sie im Selbstgespräch jeweils finden.

14. TAG

Selbstreflexion

Das Leben des Menschen verläuft bewußter, wenn der Mensch sein Leben besser plant. Im Selbstgespräch am Abend vor dem Einschlafen können Sie auf Ihr Handeln während des vergangenen Tages zurückblicken. Das Selbstgespräch am Morgen, vor dem Aufstehen, können Sie für die Planung des kommenden Tages nutzen. Wenn Sie die Resultate Ihrer Planungen am Morgen und die Bilanzen Ihrer Planungen am Abend aufschreiben, wird Ihr Leben bald reflektierter verlaufen. Der stoische Kaiser Marc Aurel und der existentialistische Philosoph Karl Jaspers haben ihre großen Denkleistungen durch diese Methode der Selbstreflexion nachdrücklich gefördert.

✎ *Aufgabe:* Führen Sie jetzt ein Selbstgespräch zur Tagesplanung. Stellen Sie dann am Abend die Wirkung dieser Planung in Ihrem philosophischen Tagebuch schriftlich fest.

15. TAG

Freie Einfälle

Beobachten Sie Ihre alltäglichen Selbstgespräche bewußter. Stellen Sie fest, was für Grundgedanken sich häufig spontan bei Ihnen einstellen. Achten Sie darauf, was für Einfälle Ihr Selbstgespräch produziert, kurz vor dem richtigen Aufwachen, noch im Halbschlaf oder kurz vor dem Einschlafen, beim Dösen nach dem Essen am Mittag, beim Duschen unter der Brause, beim Joggen usw.

✎ *Aufgabe:* Listen Sie die freien Einfälle auf, die Sie im Laufe des heutigen Tages im Selbstgespräch gefunden haben. Sie werden sich über Ihren Gedankenreichtum wundern. Ordnen Sie Ihre Einfälle und setzen Sie Sinnvolles auch in die Praxis um.

Die Selbsterweckung durch Lesen

Viele Philosophen sind durch Leseerlebnisse zum Philosophieren gekommen. Augustinus las in der Bibel und erkannte seinen Denkweg. Immanuel Kant wurde durch das Lesen von Briefen auf die Widersprüche der Vernunft hingewiesen, an denen sich sein kritisches Denken dann abarbeitete. J. G. Fichte las Immanuel Kant und wurde durch sein Leseerlebnis zum bekanntesten Philosophen seiner Zeit. K. Jaspers wurde durch Kierkegaard auf den Begriff der Existenz verwiesen, den er dann zum Zentrum seines Denkens machte. Sir Popper wurde durch Kant zum Pragmatiker der Erkenntnistheorie. Ihr philosophisches Tagebuch wird Ansätze des Selberdenkens entwickeln, wenn Sie philosophische Texte methodisch lesen lernen. Einige Methoden des philosophischen Lesens werden wir Ihnen nun vorstellen:

16. TAG

Die S. Q. R.-Lesemethode

Das Lesen von philosophischen Texten kann nach der S. Q. R. -Methode erfolgen. Diese Methode entwickelt sich in drei Schritten:

1. Schritt S = Survey = Überblick über den Text verschaffen.
2. Schritt Q = Question = Fragen zum philosophischen Text stellen.
3. Schritt R = Read = Den ausgewählten philosophischen Text lesen und die gestellten Fragen beantworten.

✎ *Aufgabe:* Suchen Sie sich einen kurzen Text eines der folgenden Philosophen heraus und lesen sie diesen Text nach der S. Q. R.-Methode.

Denken Sie z. B. an folgende Autoren:

Epiktet: Handbüchlein der Moral, München 1991
M. Aurel: Selbstbetrachtungen, Essen 1981
Spinoza: Ethik, Frankfurt 1982
S. Kierkegaard: Krankheit zum Tode, Reinbek 1961
A. Schopenhauer: Parerga und Paralipomena, Zürich 1977
E. M. Cioran: Vom Nachteil geboren zu sein, Frankfurt 1988, usw.

Die Ergebnisse Ihres Lesens sollten Sie dann in Ihrem philosophischen Tagebuch notieren.

17. TAG

Dreimal-Lesen

Bei schwierigen philosophischen Texten, die Geheimnisse bergen, empfahlen viele Philosophen das mehrfache Lesen. Das Dreimal-Lesen ist eine angemessene Methode philosophischen Lesens. Das erste Lesen eines Textes geschieht schnell. Dieses Lesen vermittelt nur einen groben Überblick über den Text. Das zweite Lesen geschieht schon langsamer. Dieses Lesen soll die Gliederung der Gedanken in den großen Abschnitten des gelesenen Textes deutlich werden lassen. Das dritte Lesen desselben philosophischen Textes vollzieht sich ganz langsam: Satz für Satz. Wenn man einen philosophischen Text dreimal gelesen hat, ist das Aufschreiben der Gedanken des gelesenen Textes kein großes Problem mehr.

✎ *Aufgabe:* Probieren Sie diese Methode gleich einmal aus!

18. TAG

Vierstufiges Lesen

Die christliche Philosophie des Mittelalters, die Scholastik, hat ein vierstufiges Lesemodell entwickelt:

1. Stufe: Fragen an den Text stellen und beantworten.
2. Stufe: Kernsätze identifizieren und in eigenen Worten wiedergeben.
3. Stufe: Kernaussagen in metaphorischen und symbolischen Bildern oder in mythischen Gestalten ausdrücken.
4. Stufe: Kernaussagen zur Tageslosung umformulieren und im Alltag umsetzen.

✎ *Aufgabe:* Lesen Sie einen kurzen Text eines Ihrer philosophischen Lieblingsautoren einmal mit dieser vierstufigen Lesemethode.

19. TAG

Chiffren lesen

Karl Jaspers hat das Chiffrenlesen entwickelt. Es zielt darauf ab, daß in philosophischen Texten besonders Bilder und Begriffe identifiziert werden sollen, die das Absolute als das Sein, als Gott, den Geist oder das höchste Gut umschreiben. Chiffrenlesen führt bald zu einer Zitatensammlung über das Sein, um das es beim Philosophieren auch geht.

✎ *Aufgabe:* Benutzen Sie die Methode des Chriffrenlesens und legen Sie heute in Ihrem Tagebuch eine Sammlung von Zitaten zu Chiffren des Seins an.

Philosophische Selbsthilfe

Lebenshilfe wird heute überall angeboten. Es gibt eine breite Ratgeberliteratur für alle Lebenslagen. Diese Literatur popularisiert meist psychologische Einsichten, die oft sehr oberflächlich bleiben. Die philosophischen Formen der Selbsthilfe blieben bisher weitgehend unbekannt. Sie sollen deshalb im folgenden Kapitel vorgestellt und in bezug auf die eigene Lebenspraxis und die eigenen Lebensprobleme eingeübt werden.

20. TAG

Askese

Schon die antiken Philosophien weisen darauf hin, daß das Ich leicht von sinnlichen Genüssen, die dick machen, verboten sind, viel Geld kosten oder nervöse Störungen verursachen, abhängig wird. Der antike Zyniker Diogenes, der auf alles verzichtet hatte und in einer Tonne wohnte, warf z. B. seinen Schöpflöffel weg, als er sah, daß ein Kind mit seiner geschlossenen Hand Wasser zum Trinken schöpfen konnte. Es ist deshalb sinnvoll, zu überprüfen, auf was Ihr Ich alles verzichten kann.

✏ *Aufgabe:* Legen sie eine Liste mit Dingen an, auf die Sie verzichten könnten. Beschreiben Sie dann, wie Sie es anstellen werden, auf zwei Dinge, die auf Ihrer Liste stehen, auch wirklich zu verzichten.

21. TAG

Positives Denken

Der antike Philosoph Epiktet stellte fest: Nicht der Tod ist schrecklich, sondern die Gedanken, die man sich über den Tod meist macht. Das gilt im übertragenen Sinne für alle Situationen im Leben. Wenn Sie also auf eine schreckliche Situation treffen, beschreiben Sie sie erst in ihren schrecklichsten und dann in den bestmöglichen Bildern. Das ist Ihnen möglich, weil jedes Ding zwei Seiten hat und wir meist die negative Seite überbewerten, die positiven Seiten eines Dinges aber verdrängen.

✏ *Aufgabe:* Schreiben Sie alle Dinge auf, die Sie am gestrigen Tag besonders belastet haben. Schreiben sie dann die möglichen positiven Seiten dieser belastenden Dinge auf. Stellen Sie dann fest, was Ihnen das positive Umdeuten schmerzlicher Dinge vom Vortag gebracht hat.

22. TAG

Lebensphilosophie

Im Laufe Ihres Lebens haben Sie sicherlich Lebensgrundsätze entwickelt, die Ihnen in schwierigen Lebenssituationen helfen können. Diese Lebensgrundsätze und Ihre Lebensphilosophie stellen oft Gedanken aus Poesie und Philosophie dar. Die Epikureer der Antike kannten z. B. vier Lebensgrundsätze, mit denen sie ihre Lebensphilosophie umfassend beschreiben konnten: Diese vier Lebensgrundsätze hießen:

«Die Götter sind nicht zu fürchten.
Der Tod geht uns nichts an.
Das Gute ist leicht zu haben.
Das Schlechte dauert nicht lange.»

✏ *Aufgabe:* Schreiben Sie nun alle Grundsätze Ihrer Lebensphilosophie auf. Ergänzen sie als Ausdruck Ihrer persönlichen Lebensphilosophie folgende Anfangssätze:

Gott ist...
Der Tod ist...
Das Gute ist...
Das Schlechte ist...
Die Welt ist...
Die Gesellschaft ist...
Ich bin...
Meine Bezugsperson ist...
Meine Kinder sind...

Versuchen Sie dann jeden Ihrer entwickelten Grundsätze mit Weil-Sätzen zu begründen.

23. TAG

Identifikation

Jedes Ich orientiert sich an Vorbildern. Der französische Philosoph Michel de Montaigne hatte sich Sokrates zum Vorbild genommen. Albert Camus orientierte sich an Sisyphos, der die Aufgabe hatte, einen Stein immer wieder auf einen Berg zu rollen. Martin Heidegger sah in dem Dichter Hölderlin sein größtes Vorbild. James Joyce liebte den griechischen Dichter Homer, den Autor der «Odyssee». Nietzsche sah sein Vorbild in dem Philosophen Schopenhauer.

✏ *Aufgabe:* Denken Sie einmal nach, welches Lebensvorbild sich Ihr Ich gesetzt hat. Fertigen Sie ein schriftliches Portrait Ihres Vorbildes an und hängen Sie diesen Text an Ihrem Arbeitsplatz auf. Sie werden in den nächsten

Tagen diesen Text dann häufiger lesen. Neue Gedanken, die bei Ihnen durch das Lesen dieses Textes angestoßen werden, können Sie dann im Text ergänzen.

24. TAG

Rituale benutzen

Die Philosophen forschten genau danach, in welcher Körperhaltung sie am besten denken konnten. Besonders vorteilhaft für das Denken erkannten sie folgende Körperhaltungen: Gehen, liegen, stehen und knien. Die Stoiker philosophierten beim Gehen in einer Wandelhalle (der Stoa). Nietzsche kamen die besten Gedanken beim Wandern in Sils Maria in den Alpen. Descartes philosophierte am liebsten beim Liegen im Bett am Vormittag. Sokrates faßte wichtigste Gedanken, indem er stundenlang stillstand. Der dänische Existentialist Sören Kierkegaard philosophierte oft auf den Knien.

✎ *Aufgabe:* Probieren Sie die verschiedenen Körperhaltungen einmal aus. Beschreiben Sie die Gedanken, die Ihnen heute beim Gehen, Liegen, Stehen oder Knien gekommen sind.

25. TAG

Regeln festlegen

Jedes Ich kommt im Alltag in schwierige moralische Zwickmühlen. Es fragt sich: «Wie kann ich mich verhalten? Was soll ich tun? Was soll ich lassen?» Der Philosoph Immanuel Kant hat für solche moralischen Herausforderungen eine plausible Regel entwickelt. Sie heißt: «Orientiere Dich in moralischen Zwickmühlen am kategorischen Imperativ.» Der kategorische Imperativ lautet: «Handle so, daß Dein individuelles Handeln, wenn es von allen angewandt wird, allen den größten Nutzen bringt.» Auch die Kinder kennen schon den kategorischen Imperativ. Sie sagen: «Was Du nicht willst, daß man Dir tu, das füg auch keinem andern zu.»

✎ *Aufgabe:* Schreiben Sie alle Regeln auf, die Ihr Ich im Leben befolgt und schon mit Erfolg benutzt hat.

26. TAG

Überwindung von Selbstaggression

Arthur Schopenhauer erkannte, daß das Leben für das Ich Leiden ist. Er war sich in diesem Urteil einig mit dem Buddhismus. Albert Camus sagt, daß das Leben absurd ist. E. M. Cioran hielt das Leben selbst für ein Verbrechen. Er schrieb: «Der Urknall war ein Sabotageakt.» Alle drei Philosophen lehnten aber eine ganz naheliegende Reaktion auf das Elend des Lebens, den Selbstmord, ab.

✏ *Aufgabe:* Schreiben Sie Ihre Gründe für eine Ablehnung des Selbstmordes auf. Setzen Sie sich dann mit den Gründen der drei genannten Philosophen zur Ablehnung des Selbstmordes auseinander. Schreiben Sie eine Antwortthese auf folgende Thesen der drei Philosophen:

A. Schopenhauer: «Selbstmord ist unmöglich, weil der Lebenswille nicht zerstört werden, sondern nur durch Kunst, Meditation und das Erlebnis des Erhabenen beruhigt werden kann.»

Albert Camus: «Die Überwindung des Selbstmordimpulses macht den Menschen erst zum Menschen.»

E. M. Cioran: «Jeder Selbstmord ist überflüssig, er kommt zu spät. Er kann nicht rückgängig machen, daß wir am Elend des Lebens schon unser ganzes Leben mitgewirkt haben.»

27. TAG

Kreativ werden

Friedrich Nietzsche erkannte, daß viele Menschen Kreativität vermeiden, weil sie sich vor ihrem Gewissen und vor gesellschaftlichen Kontrollen fürchten.

✏ *Aufgabe:* Erkämpfen Sie sich eine Lizenz zur eigenen Kreativität, in dem Sie ihrem Gewissen einen Namen geben. Führen Sie dann mit Ihrem Gewissen einen schriftlichen Dialog über die Bedingungen, die Sie erfüllen müssen, wenn Sie kreativ werden wollen. Zielen Sie bei dem Dialog mit Ihrem Gewissen auf einen für Ihre Kreativität günstigen Kompromiß mit Ihrem Gewissen ab.

28. TAG

Die Machtfrage stellen

Der stoische Philosophensklave Epiktet aus dem antiken Rom forderte: «Stelle vor jeder Deiner Handlungen die Machtfrage. Unterscheide: Steht das, was Du tun willst, in Deiner Macht oder nicht? In unserer Macht steht alles, was wir selbst in Gang setzen oder zu verantworten haben. Nicht in unserer Macht steht: unser Körper, unser Besitz, unser gesellschaftliches Ansehen, unsere Stellung – kurz: alles, was wir nicht in Gang setzen oder zu verantworten haben» (Epiktet 1991, S. 24).

✎ *Aufgabe:* Analysieren Sie heute die Reichweite Ihrer Macht. Legen Sie zwei Spalten an.

Spalte 1: Was in meiner Macht steht
Spalte 2: Was nicht in meiner Macht steht

Zeichnen Sie dann die beiden Bereiche Ihrer Lebenswelt. Wie weit reicht Ihre Macht, und wo fängt die Macht der Gesellschaft und der anderen Menschen an?

29. TAG

Übung der Gleichgültigkeit

Alles, was geschehen wird, steht nicht in der Macht Deines Ich. Es ist gleichgültig. Es hat keine Bedeutung für Dein Ich. Aber Du hast die Chance, aus allem, was passiert, das Beste zu machen. Daran kann Dich keiner hindern. Niemand. Das ist die Burg, aus der Dein Ich nicht vertrieben werden kann.

✎ *Aufgabe:* Überprüfen Sie die bisherige Fähigkeit Ihres Ich zur Gleichgültigkeit. Schreiben Sie auf, über welche Dinge Sie sich in der letzten Woche besonders aufgeregt haben.

30. TAG

Das große Entweder–oder

Nach Epiktet muß Du Dich jeden Tag entscheiden. Arbeitest Du für Deine Seele oder für äußere Dinge?

✐ *Aufgabe:* Schreiben Sie am heutigen Abend eine Bilanz. Was habe ich heute für mich getan? Was habe ich für die äußeren Dinge getan?

Selbstbeherrschung

Das wichtigste Ziel praktischer Philosophie ist die Unterstützung des Ich bei seiner Selbstbeherrschung. Für die Selbstbeherrschung hat die Philosophie viele Methoden entwickelt, die wir in den nächsten Tagen üben wollen.

31. TAG

Der höhere und der niedrigere Teil der Seele

Plato geht davon aus, daß die Seele zwei Teile hat. Der eine Teil der Seele ist besser als der andere. Selbstbeherrschung sieht er dann gegeben, wenn der höhere, vernünftige Teil der Seele den niedrigeren, irrationalen und affektiven Teil beherrscht. Als Methode der Selbstbeherrschung nannte Plato das Zwiegespräch des höheren mit dem niedrigen Teil der Seele.

✐ *Aufgabe:* Geben Sie Ihrem höheren Ich und Ihrem niedrigeren Ich einen Namen. Lassen Sie beide einen Dialog führen über die Chancen der Vernunft, die Triebe zu beherrschen. Beginnen Sie mit einer Aussage des höheren Ich und lassen Sie dann das niedrigere Ich antworten, so daß sich zwischen Ihrem höheren und Ihrem niedrigeren Ich ein Dialog entwickeln kann.

32. TAG

Kampf gegen den Zorn

Marc Aurel, der römische Stoiker auf dem Kaiserthron, rät zur Beherrschung des Zorns durch die Vernunft. Er gibt zehn Gedankenhilfen, mit denen das Ich den Zorn besiegen kann. Diese Gedankenhilfen heißen:

Denke daran, daß die Menschen voneinander abhängen;
daß sie in ihrem Tun von Leidenschaften getrieben werden;
daß sie nicht wissen, was sie tun;
daß Du selbst viele Fehler hast;
daß Du nicht genau weißt, daß sie falsch handeln;
daß Deine Aufregung Dich bald töten wird;

daß ein schnelles Urteil über andere oft ein Fehlurteil ist;
daß der Zorn oft mehr Unheil bringt als die Ursache des Zorns;
daß der Urheber des Zorns sich mehr schadet als seinem Opfer;
daß es schließlich Irrsinn ist, zu hoffen, daß es überhaupt keine schlechten Menschen mehr geben könnte (Marc Aurel 1981, XI, 18).

✎ *Aufgabe:* Beschreiben Sie, wie Ihr Ich auf Zornausbrüche reagiert. Schreiben Sie dann einige Gedankenhilfen nieder, mit dem Ihr Ich in Zukunft seine Emotionen beherrschen will.

33. TAG

Kampf gegen Schmerzen

Seneca gibt in seinem 38. Brief an seinen Schüler Lucilius Ratschläge, wie das Ich vernünftig mit Schmerzen umgehen kann. Seneca rät: «Konzentriere Dich bei Schmerzen auf Gedanken, die Dir Freude machen. Lade Freunde ein, die Dich ablenken. Deute die Schmerzen nicht als Vorboten des Todes, sondern als Beginn einer neuen Phase der Gesundung. Entwerte den Schmerz, indem Du ihn als leicht einstufst.»

✎ *Aufgabe:* Beschreiben Sie den Umgang Ihres Ich mit Schmerzen. Entwickeln Sie weitere Vorschläge, wie Ihr Ich in Zukunft mit Schmerzen umgehen möchte.

34. TAG

Kants Rat

Die Selbstbeherrschung beginnt für Immanuel Kant mit dem Selbstdenken. Selbstdenken heißt, den letzten Maßstab für das richtige Handeln in seiner eigenen Vernunft zu suchen. Die eigene Vernunft hat mit dem kategorischen Imperativ einen absoluten Maßstab für den richtigen Umgang mit den Leidenschaften. Jeder Leidenschaft soll die Vernunft, nach Prüfung mit Hilfe des kategorischen Imperativs, so weit entgegenkommen, wie sie das Ich nicht von dem Ziel abhält, sein Handeln am Gesetz der Vernunft zu orientieren. Über Selbstbeherrschung verfügt das Ich, das den Umgang des Ich mit den Leidenschaften einem allgemeinen Gesetz unterwirft.

✎ *Aufgabe:* Beschreiben Sie die inneren Kämpfe Ihres Ich mit einer Leidenschaft, die sich gegen alle Vernunft und gegen allgemeine Sittengesetze durchsetzen will.

35. TAG

Dem Bösen nicht widerstehen

Für den Philosophen Max Scheler ist ein direkter Kampf des Ich mit seiner Vernunft gegen die Leidenschaften hoffnungslos. Die Leidenschaften sind immer stärker als der Geist, weil sie aus einer tieferen Schicht des Lebens stammen. Die Leidenschaften sind nur durch höherwertige Leidenschaften zu besiegen: «Die Vernunft darf die Leidenschaft nicht direkt angreifen, sondern muß sie indirekt überwinden lernen durch Einsatz der Energie der Leidenschaften für wertvolle Aufgaben, die sein Gewissen als gut und trefflich erkennen. In der Lehre vom Nichtwiderstand gegen das Böse schlummert... eine große Wahrheit» (M. Scheler 1949, S. 69).

✎ *Aufgabe:* Beschreiben Sie die Versuche Ihres Ich, Ihre Leidenschaften zu sublimieren, d. h., auf höhere soziale Ziele zu richten als die unmittelbar intendierten, die meist wenig sozial sind.

Kathartische Selbstbefreiung

Die praktische Philosophie kennt neben der Bearbeitung der Gefühle des Ich auch die Befreiung der Gefühle. Während die vernünftige Bewältigung der Gefühle eine innere Arbeit des Ich darstellt, zielt die kathartische Arbeit auf die äußere Entladung der Gefühle. Durch das Ausleben der verdrängten Gefühle entsteht dem Ich Erleichterung. Als Medium des Auslebens der Gefühle gibt es folgende Stimuli: Dichtung, Musik, Tanz, Düfte, Rauschgifte und Alkohol. Die Katharsis ist ein Stück menschlicher Urmedizin und seit den urmenschlichen Anfängen verbreitet. Sie wird als Methode der praktischen Philosophie schon vom antiken Platonismus der römischen Kaiserzeit benutzt, geht in die mittelalterliche Philosophie ein und hat eine große Karriere in der modernen Philosophie bei Lessing, Rousseau und schließlich in der modernen Psychotherapie seit Sigmund Freud (vgl. P. Leuzinger 1997).

36. TAG

Tragische Katharsis

Aristoteles stellt fest, daß die Tragödie «durch Erregung von Mitleid und Schauder zur Reinigung ebendieser Affekte führt» (Aristoteles 1973, 1449b, 24–28).

✎ *Aufgabe:* Stellen Sie alle privaten Tragödien Ihres Lebens in Stichworten zusammen. Beschreiben Sie für jede Ihrer Tragödien das Mitleid und den Schauder, den diese Tragödien heute in Ihnen auslösen. Wählen Sie eine Tragödie aus und schreiben Sie fünf Minuten Freewriting zu dieser Tragödie. Wenn Ihnen dabei die Tränen kommen, schreiben Sie so lange weiter, bis die Tränen versiegen.

37. TAG

Katharsis als Erziehung

G. E. Lessing stellt in seiner «Hamburgischen Dramaturgie» fest: «Furcht und Mitleid bewirken nicht die gleichmäßige Reinigung aller Leidenschaften, vielmehr reinigen sie sich selbst, d. h., Furcht und Mitleid erreichen ihre richtige Mitte» (G. E. Lessing, zit. n. P. Leuzinger 1997, S. 109). Die richtige Mitte einer Furcht vor sich selbst und eines Mitleides mit sich selbst kann erreicht werden durch die dichterische Transformation von starken Affekten, Leidenschaften und Gefühlen. Aus großen Gefühlen kleine Gedichte zu machen heißt, Distanz zu den Gefühlen zu entwickeln und in der gestalteten Form Vernunft mit den Gefühlen kämpfen zu lassen.

✎ *Aufgabe:* Sehen Sie sich die Liste Ihrer Tragödien vom Vortag an. Wählen Sie eine weitere Tragödie aus und schreiben Sie ein Krisenelfchen, das mit einem positiven Ausruf in der fünften Zeile schließt.

Ein Elfchen ist ein Kurzgedicht, das sich nicht reimt und in fünf Zeilen folgende Worte umfaßt:

1. Zeile = 1 Wort
2. Zeile = 2 Worte
3. Zeile = 3 Worte
4. Zeile = 4 Worte
5. Zeile = 1 Wort als kräftigen Ausruf (wie z. B. Prima, Donnerwetter, Ja doch, Endlich usw.)

38. TAG

Methoden zum Ausweinen

Der moderne Atheist E. M. Cioran hält viel vom Ausweinen. Über das immer mißlingende Leben, über die Menschheit läßt sich nur weinen. «Tränen sind das erste und letzte Kapitel einer Lehre vom Menschen» (E. M. Cioran 1994, S. 131). Wenn man die Welt nüchtern betrachtet, verwandelt sie sich in ein Meer von Tränen. «Tränenwogen schäumen in uns auf, und wir werden selbst zu einem Meer von Tränen» (E. M. Cioran 1994, S. 79).

✏ *Aufgabe:* Verwandeln Sie sich und die Welt in ein Bild von Tränen. Denken Sie dann an Ciorans Weisung: «Nachdem wir uns an allen Düsternissen berauscht..., umschlingt uns nicht Verklärung in einer absoluten und endgültigen Lichtwolke?» (E. M. Cioran 1994, S. 65).

✏ *Aufgabe:* Beschreiben Sie nach den Tränenmeeren die am Horizont auftauchende Lichtwolke.

Selbsterforschung des Unbewußten

Die praktische Philosophie erkannte früh die Bedeutung des Unbewußten für das bewußte Ich. Sie sah, daß das Ich nicht immer Herr oder Frau im eigenen Hause ist. Sie begriff, daß Kreativität und Spontaneität, aber auch Fehlhandlungen, Phantasien und Ängste vom Unbewußten gespeist werden. Deshalb entwickelte die praktische Philosophie Methoden der Selbsterforschung des Unbewußten durch das Ich. Diese Methoden werden im folgenden als Tagebuchübungen vorgestellt.

39. TAG

Freie Assoziation

Schon der antike Stoiker Chrysippos benutzte zur Erschließung unbewußter Kreativität die freie Assoziation. Diogenes Laertius berichtet über die Arbeitsweise von Chrysippos folgendes: «Chrysippos setzte sich oft mit demselben philosophischen Lehrsatz auseinander, indem er alles, was ihm gerade einfiel, zu Papier brachte, es häufig verbesserte und mit einer großen Zahl von Belegstellen ausstattete» (Diogenes Laertius 1990, Bd. 2, S. 93).

✏ *Aufgabe:* Schreiben Sie spontan einen Ihrer wichtigsten philosophischen Sätze auf. Schreiben Sie dann alle Einfälle auf, die Ihnen zu diesem Satz einfallen. Entwickeln Sie mit diesen Einfällen aus Ihrem Startsatz einen kleinen Text. Ergänzen Sie dann die wichtigsten Aussagen Ihres Textes mit Zitaten anderer Philosophen.

40. TAG

Freier Einfall

Karl Jaspers (1883–1996) pflegte den freien Einfall. Er achtete stets auf spontane Einfälle aus dem Unbewußten, um Antworten auf seine philosophischen Fragen zu erhalten. Diese Fragen lauteten:

«Woraus lebe ich?
Was ist eigentlich?
Wodurch bin ich?
Was ist mir unbedingt?
In welchem Entschluß gründe ich?»

Karl Jaspers beschreibt den freien Einfall mit folgenden Worten: «Meine Arbeiten sind durchweg entstanden aus einer Menge Notizen, die gesammelt wurden. Sie wurden eines Tages unter einen ordnenden Gesichtspunkt gebracht, ausgeschieden und im Zusammenhang produziert unter Ausfüllung der Lücken» (K. Jaspers: Philosophische Autobiographie, in: K. Jaspers 1958, S. 399).

✎ *Aufgabe:* Schreiben Sie am heutigen Tag Ihre Einfälle auf. Finden Sie am Abend eine ordnende Überschrift. Füllen Sie dann die Textlücken auf, indem Sie aus den Einfällen einen geordneten Text verfassen.

41. TAG

Automatisches Schreiben

Besonders die weibliche Philosophie der Praxis hat das Schreiben in leichter Trance, als automatisches Schreiben, als Methode der Erforschung des Unbewußten lange vor Sigmund Freud und Pierre Janet entwickelt. Die Mystikerinnen des 13. und 14. Jahrhunderts beschleunigten ihre Schreibgeschwindigkeit so sehr, daß es zu einer Einschränkung der Herrschaft des Ich über den

Schreibprozeß kam. Bei diesem ganz schnellen unkontrollierten Schreiben geschieht es, daß, wie Teresa von Avila (1515–1582) feststellte: «Ihre Feder von einer anderen als ihrer eigenen Hand geführt wurde» (E. Underhill 1990, S. 383). Die Mystikerin Madame Guyon (1648–1717) stellt die Selbsterforschung des Unbewußten durch automatisches Schreiben mit folgenden Worten vor: «Vor dem Schreiben wußte ich nicht, was ich schreiben würde, während ich schrieb, sah ich, daß ich Dinge schrieb, die ich nie gewußt hatte, und mir wurde offenbar, daß ich Schätze von Wissen und Verstehen in mir hatte, von deren Besitz ich nichts geahnt hatte» (E. Underhill 1990, S. 384).
✏ *Aufgabe:* Schreiben Sie jetzt einfach ganz schnell los. Schreiben Sie ohne jede Kontrolle eine Seite. Sehen Sie dann nach, was für Schätze von Wissen und Verstehen Sie in Ihrem Unbewußten haben, von dem Ihr Ich noch nichts ahnte. Sollte sich auch Quatsch in Ihrem Text finden, streichen Sie ihn einfach durch.

42. TAG

Aktive Imagination

Der Tiefenphilosoph C. G. Jung (1875–1961) entdeckte die Methode der aktiven Imagination. Er setzte sich ruhig hin, schloß die Augen und ließ sich spontan Einfälle seines inneren Vorstellungsvermögens einfach ablaufen. Dann schrieb er die Phantasien auf: «Ich schrieb die Phantasien auf, sooft ich konnte, und gab mir Mühe, auch den psychischen Voraussetzungen, unter den sie aufgetaucht waren, Ausdruck zu verleihen» (C. G. Jung 1962, S. 181).
✏ *Aufgabe:* Schließen Sie die Augen. Stellen Sie sich vor, wie Sie einen hohen Berg besteigen. Wenn Sie den Gipfel erreichen, sehen Sie sich in aller Ruhe um, und betrachten Sie die Umgebung. Begeben Sie sich dann zum Ausgangspunkt Ihrer Exkursion zurück. Schreiben Sie nun Ihre Erfahrungen auf dem Berggipfel auf und stellen Sie Vermutungen über die psychischen Ursachen der Eindrücke auf, die Sie auf dem Berggipfel erlebt haben.

43. TAG

Mandala malen

Schon die mittelalterlichen mystischen Philosophen wie Klaus von Flüe (1417–1487) malten Rundbilder. Durch Konzentration auf das Zentrum die-

ser Bilder versetzten sie sich in eine kreative Trance und unterstützten damit ihre Meditation über das Eine. Auch C. G. Jung malte Rundbilder (Mandalas), um sein Unbewußtes zu erforschen. «Erst als ich Mandalas zu malen anfing, sah ich, daß alles, alle Wege, die ich ging, und alle Schritte, die ich tat, wieder zu einem Punkt zurückführen, nämlich zur Mitte. Es wurde mir immer deutlicher: Das Mandala ist das Zentrum. Es ist der Ausdruck für alle Wege. Es ist der Weg zur Mitte» (C. G. Jung 1962, S. 200).
✎ *Aufgabe:* Malen Sie jetzt ein Rundbild mit vier Elementen, die sich antagonistisch zueinander verhalten. Schreiben Sie dann einen Text, was Ihr Mandala über die unbewußten Seiten Ihres Ich aussagt.

44. TAG

Tagträumen

Das Träumen gehört zu den wichtigen Methoden des Philosophierens über das eigene Unbewußte. «Philosophieren ist zwar Arbeit mit Planen und Lenken, aber es geht nur, wenn etwas anderes zur Wirkung kommt: das Träumen. Oft blicke ich in die Landschaft, in den Himmel, in die Wolken, oft saß ich und lag ich, ohne etwas zu tun … mir scheint, wer nicht täglich eine Weile träumt, dem verdunkelt sich der Stern, von dem alle Arbeit und jeder Alltag geführt sein kann» (K. Jaspers 1958, S. 317f.).
✎ *Aufgabe:* Schauen Sie heute in den Himmel. Träumen Sie. Schreiben Sie Ihre Tagträume auf. Deuten Sie Ihre Tagträume im Hinblick auf die Wünsche Ihres Ich.

Selbsterfahrung des kollektiven Unbewußten

Jenseits des biographischen Unbewußten hat das Ich schon lange das kollektive Unbewußte entdeckt. Das kollektive Unbewußte besteht aus archetypischen Bildern, die in den Mythen und Sagen ihren Ausdruck gefunden haben. Die mythischen Bilder besitzen einen hohen energetischen Gehalt. Sie können das Ich auflösen und in den Größenwahn treiben. Sie können das Ich aber auch trösten und integrieren. Die praktische Philosophie kann den gelingenden oder scheiternden Umgang mit den archetypischen Tiefenschichten des Ich bei verschiedenen Philosophen vorstellen.

45. TAG

Abschied vom Gott der Philosophen

Blaise Pascal war schon im jugendlichen Alter mit Mathematik und Physik bestens vertraut. Er studierte Michel de Montaigne und die Stoa. Dann kam er in Paris mit der Abtei Port-Royal des Champs in Kontakt, in der eine Gruppe bedeutender Männer sich vom öffentlichen Leben zurückgezogen hatte. Pascal geriet nun in eine Krise. Am 23. November 1654 von 22.30 Uhr bis 24.30 Uhr erlebte er einen Durchbruch der tiefsten Schichten seines Ich. Diese Erfahrung hatte er in einer Tagebuchaufzeichnung festgehalten, die er in seinen Mantel einnähte und immer bei sich trug. Dieses «Mémorial» wurde erst bei seinem Tod entdeckt. In diesem «Mémorial» heißt es: «Von ungefähr zehneinhalb Uhr am Abend bis ungefähr eine halbe Stunde nach Mitternacht – Feuer. Gott Abrahams, Gott Isaaks, Gott Jacobs, nicht der Philosophen und Gelehrten. Gewißheit. Gewißheit. Empfindung. Freude. Friede. Gott Jesu Christi» (B. Pascal, zit. n. R. Guardini 1956, S. 47). Pascal war Christus, dem christlichen Archetypen des Selbst, in den tieferen Schichten seines Ich begegnet.

✎ *Aufgabe:* Haben Sie in Ihrem Leben einen solchen christlichen Durchbruch erlebt? Wenn ja, beschreiben Sie ihn.

46. TAG

Schopenhauer und Buddha

Im Alter von 17 Jahren hatte Arthur Schopenhauer sein Buddha-Erlebnis. Über dieses Erlebnis schreibt er: «In meinem 17. Jahr, ohne alle Schulbildung, wurde ich vom Jammer des Lebens so ergriffen wie Buddha in seiner Jugend, als er Krankheit, Alter, Schmerz und Tod erblickte.» Schopenhauer entwikkelte aus dem Buddha-Erlebnis seine pessimistische Philosophie der Überwindung des Willens zum Leben dem Motto gemäß: «Die Welt ist die Hölle.»

✎ *Aufgabe:* Beschreiben Sie Ihre Erfahrungen mit Buddha und die Konsequenzen, die Sie aus dieser Erfahrung gezogen haben.

47. TAG

Das Ich und der Teufel

Max Stirner hat seine Ich-Analyse in seinem Buch «Der Einzige und sein Eigentum» (1845) bis zur Einsicht in die unbewußten destruktiven Triebgrundlagen des Ich vorangetrieben und dabei den Teufel entdeckt. «Was bin ich? So fragt sich jeder von Euch. Ein Abgrund von regel- und gesetzlosen Trieben und Begierden, Wünschen, Leidenschaften, ein Chaos ohne Licht und Leitstern ... So hält sich denn jeder selbst schließlich für den Teufel» (M. Stirner 1979, S. 178).

✎ *Aufgabe:* Beschreiben Sie Erfahrungen mit Ihrem destruktiven Schatten und benennen Sie die Konsequenzen, die Sie als Ich aus dieser Entdeckung gezogen haben.

48. TAG

Begegnung mit dem Propheten

F. Nietzsche wurde von der Leitfigur seines Hauptwerkes «Also sprach Zarathustra» wie von einer hohen energetischen Offenbarung getroffen. Diese Offenbarung beschreibt er mit folgenden Worten: «Man hat, man sucht nicht; man nimmt, man fragt nicht, wer da gibt, wie ein Blitz leuchtet ein Gedanke auf, mit Notwendigkeit, in der Form ohne zu zögern» (F. Nietzsche 1960, Bd. II, S. 1131). Auf einer Wanderung in der Nähe von Porto Fino am Mittelmeer erlebte Nietzsche diese spontane Offenbarung der Zarathustra-Figur. «Dort fiel», schrieb Nietzsche, «mir der ganze erste Teil des Zarathustra ein, vor allem Zarathustra selber, als Typus: richtiger, er überfiel mich» (F. Nietzsche 1960, Bd. II, S. 1129). Zarathustra erscheint Nietzsche als Prophet, der untergeht, weil er sich aus einer 10jährigen Einsamkeit als Eremit den Menschen zuwendet, um sie den Übermenschen zu lehren.

✎ *Aufgabe:* Erinnern Sie sich, ob Sie in Ihrem Leben prophetische Impulse gehabt haben. Versuchen Sie die biographischen Anlässe für diese Anzeichen der Ichauflösung festzustellen.

49. TAG

Sisyphos – Mythos des modernen Ich

Im Mai 1935 erfährt Albert Camus zum ersten Mal, daß die Welt absurd ist. Er will nun das «Absurde auf die Spitze treiben». Es geht ihm darum, das eigene Selbst zu erarbeiten, «mit dem Wissen, daß es absurd ist» (A. Camus 1995, S. 21). Diese Selbsteroberung kann nur gelingen, wenn man dem «indischen Weisen und den europäischen Helden miteinander versöhnt» (A. Camus 1995, S. 21). Camus vertieft sich nun in die griechische Mythologie. 1939 erkennt er die Kraft griechischer Heroen. Ödipus erscheint ihm von «schattenloser Klarheit des Tragischen und des Vergänglichen» (A. Camus 1995, S. 83). Camus stellt fest: «Ein Prometheus – ein revolutionäres Ideal» (A. Camus 1995, S. 89). Als er 1943 seine Philosophie des Absurden veröffentlicht, hat für ihn die mythologische Tiefenschicht des modernen Ich einen Namen: den Namen Sisyphos: «Sisyphos ist der Held des Absurden. Dank seiner Leidenschaften und dank seiner Qual. Seine Verachtung der Götter, sein Haß gegen den Tod und seine Liebe zum Leben haben ihm die unsagbare Marter aufgezwungen, bei der sein ganzes Sein sich abmüht und nichts zustande bringt» (A. Camus 1959, S. 99). Sisyphos muß den Stein immer wieder auf den Berg rollen, damit er dann vom Gipfel wieder herabstürzt. Camus' Erfahrung der Kräfte des mythologischen Tiefen-Ich lautet: «Es gibt kein Schicksal, das durch Verachtung nicht überwunden werden kann» (A. Camus 1959, S. 99).
✎ *Aufgabe:* Welchem griechischen Helden oder welcher griechischen Heldin aus den griechischen Mythen stehen Sie nahe? Schließen Sie die Augen. Stellen Sie sich Ihre mythologische Heldin oder Ihren mythologischen Helden vor. Beschreiben Sie ihn. Analysieren Sie dann die Beziehung Ihres Ich zu dieser aufgetauchten mythologischen Figur.

4.3 Das philosophische Beten

Wenn das Ich im Denken das All überschreitet, an seine letzten Grenzen stößt, stößt es auf das, worüber nur zu schweigen ist. Das Schweigen beruht auf der Erfahrung des Nichts. Das Nichts ist einmal die Negation alles Bestimmten und damit die Fülle des Seins. Das Nichts ist zum anderen der Abgrund des Nichtseins. Die zweite Bestimmung des Nichts als Abgrund des Nichtseins ist nur möglich auf dem Hintergrund des Seins, «vor dem ich aufgrund scheiternder Versuche, das absolute Nichts zu denken, verstumme» (K. Jaspers 1956, Bd. 3, S. 44). Aus der Erfahrung des Scheiterns am Sein im Schweigen entsteht das philosophische Beten. Das philosophische Beten umfaßt Bittgebete, Dankgebete und Anrufungsgebete. Alle diese Arten des Betens kommen in philosophischen Tagebüchern vor. Das Gebet entstammt ursprünglich religiöser Erfahrung. Das Gebet wird aber Philosophie, wenn es jede Instrumentalisierung eines Gottesbildes als Wunscherfüllungsmaschine hinter sich läßt und nur noch den schweigenden Dank und die stille Anrufung an etwas, was sich nicht denken läßt, aber ist, ausdrückt. Das philosophische Beten ist eng der Meditation verwandt, wenn es mit der Selbstbespiegelung des Ich ein Ende macht, einen stummen Dialog mit einem ganz entfernten Sein beginnt und in der Spaltung zwischen dem betenden Ich und dem schweigenden Sein entsteht.

50. TAG

Das Vatergebet

Sören Kierkegaard steht noch ganz in der religiösen Tradition, wenn er in seinen Tagebüchern Vater-Bitt-Gebete entwirft. So schreibt er am 16. August 1839: «Vater im Himmel, wende nicht länger dein Antlitz von mir, laß es aufs neue leuchten für mich, so daß ich deine Wege gehe und nicht mehr und mehr mich verirre» (S. Kierkegaard 1923, Bd. 1, S. 144).
✏ *Aufgabe:* Stellen Sie fest, ob Sie noch ein Vater-Bitt-Gebet schreiben können. Vielleicht fällt Ihnen aber auch ein Mutter-Bitt-Gebet leichter. Benennen Sie etwaige Widerstände gegen diese Gebetsform überhaupt.

51. TAG

Das umfassende Wunschgebet

Die Philosophin Amalie von Gallitzin entwickelte in ihren Tagebüchern um 1785 ein umfassendes Wunschgebet:

«Gib, daß der mir so natürliche Hang zur Liebe gegen jeden ... immer ungestörter in mir auflodere ... Gib, daß ich dabei mich selbst und meinen Genuß immer mehr vergesse ...

Gib mir Kraft, abzuschlagen wo ich soll...
Oh! weiche nicht von mir» (Amalie von Gallitzin 1876, S. 128f.).

✏ *Aufgabe:* Entwickeln Sie ein umfassendes Wunschgebet. Stellen Sie fest, ob Sie glauben, daß durch Beten Wünsche in Erfüllung gehen.

52. TAG

Anrufung des großen Du

Theodor Haecker schreibt am 29. Mai 1944, 10 Tage bevor sein Haus von den Bomben zerstört wurde, in sein Tagebuch eine Anrufung des großen Du: «Alles, was ich niederschreibe, hat nun ganz von selbst die Tendenz, sich zu einem Dialog zu entwickeln. Mein Geist ist immer sofort im Gespräch mit einem Du. Und wie ist es erst mit meinem Monolog! In ihm bin ich einsam vor allen Menschen, aber ich stehe um so absoluter vor Gott. Mein Partner ist das große Du, das Älteste, das ewig ist, ehe ich war, das transzendente Du, mein Schöpfer, mein Herr, mein Gott» (Th. Haecker 1947, S. 300).

✏ *Aufgabe:* Rufen Sie heute das große «Du» an, wenn Sie es möchten und können.

53. TAG

Schweigendes Gebet

Gegenüber dem Schweigen des Seins in der Welt ist nur das Schweigen möglich. Gegenüber dem Schweigen kann nur so gesprochen werden, daß eigentlich nichts gesagt wird. Das schweigende Gebet bittet nicht, dankt nicht, ruft nicht an. Es schweigt. Es drückt im Schweigen aus, daß nicht Nichts ist, sondern das Sein, daß das Sein vor der Zeit kein Nichts kannte, daß beim Scheitern aller Iche sich das Sein dennoch zeigen könnte.

✏ *Aufgabe:* Gebet ohne Worte. Erfinden Sie Zeichen, die keine Worte bedeuten und die ein schweigendes Gebet abbilden können.

54. TAG

Gebet als sinnfreie Poesie

Wenn ohne Anrufung, ohne Bitte und ohne Dank ein Gebet geschrieben wird, dann könnten sich auch nur noch poetische Bilder einstellen, die das Absolute nicht manipulieren oder magisch anthropomorphisieren. Solche Bilder stehen einfach sinnfrei auf dem Papier. Diese Bilder sagen nur noch «Sein». Sie können das Schweigen nicht brechen und versuchen es auch nicht mehr. Diese Bilder sind ganz leicht.

✏ *Aufgabe:* Schreiben Sie einen poetischen Text, der über allen sinnlichen Dingen der Welt schwebt. Wenn Sie diesen Text geschrieben haben, streichen Sie ihn wieder durch und verharren Sie eine Minute im Schweigen.

Mit einem solchen Tag, an dem das Schweigen im Mittelpunkt stand, ist Ihr philosophisches Tagebuch zu Ende. Hinter Ihnen liegen wichtige Ich-Erfahrungen: die Ich-Analyse, das Ich in Grenzsituationen. Wenn es Ihnen gelungen ist, etwas von Ihrem Ich wahrzunehmen und es dann wieder loszulassen, dann hat Philosophie Ihnen die Feder geführt. Die einzelnen philosophischen Tagebuchübungen vertiefen ihre Wirkung, wenn Sie sie häufiger wiederholen. Sie sollten also, je nach Bedarf, auf die eine oder andere Übung im weiteren Leben zurückgreifen.

Literatur

Aristoteles: Poetik, München 1973.

Aurel, M.: Selbstbetrachtung, Essen 1981.

Baader, F. von: Seele und Welt. Jugendtagebücher 1786–1792, Berlin 1928.

Beck, U.: Risikogesellschaft, Frankfurt 1986.

Berkely, G.: Philosophisches Tagebuch, Hamburg 1979.

Biran, M. de: Tagebuch, Hamburg 1977.

Camus, A.: Der Mythos von Sisyphos, Hamburg 1995.

Camus, A.: Tagebuch März 1951 – Dezember 1959, Reinbek 1993.

Camus, A.: Tagebücher 1935–1951, Reinbek 1995.

Canterbury, A. von: Proslogion, Stuttgart 1995.

Capelle, W.: Die Vorsokratiker, Stuttgart 1968.

Cioran, E. M.: Das Buch der Täuschungen, Frankfurt 1994.

Descartes, R.: Meditationen, Berlin 1962.

Dilthey, W.: Der Aufbau der geschichtlichen Welt in den Geisteswissenschaften, Frankfurt 1974.

Diogenes Laertius: Leben und Meinungen berühmter Philosophen, Bd. 1 u. 2, Hamburg 1990.

Eliade, M.: Im Mittelpunkt. Bruchstücke eines Tagebuches, Wien 1973.

Eliade, M.: Yoga, Frankfurt 1977.

Elias, N.: Die Gesellschaft der Individuen, Frankfurt 1987.

Epiktet: Handbüchlein der Moral, München 1991.

Erikson, E. H.: Identität und Lebenszyklus, Frankfurt 1979.

Fichte, J. G.: Die Bestimmung des Menschen, Stuttgart 1962.

Fontana, D.: Kursbuch Meditation, Frankfurt 1996.

Freud, S.: Werke. Bd. XVII, Frankfurt 1972.

Gallitzin, A. von: Briefwechsel und Tagebücher 1783–1800, München 1876.

Grof, S. u. C.: Die stürmische Suche nach dem Selbst, München 1991.

Guardini, R.: Christliches Bewußtsein, München 1956.

Habermas, J.: Stichworte zu einer Theorie der Sozialisation, in: ders.: Kultur und Kritik, Frankfurt 1973, S. 118ff.

Haecker, Th.: Tage- und Nachtbücher 1939–1945, München 1947.

Hesse, H.: Aus einem Tagebuch des Jahres 1920, Zürich 1960.

Hocke, G. R.: Europäische Tagebücher aus vier Jahrhunderten, Wiesbaden 1978.

Horkheimer, M.: Zur Kritik der instrumentellen Vernunft, Frankfurt 1967.

Horstmann: U.: Das Untier, Frankfurt 1985.

Husserl, E.: Cartesianische Meditationen, Hamburg 1977.

Jaspers, K.: Einführung in die Philosophie, München 1963.

Jaspers, K.: Philosophie, Bd. II, Berlin 1956.

Jaspers, K.: Philosophische Autobiographie, in: ders.: Philosophie und Welt. München 1958.

Jung, C. G.: Erinnerungen, Träume, Gedanken, Zürich 1962.

Kant, I.: Werke, Bd. III und VI, Darmstadt 1972.

Kant, I.: Werke, Bd. 4, Darmstadt 1962.

Kierkegaard, S.: Die Tagebücher, Bd. I und II, Innsbruck 1923.

Kon, J. S.: Die Entdeckung des Ich, Köln 1983.

Lavater, J. C.: Geheimes Tagebuch, Leipzig 1771–1773.

Lepenies, W.: Melancholie und Gesellschaft, Frankfurt 1972.

Leuzinger, P.: Katharsis, Opladen 1997.

Luckmann, T.: Lebenswelt und Gesellschaft, Paderborn 1980.

Mainländer, P.: Die Philosophie der Erlösung, Bd. 1 u. 2, Frankfurt 1894.

Montaigne, M. de: Die Essais, Stuttgart 1996.

Montaigne, M. de: Essais, Zürich 1953.

Nietzsche, F.: Werke, Bd. 2, München 1960.

Novalis: Werke, Bd. 2, Heidelberg 1957.

Pascal, B.: Gedanken, Birsfelden o. J.

Plato: Werke, Bd. III, Reinbek 1959.

Röd, W.: Der Weg der Philosophie, Bd. II, München 1995.

Rousseau, J. J.: Bekenntnisse, Frankfurt 1961.

Sartre, J. P.: Tagebücher 1939–1940. Reinbek, 1996.

Scheler, M.: Die Stellung des Menschen im Kosmos, München 1949.

Schopenhauer, A.: Die Welt als Wille und Vorstellung, Bd. I/2, Zürich 1977.

Schopenhauer, A.: Parerga und Paralipomina, Bd. I/2, Zürich 1977.

Schopenhauer, A.: Welt als Wille und Vorstellung, Bd. I/1, Zürich 1977.

Spinoza, B. de: Ethik, Frankfurt 1982.

Stirner, M.: Der Einzige und sein Eigentum, Stuttgart 1979.

Underhill, E.: Mystik, Bietigheim 1990.

Kapitel 5

Chancen, Krisen und Störungen im Tagebuchschreiben

«Ich war so traurig,
daß ich selbst dem Tagebuch nichts anvertrauen wollte.»

Richard Wagner

«Seit ein paar Tagen schreibe ich wieder.
Möge es sich halten!»

Franz Kafka

«Es ist leicht zu erkennen, welche Verlockung ihn zu seinem Tagebuch zog. Sie bestand nicht so sehr in seinem Beichtstuhlcharakter, noch weniger in der Aufzählung von Dingen, an die später zu erinnern sich nützlich erweisen könnte, sondern in der Tatsache, daß das Tagebuch ein Lagerhaus seines privatesten Selbst war.»

Virginia Woolf über Samuel Pepys

«Im Grunde ist alles, was wir in diesen Tagen aufschreiben,
nichts als eine verzweifelte Notwehr, die immerfort auf Kosten
der Wahrhaftigkeit geht, unweigerlich.»

Max Frisch

5.1 Erfahrungen von Tagebuch Schreibenden

Schreiben befreit. Schreiben hilft uns, zu uns selbst zu finden. Im Schreiben können wir Probleme aufarbeiten, Entscheidungen abwägen, Dinge aus einer neuen Perspektive sehen. Und manchmal kann uns das Schreiben selbst zum Problem werden. Kennen Sie das? Zum Beispiel solche Erfahrungen: Etwas bewegt uns außerordentlich, wir spüren schon eine Zeitlang dieses dringende Bedürfnis, uns genauer auseinanderzusetzen mit einer bestimmten Angelegenheit, aus Erfahrung wissen wir, daß Schreiben, Tagebuchschreiben uns dabei helfen kann – aber wir schieben genau den Schritt, uns der Sache zu stellen, uns Zeit für uns und unser Thema zu nehmen, vor uns her: den Schritt nämlich, unser Tagebuch zu öffnen und den Stift zu zücken. Und haben wir uns schließlich und endlich aufgerafft, haben uns vielleicht schon viele Gedanken darüber gemacht, was wir alles aufschreiben und schreibend bedenken wollen – fällt uns, vor den geöffneten Seiten sitzend, womöglich nichts mehr von alldem ein. Wir schreiben nicht oder wenig, wir schreiben Banalitäten, resigniert klappen wir das Buch wieder zu. Das Problem, das Thema, zu dem wir schreiben wollten, der Knoten, der Kloß im Hals ist kein bißchen kleiner geworden, im Gegenteil: Wir haben ein neues Problem dazugewonnen: die Schreibblockade.

Das ist eine Erfahrung, die niemandem erspart bleibt, der oder die sich längerfristig mit dem Schreiben befaßt. Viele von uns kennen diese Erfahrung aus dem Berufsleben: Ein Text – ein kurzer Bericht vielleicht, ein Protokoll, ein Gutachten, eine Stellungnahme – steht an, der Termin ist gesetzt, die Zeit war eigentlich durchaus großzügig bemessen – aber irgendwo, irgendwie klemmt etwas, wir kommen nicht ins Schreiben, alles, was uns ein-fällt, gefällt uns nicht, wird von uns verworfen, jedes Papier landet zerknüllt im Papierkorb. Die ‹Angst vorm leeren Blatt› hat uns gepackt. Im Tagebuchschreiben allerdings erwarten wir diese Art von Angst vielleicht nicht so unbedingt. Ebensowenig wie z. B. im Briefeschreiben. Dieses private Schreiben, dieses ungezwungene, in dem es zunächst einfach um uns selbst, um unsere eigene innere Sprache geht, sollte uns doch freilassen im Schreibprozeß, denken wir.

Welche Hintergründe, welche Schwierigkeiten stellen sich uns hier auf einmal in den Weg? Was ist das für ein Phänomen, das uns, wenn wir es nicht verstehen und überwinden lernen, unserem Tagebuch durchaus entfremden kann? Uns dazu bringen, es auch weiterhin liegenzulassen, auf daß wir es später, vielleicht nach Jahren erst, dann wieder einmal zur Hand nehmen, durchblättern und uns schließlich sagen: ‹Schade, das hätte ich fortführen sollen, es hat mir doch gutgetan damals und ist jetzt gut zu lesen, und wie schön, wenn da jetzt noch was stünde über die letzten Jahre. Aber so bin ich halt, ich halte so was doch nicht durch!›

Ein kleiner Trost vorweg: Genau diese Fragen an das eigene Schreiben müssen sich selbst professionelle Autoren immer wieder einmal stellen – jedenfalls dann, wenn sie mit innerem Engagement schreiben, aus der Welt ihrer inneren Bilder schöpfen und ihre Emotionen beim Schreiben nicht außen vor lassen. Ein eindrucksvolles Beispiel für die Präsenz von Schreibblockaden in einem Schriftstellerleben gibt uns der Dichter Rainer Maria Rilke. Zehn Jahre lang, von 1914 bis 1924, war es dem Autor des ‹Stundenbuches› und des ‹Malte Laurids Brigge› nicht möglich, eine Zeile zu Papier zu bringen.

Franz Kafka hatte unter Schreibblockaden sein kurzes Schriftstellerleben lang immer wieder zu leiden.

Kampf mit der Schreibblockade, Ringen mit der Schreibblockade, Leiden unter der Schreibblockade, die Frage, was ist das, warum passiert mir das, wird das je anders, werde ich je wieder schreiben können? Krise und Leiden statt – einfach zu schreiben.

Und die Schreibblockade ist nicht die einzige Art von Schreibproblemen, die die Schreibforschung kennt. Zahlreiche regelmäßig schreibende Menschen kennen sie aus eigener Erfahrung. Eine andere Variante von Schreibstörungen und eine ebenso dramatische ist der Schreibrausch. Seine Symptomatik erscheint auf den ersten Blick der Schreibblockade genau entgegengesetzt: Wir schreiben zwar, wir schreiben sogar viel, der Prozeß fließt, ist intensiv, aber – auf irgendeine, vielleicht nur schwer zu fassende Weise ist uns genau das überhaupt nicht recht. Das Schreiben rührt Seiten in uns an, mit denen wir dabei gar nicht gerechnet hatten, die wir jetzt gar nicht gut brauchen können, das Schreiben bringt uns auf, bringt uns vielleicht außer Fassung, es tut uns, gewinnen wir den Eindruck, nicht besonders gut. Das Be-Schreiben innerer Bilder, Befindlichkeiten oder Erinnerungen hat – jetzt einmal wieder konkret auf das Tagebuchschreiben bezogen – irgendwie nicht den befreienden Effekt, den wir uns eigentlich erhofft haben. Die Sorgen, Probleme, Mißbefindlichkeiten werden im Laufe des Schreibens einfach nicht weniger, im Gegenteil, es kommt uns vielleicht vor, als schrieben wir uns sogar immer tiefer in einen bedrückten Zustand hinein oder entdeckten immer neue Probleme, von denen wir zuvor gar nicht gewußt haben, daß wir sie hatten, oder denen uns zu stellen wir uns jedenfalls so deutlich, bedrängend, ja belastend, nicht genötigt sahen.

Auch durch diese Erfahrung mußten viele professionell Schreibende, viele Schriftstellerinnen und Autoren wieder und wieder gehen, um schließlich, allein oder mit Hilfe anderer, Lösungen für sich und ihr Schreibmanagement zu suchen. Z. B. die Gruppe der Surrealisten um André Breton wußte hiervon ein Lied zu singen:

Der amerikanische Psychoanalytiker Edward Bergler wiederum spezialisierte sich in den fünfziger Jahren unseres Jahrhunderts in New York auf die psychotherapeutische Arbeit mit Autoren, deren Schreibproblem jeweils ausgelöst worden war durch den Schock einer zu plötzlichen, zu intensiven Konfrontation mit der eigenen inneren Bilderwelt. Schreibend hatten sie sich dieser offenbar zu rasch geöffnet. Ihr Anliegen beim Schreiben – durchaus professionell und engagiert und oft genug erprobt – war es gewesen, die eigenen inneren Bilder für ihre Texte zu nutzen, für die Lebendigkeit und Unmittelbarkeit ihrer Sprache. Ergebnis ihrer Bemühungen – unvorhergesehen und zutiefst erschreckend – waren äußerst lebendige Emotionen, Aufbrechen unbearbeiteter Aspekte ihrer Lebensgeschichte, die zusammen mit diesen inneren Bildern das Bewußtsein überschwemmten.

Der Schreibrausch hatte einen ‹Trip› und manches Mal einen regelrechten Horrortrip der Gefühle ausgelöst, gefolgt von nur zu begreiflicher Schreibunlust bis hin zu langwierigen Schreibblockaden. Eine Entwicklung, die für diejenigen, die sich in ihr verfangen (und noch einmal: dieses ‹Sichverfangen› kann jede und jeden treffen, sie gehört einfach mit zu den Risiken des Schreibens), besonders schwer zu durchschauen ist: Ist es doch auch eine recht paradoxe Erfahrung, wenn wir uns vom Fluß des Schreibens tragen lassen, die Euphorie des Gelingens zu spüren glauben, nur um dann festzustellen, daß wir nirgendwo ankommen – oder doch keinesfalls dort, wohin wir unser Ziel gesteckt hatten.

Das, was professionell Schreibenden widerfährt, ist jedoch auch alltäglich Tagebuch Schreibenden durchaus nicht fremd. Auf die Gefahren und Risiken des längerfristigen privaten und professionellen Schreibens im allgemeinen, wie auch des Tagebuchschreibens im besonderen weisen denn auch wichtige Tagebuchforscher nahezu einmütig hin.

So sprechen G. R. Hocke und R. Görner unabhängig voneinander von der Gefahr allzu großer, folgenloser Selbstbespiegelung durch suchtartiges, unreflektiertes Tagebuchschreiben, von der Gefahr der Entwicklung eines regelrechten Ichkultes, der als Entschuldigung dienen kann für das Drücken vor realen Veränderungen im realen Leben ‹draußen›, von der Versuchung, im Tagebuch nur Tiefpunkte aufzuschreiben und damit Introversion, Apathie und Hoffnungslosigkeit zu verstärken.

Die therapeutische Funktion des Schreibens relativiert Eva Koch-Klenske in Ihrem Aufsatz ‹Wer schreibt, ist noch lange nicht bei sich›. Sowohl das zu tiefe Versinken in eigenen Gefühlen und inneren Bilderwelten, wie beim Schreibrausch der Fall, entfernt uns von einem differenzierten Verständnis für uns selbst, unsere Person und unser Leben, wie auch u. U. das rein formale, wenig gefühlsbetonte ‹Aufschreiben› von Tageserlebnissen, die weiter nicht reflektiert werden, dazu dienen, die eigene Sichtweise, das eigene Vorurteil möglicherweise, zu bestätigen, das eigene Nichthandeln, unter dem wir oder andere zu leiden haben, zu entschuldigen.

Und für all diese Bedenken lassen sich Beispiele von Menschen finden, denen es so ergangen ist. Alltägliche Beispiele:

> Ich schrieb und schrieb und hatte niemals das Bedürfnis, mir nochmals anzuschauen, was ich da geschrieben hatte. Ich hatte aber auch nicht den Eindruck, die Probleme damit gelöst oder besser verstanden zu haben. Etwas blitzte in mir auf, ich schrieb es runter, um es zu fassen zu kriegen, hatte mich damit irgendwie erleichtert und legte das Tagebuch oder die Zettel weg. Häufig schrieb ich nur auf Zettel, die dann zum Teil untergingen. Heute würde es mich reizen, die Sachen von damals noch mal zu lesen, aber ich glaube auch, daß ich die Probleme, um die es mir damals ging, immer noch genauso oder jedenfalls ähnlich mit mir rumschleppe.
>
> (Evelyn, Sekretärin, 41 Jahre)

Und berühmte Beispiele professioneller Autorinnen und Autoren:

> «Im Grunde ist alles Lüge, was man so im Tagebuch bekennt – oder doch nur die halbe Wahrheit, und halbe Wahrheit ist eben auch Lüge.»
>
> Brigitte Reimann

Und dabei ist doch zugleich auch die heilsame Wirkung des Tagebuchschreibens – Thema sämtlicher Kapitel dieses Buches bis hierher – sattsam bekannt und belegt, durch Forschung und durch vielfache Äußerungen:

- Tagebuchschreiben kann therapeutisch wirken (siehe unsere Ausführungen in Kapitel 3, siehe auch Ihre eigenen Erfahrungen zu diesem Punkt, die Sie mittlerweile vermutlich gesammelt haben).
- Tagebuchschreiben bindet unsere Lebensgeschichte zu einem Ganzen.
- Tagebuchschreiben verleiht unseren Erfahrungen Kontinuität.
- Tagebuchschreiben macht Erfahrungen überprüfbar und handhabbar.
- Tagebuchschreiben kann helfen, einen produktiven Abstand einzuhalten zu dem,was uns bewegt.

> «Diese Selbständigkeit kann nur bewahrt werden durch stetes Nachdenken über sich selbst, und das geschieht am besten durch ein Tagebuch.»
>
> GOTTFRIED KELLER

- Tagebuchschreiben kann uns helfen, uns selbst und andere besser zu verstehen.

> «Aus meinem Tagebuch ist nach und nach eine Selbstanalyse geworden ... Das halte ich für einen Gewinn.» MAXIE WANDER

- Tagebuchschreiben kann uns helfen, Fragen zu klären und Entscheidungen zu treffen.
- Tagebuchschreiben kann helfen, Leid zu tragen und zu verwinden.
- Tagebuchschreiben bewahrt Erinnerungen auf – für uns und, wenn wir möchten, auch für andere.
- Tagebuchschreiben weckt die eigene Kreativität.

> «In seinen Tagebüchern gehen private Aufzeichnungen, Traumbilder und literarische Entwürfe oft einher.» R. GÖRNER über Franz Kafka

- Tagebuchschreiben verhilft zu Selbstbesinnung und Besinnung auf wesentliche Lebensanliegen.

> «Es ist wirklich seltsam, aber schon der reine Akt des Aufschreibens von irgend etwas hilft. Es ist, als würde das Schreiben einen auf dem eigenen Weg halten und vorwärts bringen.» KATHERINE MANSFIELD

- Und schließlich kann ein Tagebuch auch schlicht und einfach überleben helfen – jedenfalls eine Zeitlang. Denken wir an Menschen wie Anne Frank, Ruth Andreas-Friedrich oder Jochen Klepper, die in ihrem Tagebuch den Raum fanden, der sie sich aufrecht halten ließ, der ihnen Hoffnung gab in einer hoffnungslos scheinenden Zeit.

Denken wir aber auch an Menschen wie Franz Kafka und Virginia Woolf, die lange Zeit gegen ihre ganz persönliche Hoffnungslosigkeit angeschrieben haben und auf diese Weise Kraft gesammelt für ein Leben, für dessen Belastungen sie ansonsten schwer Kraft fanden.

> «Ich sehe alte Tagebücher durch. Ein Grund, sie weiterzuführen.»
>
> VIRGINIA WOOLF

Und denken wir an Menschen, die auf diese Weise ihre Krankheit, das drohende Ende ihres Lebens zu bewältigen suchten – wie Brigitte Reimann oder Maxie Wander.

Was ist nun zu halten von dieser Divergenz? Davon, daß wir im Tagebuch ein Medium vor uns haben, das außerordentlich stärken und doch auch manchmal so außerordentlich schwächen kann? Das uns begleiten kann auf unserem Weg und uns dabei helfen, zu uns selbst zu finden, zu werden, der (oder die) wir sind – und uns auf genau demselben Weg doch auch manchmal so furchtbar irritieren? Wir meinen: Gerade soviel, wie von jeder Beziehung zu halten ist, die Höhen und Tiefen durchläuft, viel gibt und manchmal ganz unglaublich irritiert – da ist eine starke Lebendigkeit, die es wert ist, gehalten zu werden, die man aber auch immer besser kennenlernen und verstehen lernen muß.

Was sind denn mittlerweile Ihre Erfahrungen mit dem Prozeß des Tagebuchschreibens? Wie stehen Sie selbst zu den Problemen, die das Tagebuch neben seinen Chancen beinhalten kann?

✍ *Übung:* Im Kapitel 3 haben wir Sie gebeten, doch einmal die heilenden Erfahrungen aufzuschreiben, die Sie mit dem Schreiben bislang gemacht haben. Jetzt bitten wir Sie um die Überprüfung folgender Fragen:

Wann, an welchen Punkten Ihres Tagebuchschreibens sind Sie selbst vielleicht bereits in Berührung gekommen mit den ‹explosiven› Kräften des Unbewußten, der inneren Bilderwelt – mit jenen Kräften also, die unsere Kreativität hüten, unseren Schreibprozeß beflügeln, die aber auch ihre ganz eigene Dynamik und unter Umständen ihre ganz eigene Gewalt entfalten können?

In welchen Situationen mußten Sie schon einmal mit sich ringen, um der Flut und Intensität innerer Bilder noch Herr oder Frau bleiben zu können?

Oder wo haben Sie möglicherweise – und wahrscheinlich auch klugerweise – vor dieser Intensität ‹kapituliert›, wo oder wann ‹ging nichts mehr›, kam nichts mehr, keine Idee, kein Schreibimpuls, wann haben Sie einmal zu sich selbst gesagt: «Jetzt lasse ich es einfach für heute»?

- Vielleicht im Rahmen der Aufarbeitung bestimmter, besonders belastender oder besonders prekärer Punkte Ihrer Biographie?
- Oder im Schreiben zu außerordentlich tiefgehenden Erfahrungen, die intensiv berühren können und die dabei doch mehr Fragen aufwerfen als Antworten bereithalten, im Schreiben z. B. zu transpersonalen oder philosophischen Fragestellungen?
- Oder vielleicht im besonders intensiven oder sogar exzessiven Experimentieren mit Schreibtechniken, die besonders intensive innere Prozesse evozieren können? Im Freewriting z. B. – das ist ja eine Methode, die per definitionem den Bilderstrom schnell und relativ zuverlässig herbeiholen kann – oder im selbstversunkenen Schreiben in Selbsthypnose?

Und wir meinen:

Auch die Auseinandersetzung mit diesen und anderen Fragen rund um den eigenen Schreibprozeß gehört letztlich zu einem professionellen Umgang mit dem Tagebuch, zu einer professionellen Vorgehensweise beim Auswerten desselben und einfach zur Psychohygiene des Tagebuchschreibens. Die Inhalte, die und zu denen wir schreiben, die Sprache und die Bilder, die wir dabei nutzen, sind letztlich nur die eine Seite – und eine Seite, die uns viel zu sagen hat. Diese Seite werden Sie mittlerweile immer wieder für sich erfahren haben und vermutlich auch haben nutzen können. Der Prozeß selbst, die Art und Weise, wie wir schreiben und wie unser Befinden sich beim Schreiben verändert – körperlich, emotional und gedanklich –, ist die andere Seite. Und auch diese Seite verdient auf Dauer unsere Aufmerksamkeit. Denn: Wenn wir sie vernachlässigen, wird sie zwar nicht sofort protestieren. Auf Dauer aber ist mit Schreibblockaden oder ‹Schreibräuschen› jedoch kein Tagebuch durchzuhalten – möglicherweise auch ein Grund, weshalb so viele Tagebücher eine Zeitlang geführt und dann wieder liegengelassen werden.

Sie erinnern sich? Auf diese Problematik sind wir bereits in der Einführung und dann noch einmal etwas ausführlicher in Kapitel 1 eingegangen. Wir haben die Erfahrungen der amerikanischen Tagebuchtherapeutin Kathleen Adams mit der Neigung vieler Menschen referiert, aus intensivem emotionalem Erleben heraus einfach frei zu schreiben, bis ‹nichts mehr geht›, und dem Leid, das dabei unbeabsichtigt aufbrechen kann, und haben die Techniken des Selbstmanagements und des kreativen Schreibens als Gegenmittel eingebracht. Dabei ging es uns auf dieser Stufe zunächst einmal darum, auf die Phänomene von Schreibstörungen und daraus resultierenden Befindlichkeitsstörungen hinzuweisen, sie zu beschreiben und ihnen womöglich vorzubeugen. Es ging um das Strukturieren von Schreiberfahrungen, um Möglichkeiten, Bilder schreibend entstehen zu lassen, aber auch darum, sie wieder zu bannen. Und es ging um die Fragen der Nähe und Distanz zum eigenen Schreibverhalten und zu den Inhalten der eigenen Schreibe. In diesem Kapitel wollen wir uns dagegen mit der Frage beschäftigen: Was tun, wenn das Problem, wenn die Störung – Schreibblockade oder Schreibrausch – schon ‹da› ist? Bei allem Wissen hierum, bei allem professionellen Herangehen wird sie sich – das wissen wir aus eigener Erfahrung – ebensowenig ein für allemal aus unserem Leben und unserem Tagebuchschreiben verbannen lassen wie aus dem professioneller Autorinnen und Autoren.

Es gibt jedoch einen gewissen Trost: All die oben beschriebenen Phänomene sind heute bereits – vor allem durch Wissenschaftler des angloamerikanischen Raums – recht gut erforscht, und es gibt eine ganze Anzahl von Techniken, die helfen, sie zu verstehen und sie zu überwinden. Es kommt allerdings darauf an, ‹dranzubleiben›. Das heißt, die Schreibstörung rechtzeitig zu erkennen, um dann zu schauen: ‹Wie kann ich mit ihr umgehen?› Sich nicht einfach überwältigen lassen und resignieren, wie es oft dann geschieht, wenn jemand nicht weiß, was ihm oder ihr da gerade eigentlich widerfährt.

Die in diesem Zusammenhang wohl wichtigste Nachricht aus der Forschung zuerst: Schreibstörungen sind zwar häufig (das wissen wir wohl alle, zum Teil aus leidvoller Erfahrung), sie sind auch schmerzlich und erscheinen uns meist vollkommen überflüssig – sie sind aber auch vollkommen normal und scheinen manchmal sogar notwendig zu sein. Das klingt zunächst sicherlich paradox: Zumindest dann, wenn eine solche Störung uns gepackt hat, wenn wir mitten in einer Blockade feststecken oder wenn wir mit dem Kater zu kämpfen haben, der auf einen Schreibrausch folgen kann, scheint uns die Störung sicherlich zu ganz und gar nichts gut zu sein. Erfahrung von vielen, die eine solche Störung erfahren und überwunden haben ist aber: Schreibstörungen sind (jedenfalls Menschen, die gern schreiben) zwar nicht angenehm, aber sind sie einmal aufgetaucht, können wir sicher sein, daß sie irgendeine Art von Sinn haben. Und das Gute: Gelingt es uns, diesen Sinn zu entschlüsseln, sozusagen auf das zu hören, was uns die Blockade ‹sagen möchte›, dann können wir diese damit nicht nur überwinden und wieder zu unserem Schreibfluß finden – nein, dann kann unser Schreiben sogar noch gewinnen, kann spannender, lebendiger, intensiver werden.

Warum ist das so? Einfach aus dem Grunde, weil die Schreibstörungen ein lebendiger – wenn auch leider oft quälender und hilfloser – Ausdruck der inneren Bezogenheit auf unser Thema sind und auf den Prozeß des Schreibens. Diese innere Bezogenheit zu erhalten und zu nutzen, ihre quälenden Aspekte aber möglichst zu reduzieren oder zu transformieren, ist Anliegen dieses Kapitels.

5.2 Kognitive und emotionale Aspekte des autobiographischen Schreibprozesses

«Plötzlich fallen mir ein oder zwei gute Sätze ein...
feine sprachliche Glückstreffer,
wie ich noch nie ihresgleichen gefunden hatte.»
KNUT HAMSUN

Häufig machen wir, solange der Fluß des Schreibens anhält und uns trägt, genau die Ebene nicht bewußt, die wir gerade bereits kurz angesprochen haben: Der Schreibprozeß – immer und bei jedem Menschen – umfaßt ganz spezifische Phasen, die mit spezifischen Anforderungen und mit spezifischen Störungsanfälligkeiten und Störungen einhergehen. Diese Phasen wollen wir uns kurz gemeinsam anschauen, um dann noch einmal gemeinsam Ihre ganz persönlichen Neigungen, Ihre Stärken und Ressourcen, aber auch Ihre möglichen Schwachpunkte in bezug auf jede einzelne Phase gemeinsam zu betrachten und daraus Schlüsse für ein möglichst effektives Umgehen mit ihnen abzuleiten. Anschließend folgen einige Tips und Hinweise zu jeder einzelnen Phase.

Die Phasen des Schreibprozesses

In der Literatur werden unterschiedliche Modelle genannt, die die Phasen des Schreibprozesses voneinander abgrenzen. Im Kontext des autobiographischen Schreibens hat sich besonders die Einteilung in folgende Phasen bewährt:

Phase 1: Erinnern (erste Impulse, Schreibstart)
Phase 2: Wiederholen (Aufschreiben, Ausformulieren)
Phase 3: Durcharbeiten (Auswerten, Überarbeiten)

Vgl. L. von Werder 1996.

Diese Einteilung ist nicht völlig streng und dogmatisch zu sehen. Gerade das Tagebuchschreiben erlaubt natürlich durchaus Flexibilität im Umgang mit diesen Phasen. So werden Sie möglicherweise mit Hilfe von Schreibstart- und Basistechniken des Schreibens, wie wir sie Ihnen z. B. in Kapitel 1 vorgestellt haben, sehr schnell von der Phase 1 (Start) in die Phase 3 (Formulieren) gelangt sein. Andererseits werden Sie sich vielleicht manchmal gar nicht so geneigt gefühlt haben, die Phase 3 anzugehen, die Auswertungs- und Überarbeitungsphase. War doch vielleicht schon das Schreiben selbst so befreiend, daß damit das Tagebuch erschöpfend genutzt schien. Und Überarbeitung eines Textes? Wozu sollte diese notwendig sein, solange niemand außer Ihnen selbst Ihr Tagebuch zu sehen oder zu lesen bekommt, könnte man oder frau denken.

Tatsächlich haben alle drei Phasen ihren ganz spezifischen Sinn. Sicherlich können wir je nach Situation auch einmal die eine und ein andermal die andere überspringen – uns letztlich dieser Phasenhaftigkeit bewußt zu sein und zu bleiben kann helfen, sie für unser Schreiben zu nutzen, Schreibblokkaden und Schreibräusche zu vermeiden. Betrachten wir einmal die Bedeutung, die jede einzelne Phase für unseren Schreibprozeß und zugleich für den inneren Prozeß haben kann, den wir im Tagebuchschreiben durchlaufen:

Schreibprozeß – Phase 1: Erinnern (erste Impulse, Schreibstart)

Was passiert in Phase 1?

In Phase 1 sammeln wir uns, konzentrieren wir uns auf unser Thema, erlauben allen Ideen, Assoziationen und inneren Bildern, die rund um das Thema in uns aufsteigen, sich erst einmal auszudrücken. Allem, was uns in den Sinn kommt, sollten wir erlauben, möglichst ungefiltert den Weg aufs Papier zu finden. Ob das alles, was da möglicherweise in uns aufsteigt, letztlich brauchbar, auswertbar, irgendwie später noch interessant sein wird, ist eine andere Frage und erst einmal völlig unwichtig: Streichen können wir später immer noch – dafür haben wir z. B. die Phase 3.

Warum ist die Phase 1 im Tagebuchschreiben wichtig?

Nur wenn wir etwas auf dem Papier stehen haben, können wir es im Laufe des Schreibprozesses weiter ausgestalten, verändern, variieren, optimieren. Wenn das überhaupt noch nötig sein sollte – manches kommt, wenn wir uns entspannen und unseren Ideen erlauben, sich ‹einfach drauflos› auszudrücken, schon so lebendig formuliert aufs Papier, daß es genauso bleiben kann – vor allem im Tagebuch. Aber ob wir den ersten Text später genauso lassen oder ihn noch einmal verändern – aus einem längeren Text z. B. ein Gedicht machen, ihn nutzen als Grundlage für einen nicht abzuschickenden Brief etc. –, erst einmal müssen wir irgendwie den Anfang machen. Und da ist es beinahe egal, wie.

Lernen wir zum Beispiel von den Dichtern. Friedrich Schiller schrieb über die Bedeutung des Schreibstarts:

«Man wählt ein Thema oder schreibt es nieder, sobald dieses geschehen ist, darf man den ersten Einfall, der sich nach der Niederschrift des Titels ergibt, als den Beginn der Ausarbeitung des Themas betrachten, gleichgültig wie sonderbar oder nicht dazugehörtig das betreffende Wort oder der Satz erscheinen mag. Die erste Regung des Geistes, das erste Wort, das sich einstellt, ist der Erfolg des Bestrebens, sich in das gegebene Thema zu vertiefen. Ich habe immer gefunden, daß es infolge eines untrüglichen Instinktes ins Innere der Sache führt.»

Was kann in Phase 1 schiefgehen?

Es kann zum Beispiel passieren, daß uns nichts einfällt. Wir haben vielleicht durchaus vor, alle unsere Ideen aufs Papier fließen zu lassen, die uns zu einem bestimmten Thema so durch den Kopf gegangen sind – nur: Jetzt, mit dem Tagebuch vor uns, stellt sich einfach keine Idee mehr ein. Alles, was uns zuvor so intensiv bewegt hat, scheint vergessen. Wir sitzen vor unserem leeren Blatt Papier, manch eine/r vielleicht auch vor dem leeren Monitor, und bekommen die Leere – oder die scheinbare Leere – in unserem Kopf gespiegelt. Denn es ist eigentlich immer nur eine scheinbare Leere, die wir während einer Schreibblockade als innere Leere empfinden. Eigentlich kann es nämlich gar nicht sein, daß wir zu einem Thema wirklich keinerlei Ideen, innere Bilder, Gedankenblitze und ähnliches haben. Es sei denn, das Thema ist uns hundertprozentig fremd, weil wir uns überhaupt noch nie damit befaßt haben. Und selbst dann ist es wahrscheinlich, daß uns zumindest irgend etwas einfällt, was assoziativ damit zu tun hat, vom Klang her vielleicht oder von vielleicht annähernd ähnlichen Themenkomplexen, an die wir uns erinnert fühlen.

Tatsächlich ist es meistens so, daß wir, wenn uns scheinbar nichts einfällt, in Wirklichkeit all die Einfälle und Ideen, die unbewußt schon längst da sind, abblocken. Unbewußt, ungewollt. Und doch für gewöhnlich folgerichtig: Dieses Abblocken hat erfahrungsgemäß stets irgendeinen Sinn.

Manchmal – das gilt vor allem für Texte im beruflichen Bereich – ist es vielleicht so, daß wir Angst und Sorge haben, unseren eigenen oder fremden Ansprüchen nicht zu genügen.

Und manchmal – gerade bei privaten Texten, wie wir sie im Tagebuch schreiben – ist uns das Thema vielleicht nicht so sehr fremd als vielmehr unheimlich, bedrohlich, spricht es Seiten in uns an, mit denen wir uns gar nicht so gerne auseinandersetzen möchten.

Und ehe uns der Streß der eigenen Ansprüche oder der Streß der belastenden Gefühle ganz einholen kann, machen wir ‹dicht›: Wir blocken ab, wir entwickeln eine Schreibblockade.

In gewissem Sinn also zunächst einmal sehr gesund: Die Schreibblockade hat den Sinn, uns vor Streß zu schützen. Nur daß die Blockade dabei einerseits natürlich die Streßursachen nicht abbauen hilft, sie hilft uns einfach nur, wegzuschauen, dem Streß für den Moment auszuweichen. Und darüber hinaus ist sie letztlich dann wiederum die Ursache für weiteren und oft weit größeren Streß:

Ein Text, der nicht rechtzeitig geschrieben wird und doch zu einem bestimmten Zeitpunkt fertig sein muß, wird dann meist hektisch unter Zeitdruck geschrieben und wird schlechter, als er es unseren Fähigkeiten nach hätte sein müssen.

Und ein Text, der nicht geschrieben wird, weil die daran hängenden Gefühle zu überwältigend erscheinen, wird, wenn nicht auf dem Papier, dann eben anderweitig erscheinen – viel schwerer entzifferbar, dadurch unter Umständen viel bedrohlicher und belastender, z. B. im Traum, in einer schwer durchschaubaren, belastenden Stimmung, gerade in einer Situation, in der wir ‹gut drauf› sein wollten, in Vergeßlichkeit, Zerstreutheit, vielleicht sogar in Krankheit.

Schreibprozeß – Phase 2: Erinnern (Aufschreiben, Ausformulieren)

Was passiert in Phase 2?

Phase 2 ist häufig erst die ‹eigentliche Schreibphase›: Wir haben Ideen, Bilder und Assoziationen erinnert, jetzt geht es darum, zu formulieren, einen Text zu gestalten. Im Schreiben aus dem Berufsalltag ein vertrautes Vorgehen: von der ersten Idee zum Text. Im Tagebuch eigentlich ebenfalls: ‹Vom ersten Impuls zum Text› könnten wir den Vorgang von Phase 1 nach 2 formulieren. Im Tagebuch, im privaten Schreiben überhaupt, ist das meistens ein zu großen Teilen unbewußter Prozeß: Der erste Impuls kann sich unbemerkt zu einem lebendigen Text auswachsen – oder er wird erstickt, es entsteht erst gar kein Text. Die Auseinandersetzung mit Phase 2, so wir sie wünschen, wird uns deshalb nur dann gelingen können, wenn wir folgendes mit bedenken:

Meist werden wir diese Phase auch ohne besonderes Zutun erreichen und durchlaufen. Gibt es aber in Phase 1 Probleme, so kann es schwierig werden, überhaupt bis zur Phase 2 ‹durchzuhalten› – vom Umgang mit diesen Problemen haben wir oben bereits gesprochen.

Haben wir solche Probleme erfolgreich bewältigt, kann es ein sehr lustvolles Erleben sein, Phase 2 bewußt zu durchlaufen und zu gestalten – mit unserem Text zu spielen, ihn umzuarbeiten, bestimmte Perspektiven zu betonen,unterschiedliche Textvarianten zu ein und demselben Thema nebeneinanderzustellen. Anregungen hierzu haben Sie, so hoffen wir, in unseren Kapiteln 1–4 genügend gefunden. In diesem bewußten Gestalten können wir noch einmal auf ganz neue Aspekte unseres Themas stoßen, eine gesunde Distanz zu manchem entwickeln, was uns im ersten Herunterschreiben möglicherweise sehr nahe ging, und schließlich einfach unsere wachsende Kreativität genießen.

Warum kann die Phase 2 als abgegrenzte Phase im Tagebuchschreiben wichtig sein?

Und zwar trotz aller bereits angesprochenen Schwierigkeiten.

Hier kann die Antwort sehr kurz und bündig ausfallen:

- Ohne Formulieren kein Text und kein Tagebuch – oder:
- Ohne weiteres gestaltendes Formulieren keine Textform, wie ich sie mir vorstelle.

Was kann in Phase 2 schiefgehen?

Schreibrausch und Schreibblockade können uns auch hier noch einholen. Die Schreibblockade kommt dabei häufiger vor, und zwar aus zwei Gründen:

Sind wir – spontan oder geplant – in Phase 2 eingestiegen, so wissen wir meist, worauf wir hinauswollen. Oder glauben es zumindest zu wissen. Andererseits ist das Schreiben immer ein kreativer Prozeß – es läßt sich nicht völlig durchplanen. Und diese beiden Seiten können miteinander in Widerstreit geraten. Auf einmal entsteht eine neue Assoziation, entwickelt sich ein Bild, mit dem ich nicht gerechnet hätte. Vielleicht eines, das mich anders, tiefer, irritierender berührt, als es mir jetzt eigentlich guttut. Die Blockade schützt mich dann möglicherweise vor der Irritation.

Oder aber, im Gegenteil, ich bin in meinen Gedanken, Assoziationen, Phantasien versehentlich schon eher in Phase 3 hineingerutscht, in die Auswertungs- und eventuelle Überarbeitungsphase. Das heißt, ich lege im Schreiben Kriterien an meinen Text an, denen dieser noch gar nicht gerecht werden kann. Um einen Text korrigieren zu können, muß ich ihn nämlich eigentlich erst einmal – unvollständig, wie er zunächst ganz sicher sein wird – niedergeschrieben haben. Erst dann kann ich ihn kritisch hinterfragen. Und dafür werden wir uns später, in der Auseinandersetzung mit der Phase 3 noch einige Kriterien anschauen. Häufig aber haben wir im Kopf, diese Kriterien müßten wir sofort, noch im Schreiben, ‹drauf haben› und entsprechend perfekt müßten wir von Anfang an formulieren. Folge: Der Anspruch lähmt uns und läßt uns gar nicht erst ins Schreiben finden.

Schreibprozeß – Phase 3 : Durcharbeiten (Auswerten, Überarbeiten)

> «Wieder Dunkelheit. Eine vernichtende Kritik in der Sunday Times. Ich muß so was wie eine Vorahnung gehabt haben, denn ich fühlte mich das ganze Wochenende über schrecklich niedergeschlagen.» May Sarton

Was passiert in Phase 3?

In der Phase 3 dürfen wir dann all das, was wir uns zuvor versagt haben, was uns zu versagen wir möglicherweise regelrecht trainieren mußten: den kritischen, den selbstkritischen Blick wagen auf das, was wir geschrieben haben.

Auch diese Phase wird den meisten von Ihnen eher aus dem beruflichen oder auch noch aus dem schulischen Schreiben bekannt sein, vielleicht auch noch aus Situationen, in denen es um offizielle Briefe geht: dieses letztendliche Kontrollieren, noch einmal ‹draufgucken›, ehe wir das Schreiben dann wirklich auf den Weg geben, diese Frage: ‹Ist das alles so in Ordnung, entspricht es dem, was ich sagen wollte, hat es seine Form?›

Warum ist die Phase 3 im Tagebuch wichtig?

Im Tagebuch ist die Frage:» Hat es seine Form?», auf den ersten Blick eher selten wichtig – z. B. dann, wenn es mir um die auszugsweise Veröffentlichung dessen geht, was ich geschrieben habe. Vielleicht möchten Sie gerne, daß Ihre Kinder oder Enkel einmal Auszüge aus Ihrem Tagebuch lesen oder gute Freunde oder auch Menschen in ähnlicher Situation wie Sie selbst. Dann allerdings gewinnt gerade diese Frage essentielle Bedeutung. Ist ein Text (noch) nicht so geschrieben, daß potentielle Leserinnen und Leser etwas damit anfangen können, wird es schwierig zu erreichen sein, daß jemand anders etwas damit anfangen kann.

Was aber bei Texten, die wir ‹ganz normal›, die wir einfach nur für uns selbst ins Tagebuch schreiben, ohne daß der Gedanke an eine mögliche Veröffentlichung irgendeine Rolle spielte? Bei der überwiegenden Mehrzahl aller Tagebuchtexte also? Hat dort die Phase 3, hat die Frage nach der Form dort noch irgendeine Bedeutung? Wir meinen: Ja. Auch wenn es bis jetzt einfach darum ging, loszuschreiben, im Tagebuch uns einen Ort zu gestalten, an dem wir einfach ‹sein› dürfen, so wie uns gerade zumute ist, kann es doch wichtig sein, diese ersten aufgeschriebenen Anliegen formal noch weiter auszugestalten, sie nach dem ersten Herunterschreiben noch weiter zu bearbeiten. Nicht bei jedem geschriebenen Text natürlich, das schon aus Zeitgründen nicht, aber doch bei denen, die uns beim Schreiben besonders bewegt haben oder die uns im auswertenden Lesen noch einmal besonders aufgefallen sind. Und auch in Verbindung mit der anderen, obengenannten Frage: ‹Entspricht das, was ich geschrieben habe, dem, was ich eigentlich sagen wollte oder will?›

Denn das, was wir ‹eigentlich› sagen wollen, das, was wir, vielleicht nur halb bewußt und halb auch unbewußt schreibend, in unser Tagebuch gebannt haben, die Anliegen, an denen wir uns schreibend abarbeiten, lassen sich nämlich nur zu häufig gar nicht so schnell in einem ersten Wurf fassen. Und mit dem zweiten oder dritten ‹Wurf› entwickelt sich dann auch die heilende Kraft des Schreibens unter Umständen erst richtig – wir bleiben ‹an unserem Thema›, statt Chancen zu verschenken und irgendwann von der unbewältigten Thematik doch wieder eingeholt zu werden – womöglich noch mit einer Schreibblockade.

Was kann in Phase 3 schiefgehen?

Genau das, was wir gerade angesprochen haben: Wir verschenken Chancen, indem wir einen Text zu früh beiseite legen: Chancen, uns selbst genauer zu verstehen, Chancen, unsere Kreativität so zu steigern, daß wir ein Thema optimal aufbereiten, und möglicherweise auch Chancen, unseren potentiellen Leserinnen und Lesern unser Anliegen nahezubringen.

Damit wir uns nicht falsch verstehen: Selbstverständlich sind wir auch dafür, einen Text einmal ‹liegenzulassen› und im Liegenlassen seine Inhalte weiter wachsen zu lassen, bis sie uns ins Bewußtsein steigen. Das ganze Buch hindurch haben wir Ihnen ja gerade deshalb unser Prinzip ‹Von Tag zu Tag› ans Herz gelegt.

Und selbstverständlich kann nicht jeder Text auf eine solche Weise drei Phasen durchlaufen – manchmal ist es einfach gut, etwas schreibend auszudrücken, uns frei zu schreiben und die Dinge dann ruhen zu lassen.

Doch manchmal hilft das bewußte Durchlaufen des Dreischritts, das Thema faßbar zu machen – für uns und andere. Und manchmal kann das vorzeitige Loslassen auch bedeuten, daß wir uns unserem Thema einfach nicht genügend gestellt haben. Wenn wir Glück haben, wird gerade dieses Thema uns dann über kurz oder lang wieder einholen – in einer anderen Problemstellung, in einem anderen Text. Oder aber die Erfahrung, mit diesem Thema nicht umgegangen zu sein, lähmt uns – das kann sich dann auswirken als längerfristige Schreibblockade.

Die Verhaltensweisen und Befindlichkeiten, die in Phase 3 häufig auftreten und stören – so wir diese Phase denn durchlaufen –, hängen vor allem mit einem hohen ästhetischen Anspruch zusammen, den viele Menschen an das Schreiben stellen. Zu diesem Anspruch hat uns bereits vor langer Zeit die Schule verholfen: In der Schule werden Texte in sogenannte ‹gute› und ‹weniger gute bis schlechte› Texte unterteilt. Nicht immer sind die Kriterien dafür ganz durchsichtig, was einen solchen ‹guten› oder auch ‹schlechten› Text ausmacht: Deutschlehrer der gesamten Bundesrepublik, denen in einem Forschungsprojekt Texte von Schülern zur Korrektur gegeben wurden, bewerteten dieselben Aufsätze von 1 bis 6! Eindeutig ist aber das Urteil: die ‹gute› oder ‹schlechte› Note und die Menge an roter Tinte, die so einen Aufsatz zieren kann. Und die Erfahrung dieser Mischung aus Benotetwerden und den eigenen Text mit mehr oder weniger viel roter Tinte versehen zu finden hat die meisten von uns veranlaßt, eine solche streng-kritische Haltung eigenen Texten gegenüber zu entwickeln.

Ist eine solche Haltung gekoppelt mit einer gewissen Ratlosigkeit, was nun die Kriterien für ‹bessere› und ‹schlechtere› Texte angeht, kann diese Mischung aus kritischer Haltung und Ratlosigkeit, wie dem inneren Kritiker denn nun beizukommen sei, zu einer Vielzahl von Störungen führen. In unserer Praxis treffen wir besonders häufig auf folgende Phänomene:

Der innere Kritiker schimpft unermüdlich und macht Druck: Manch eine/r nimmt ihn beinahe wie eine innere Stimme wahr, die ihn oder sie klein macht, verhöhnt, scheinbar zu entmutigen sucht.

Die Situation des Schreibens als Ausgeschimpftwerden macht einfach Angst. Eine häufige Strategie, Angst zu vermeiden, ist nun die, der Angst einfach aus dem Weg zu gehen, indem ich die Situationen meide, die mir Angst machen. Auf das Schreiben bezogen, heißt das, kurz gesagt: Wir entwickeln eine Schreibblockade.

Oder: Wir nehmen die Haltung unseres inneren Kritikers sozusagen vorweg. Wir betrachten uns selbst im Schreibprozeß argwöhnisch, schauen auf jedes Wort sozusagen mit erhobenem Zeigefinger und wollen am liebsten, um unseren Kritiker zu besiegen, nur noch Druckreifes aufs Papier bringen. Gerade wer zu früh an das Veröffentlichen eigener Texte denkt, befindet sich in dieser Gefahr. Denn auf diese Weise blockieren wir natürlich unsere eigene

Kreativität, der Schreibprozeß dauert länger, als er eigentlich müßte, und ist wesentlich quälender. Am Ende verlangsamt er sich möglicherweise so sehr, daß wir ebenfalls eine Schreibblockade entwickeln.

Tips, Check-ups und Übungen zu den Phasen des Schreibprozesses

Phase 1 und 2:
Was können Sie tun, um Phase 1 und 2 zu optimieren?
Einfach all das – oder eine Auswahl von dem –, was wir Ihnen im Laufe dieses Buches vorgeschlagen haben:

- Starten mit der Arbeit an Ihrem Thema, möglicherweise mit Hilfe einer Startschreibtechnik,
- gegebenenfalls dranbleiben, variieren, spielen mit Hilfe einer oder mehrerer der Herangehensweisen, die wir Ihnen in den Kapiteln 2–4 vorgestellt haben,
- rechtzeitig Pausen einlegen und sich später wieder neu ‹dransetzen›, bislang zum Thema geschriebene Texte auswerten – z. B. mit Hilfe einiger der Vorschläge aus Kapitel 2.3 – und sich auf diese Weise dem ‹eigenen› Anliegen annähern, das in einem solchen Textprojekt stecken kann.

Phase 3:
Was können Sie tun, um Phase 3 zu optimieren?
Hier möchten wir Ihnen noch einige genauere Tips und Übungsangebote geben, die Sie bei Interesse – einfach dann, wenn Sie sich einem Text und seinem Anliegen oder einem bestimmten Thema noch genauer nähern möchten, als das mit den bislang vorgestellten Übungen möglich sein kann – durchführen können. Immer dann also, wenn Ihnen ein Text und seine Thematik ganz besonders am Herzen liegen und Sie für sich den Eindruck haben, daß Ihre Phase 3 des Schreibprozesses noch einmal besondere Aufmerksamkeit erfordert.

Zunächst einmal einige Vorschläge für Phase 3 in Texten Ihres ganz privaten Tagebuchs, anschließend dann Tips zum Überarbeiten von Texten, die Sie aus der Hand geben möchten.

Phase 3 in Texten Ihres ganz privaten Tagebuchs

**Vom Schreiben zum Lesen I:
Mit eigenen Texten Kontakt aufnehmen**

Nehmen Sie sich doch einmal einige Minuten Zeit und lesen Sie Ihre Texte aus der Übung ‹Schreibstaffette – Variationen zu einem Thema› aus Kapitel 3.1, noch einmal konzentriert durch unter der Fragestellung:

Wie unterscheiden sich diese Texte im einzelnen voneinander?

Vier, fünf unterschiedliche Texte zu ein und demselben Anliegen – das bedeutet mit hoher Wahrscheinlichkeit mehr als nur Variationen zum Thema. Nämlich das Herausarbeiten unterschiedlicher Aspekte, unterschiedlicher Perspektiven, unterschiedlicher Lösungsmöglichkeiten für problematische Seiten der Thematik. Vielleicht haben Sie – bewußt oder unbewußt – unterschiedliche Bilder und Metaphern benutzt, um sich ein und demselben Sachverhalt zu nähern. Auf jeden Fall haben Sie in vergleichsweise kurzer Zeit eine ganze Menge an Varianten gefunden für ein und dasselbe Thema.

Und nun fragen Sie sich selbst einmal: Wäre derselbe Effekt Ihrer Meinung nach möglich gewesen mit dem freien Herunterschreiben Ihrer Gedanken in einem einzigen Zug? Hätten Sie auf diese Weise ausdrücken können, was Sie ‹eigentlich› sagen wollten?

Mit hoher Wahrscheinlichkeit ist das nicht der Fall. Das, was wir ‹eigentlich› sagen wollen, ist häufig genug – und besonders im Tagebuch – gerade das, was wir nicht auf Anhieb so genau, so klar sagen können. Wir brauchen mehrere Anläufe, und von diesen verschiedenen Anläufen ist wiederum keiner ‹verloren›, wird keiner durch den folgenden überflüssig – im Gegenteil: Jeder einzelne Schritt bringt uns dem ‹Eigentlichen› etwas näher.

Nebenbei bemerkt: ‹Etwas näher› ist dabei durchaus wörtlich zu verstehen. ‹Ein bißchen näher› an unser eigentliches Anliegen heran, und zwar gerade soviel, wie wir in dem jeweiligen Moment gut fassen können. ‹Ein kleines bißchen mehr, ein bißchen zuviel› könnte durchaus schon zuviel für unser Fassungsvermögen sein, gerade wenn es in einem Text zum Beispiel um schmerzliche Fragen geht. Erinnern wir uns daran, was wir bislang in diesem Buch zum Thema ‹Versinken in inneren Bilderwelten› gesagt haben. Es kann also sehr gesund sein, in vielen kleinen Schritten ein Thema noch mal und noch mal aufzunehmen, daran zu schreiben, uns einzelnen Aspekten zu widmen – bis es schließlich möglicherweise doch ‹abgearbeitet› ist.

Und andererseits: Wann haben wir denn den Eindruck, voll und ganz das zu sagen, was wir wirklich, ‹eigentlich› sagen wollen? Ganz sicher können Worte immer nur Annäherungen an die Gedanken und Gefühle sein, die sie ausdrücken, kaum einmal wird Sprache Teile unseres Innenlebens wirklich ganz und gar vollständig abbilden können. Um so wichtiger, sich dieser Möglichkeit eben einfach weitestgehend anzunähern.

Nun werden wir nicht jedes Mal, wenn wir in unserem Tagebuch etwas verfaßt, etwas aufgeschrieben haben, eine Schreibstaffette durchlaufen können und wollen, wie wir sie oben vorgeschlagen haben. Bei bedeutsamen Texten, bei Texten, die uns besonders bewegen, kann es deshalb wichtig sein, sie einfach nach dem Schreiben – unmittelbar oder auch später, nach Stunden-, Tagen oder vielleicht auch Wochen noch einmal zu lesen unter der Fragestellung:

Was sagt der Text, was will er anscheinend sagen? Ist es das schon? Welchen Eindruck macht er auf mich, kommt da in diesen Worten, die ich benutzt habe, ‹rüber, was rüberkommen möchte›?

Vom Schreiben zum Lesen II: Eine Phantasiereise zur Textbefragung

Diese Frage können Sie zu einer richtigen kleine Phantasiereise ausbauen. Gehen Sie folgendermaßen vor:

Erster Schritt:

Entspannen Sie sich, phantasieren Sie sich Ihren Lieblingsort, an dem Sie ungestört Kraft tanken können. Lassen Sie sich so intensiv auf diese Erfahrung ein, wie es Ihnen nur möglich ist. Dann visualisieren Sie – aus der Entspannung, die dieser Ort für Sie bereithält, noch einmal den Text, den Sie gerade gelesen haben. Oder noch konkreter: Bestimmte Textstellen, um die es Ihnen im Moment geht, an denen Sie eventuell noch einmal arbeiten möchten. Phantasieren Sie den Text in einiger Entfernung von sich, lassen Sie ihn entstehen, soweit wie möglich auch sinnlich wahrnehmbar:

- Sehen Sie das Papier, auf dem der Text geschrieben ist, sehen Sie die Schrift.
- Hören Sie das Papier knistern.
- Holen Sie es an sich heran, befühlen und beschnuppern Sie es und schieben Sie es wieder ein Stück weiter weg.

Oder: Sehen, hören, spüren Sie die Situation, die der Text beschreibt.

Zweiter Schritt:
Stellen Sie sich die Frage: Was sagt mir dieser Text?

Oder: Stellen Sie die Frage direkt an den Text, an eine wichtige Figur oder ein wichtiges Element des Textes. Warten Sie die Antwort ab und notieren Sie sie oder führen Sie einen regelrechten kleinen Dialog.

Dritter Schritt:
Und dann kann es Sinn machen, aus der Schreibstaffette zu lernen: dasjenige Element des Textes herauszugreifen, das Ihnen jetzt, nach der kleinen Phantasiereise, wesentlich erscheint und es noch ein-, zweimal – oder auch öfter – zu variieren:

- es zu komprimieren in eine Kurzform, ein Gedicht, ein Fragment aus drei Sätzen hinein,
- es in eine Metapher zu packen und vielleicht auch noch in eine andere, zweite oder dritte,
- es als Geschichte aus verschiedenen Perspektiven zu erzählen,
- oder welche Schreibtechnik und welche Textsorte auch immer Ihnen selbst gerade reizvoll erscheint.

Die amerikanische Poesietherapie hat herausgefunden, daß gerade dieses Variieren eines Textes in sich aus folgenden Gründen heilsam sein kann:

Im Schreiben und Variieren setzen wir uns mit einem Gefühl oder mit einem Anliegen auseinander, gewinnen Abstand, verhalten uns zu diesem Gefühl, nehmen spielerisch verschiedene Perspektiven ein: Wir sind Gestaltende und damit nicht mehr die Gefangenen dieses Gefühls oder dieses Anliegens.

Im Gestalten entwickeln wir unsere Kreativität, unsere Freude an der Ästhetik – auf diese Weise setzen wir möglichen schmerzlichen Seiten dieser Angelegenheit etwas Starkes, Gesundes entgegen.

Phase 3 in Texten, die Sie leserfreundlich gestalten möchten
Was ist nun womöglich anders, wenn Sie Teile Ihres Tagebuchs aus der Hand geben möchten? Im privaten oder auch im nichtprivaten Rahmen? Wie versprochen, wollen wir auch auf diese Frage noch einmal eingehen.

Unser wichtigster Tip gleich zu Anfang: Gehen Sie zunächst genauso vor, wie oben beschrieben: Ehe wir einen Text aus der Hand geben, müssen wir erst einmal selbst einverstanden sein – ganz und gar einverstanden. Denn letztlich schreiben wir so persönliche Texte wie die in Tagebüchern ja immer erst einmal für uns selbst – und für uns müssen sie stimmig sein, ehe wir jemand anderem gestatten, sich mit ihnen auseinanderzusetzen. Ist diese Voraussetzung erfüllt, ist es allerdings wichtig, sich noch eine andere Frage zu stellen: die Frage nämlich, ob unsere potentiellen Leserinnen und Leser mit dem Text, so wie Sie ihn formuliert haben, etwas werden anfangen können.

Sind Sie den vorhergehenden Schritt intensiv durchgegangen – den Schritt, den Text auf Ihr eigenes Gefühl für Stimmigkeit hin so durchzuarbeiten wie vorgeschlagen –, so wird diese Frage Sie möglicherweise zunächst einmal merkwürdig anmuten. Wenn Sie selbst das Gefühl haben: ‹So ist es richtig, das ist es, was ich sagen und möglicherweise auch anderen weitergeben möchte›, werden Sie vielleicht nur noch wenig Lust verspüren, diesen Text noch einmal anderen zuliebe zu verändern.

Unser Tip: Lassen Sie den Text in diesem Fall zunächst einmal liegen. Und vertrauen Sie Ihrem Gefühl. Es spricht durchaus etwas dafür, einen persönlichen Text, wenn ich ihn denn jemand anderem zeigen will, so «herauszugeben», wie er ganz und gar ‹meins› ist, ein Produkt, zu dem ich stehen kann. Und es reicht ja möglicherweise, wenn diejenigen Menschen etwas mit diesem Text anfangen können, die ähnlich gelagert fühlen und denken wie ich, die also von ihrer eigenen Persönlichkeit her etwas mit ihm anfangen können.

Andererseits ist es manchmal unnötig und kann vermieden werden, daß andere uns dort mißverstehen, wo wir wirklich etwas zu sagen haben. Ein derartiges Mißverständnis kann uns unter Umständen durchaus kränken und verletzen, gerade an Punkten, an denen uns ein Thema sehr wichtig ist. Eine Frage, die wir uns vor Herausgabe eines privaten Textes stellen sollten, lautet deshalb: Wie verletzlich sind wir an diesem Punkt, gerade in bezug auf dieses bestimmte Thema, dieses bestimmte Erlebnis? Ist es vielleicht doch ein zu privates, eines, das uns zur Zeit noch zu nahe ist, um einer wie auch immer gearteten Öffentlichkeit preisgegeben zu werden?

Und schließlich kann ein solches Mißverständis auch einfach ärgerlich sein. Wir möchten jemanden erreichen, möchten etwas mitteilen mit der Herausgabe unseres Textes. Dafür, daß uns das tatsächlich gelingt, gibt es natürlich keine letzte Sicherheit. Es gibt aber gewisse Anhaltspunkte dafür, ob ein Text vermutlich eine bestimmte Leserinnen- und Lesergruppe ansprechen wird. Schade ist es, wenn wir aus Unkenntnis dieser Anhaltspunkte bestimmte Schritte der Überarbeitung versäumen – eben solche Punkte, die wir leicht einbeziehen könnten, ohne daß unser Text dadurch seine ‹Authentizität›, seine ‹eigene Stimme› verlöre.

Schauen wir uns deshalb jetzt einmal diese einzelnen Punkte genauer an, die einen Text leserfreundlich machen können – Sie können dann für sich entscheiden, inwieweit Sie geneigt sind, den einen oder anderen in Ihren Text aufzunehmen.

Das Autorenteam Reinhard Tausch, Friedemann Schultz von Thun und Inghard Langer (1993) hat sich ausführlich mit der Frage beschäftigt, welche Art von Texten von welcher Zielgruppe als leserfreundlich angesehen wird. Das verblüffendste Resultat Ihrer Forschungstätigkeit: Die meisten in deutscher Sprache veröffentlichten Texte – z. B. Lexikonartikel, Zeitschriftenaufsätze u. a. – werden von Leserinnen und Lesern nicht als angenehm und leserfreundlich empfunden. Kein Wunder, werden wir doch im Schreiben für gewöhnlich auch nur höchst unvollständig geschult. Was jedoch einen leserfreundlichen Text ausmacht, welche Texte Menschen gern und interessiert lesen, hat das Team ebenfalls herausgefunden und beschrieben. Vor allem folgende Resultate waren dabei wichtig:

Leserfreundliche Texte müssen mindestens vier Kriterien erfüllen:

- Sie müssen gut gegliedert sein,
- einfach und übersichtlich gestaltet,
- möglichst kurz und prägnant formuliert,
- aber doch eine genügend große Anzahl anregender Zusätze enthalten.

Anregende Zusätze umfassen nach Tausch u. a. alles, was einen Text spannend, lebendig, eben anregend machen kann:

- kleine Geschichten und Anekdoten,
- rhetorische Fragen,
- Ausrufe,
- Zitate,
- Beispiele aus der Lebenswelt eines Menschen und so weiter.

Anregende Zusätze bedeuten damit häufig für unterschiedliche Leserinnen- und Lesergruppen etwas höchst Unterschiedliches. Eine Anekdote über einen Prominenten beispielsweise wird völlig unterschiedliche Reaktionen hervorrufen, je nachdem, wie vertraut dieser der speziellen Lesergruppe ist. Teenager werden sich von anderen Protagonisten beeindrucken lassen als beispielsweise Senioren.

Kurz und prägnant müssen vor allem Sachtexte sein – dennoch werden diese leicht oder auch unverständlich, wenn auf anregende Zusätze völlig verzichtet wird. Denken wir beispielsweise an die vielen unsäglichen Gebrauchsanweisungen, mit denen wir uns herumzuschlagen haben!

Für Sachtexte gilt also die Regel: So prägnant wie möglich, so anregend wie nötig. Und das kann bedeuten, daß ein und dasselbe Thema für verschiedene Zielgruppen sehr unterschiedlich aufbereitet werden muß. Eigentlich eine Selbstverständlichkeit – auf die aber längst nicht immer Rücksicht genommen wird.

Literarische, belletristische Texte dagegen, zu denen auch Tagebuchtexte gehören, leben von der Anregung. Hier dürfen Sie Ihrer Phantasie freieren Lauf lassen, spielerischer arbeiten, eher Gefühle und innere Bilder ansprechen. Und dennoch hat das Kriterium der Prägnanz auch hier noch seine Berechtigung: Auch ein literarisch orientierter Text darf Leserinnen und Leser nicht mit einer Bilderflut überschwemmen!

Besonders wichtig: Die ‹richtigen›, die zur Zielgruppe passenden Bilder können helfen, den Text spannend werden zu lassen.

✍ *Übung: LeserInnen-Imagination*

Blättern Sie Ihr Tagebuch durch und entscheiden Sie sich für einen Text, der ‹leserInnenfreundlich› werden soll, den Sie gern bearbeiten und anderen zugänglich machen möchten.

Entspannen Sie sich und stellen Sie sich einige Momente ganz auf Ihre potentiellen Leserinnen und Leser ein. Setzen Sie sich dazu mit folgenden Fragen auseinander:

- Was für Menschen sind das, die Sie mit Ihrem Text ansprechen möchten?
- In welcher Situation befinden sie sich?
- Welche Fragen werden sie möglicherweise bewegen, für die gerade Ihr Text eine Inspiration sein könnte?
- Welche Sehnsüchte, Hoffnungen, welche Sorgen und Ängste beschäftigen sie möglicherweise?
- Und: Was möchten Sie diesen Menschen mit Hilfe Ihres Textes gern mitgeben?

Notieren Sie dann Ihre vorläufigen Antworten auf diese Fragen und lesen Sie Ihren Text einmal mit den Augen Ihrer potentiellen Leser/innen. Fragen Sie sich dann:

- Sind die notierten Aspekte schon genügend berücksichtigt?
- Was könnten Ihre Leserinnen und Leser möglicherweise noch brauchen, um das nachzuvollziehen, was Sie selbst sich bereits als wichtig notiert haben?

- Welche anregenden Zusätze könnten speziell für diese Leser/innengruppe passend sein?
- Und wo sind Sie möglicherweise zu weitschweifig, wo brauchen es diese Menschen ein wenig prägnanter?

Schreiben Sie wieder auf, was Ihnen zu den Fragen in den Sinn kommt, und formulieren Sie den Text entsprechend weiter um.

Apropos ‹anregend schreiben›:
Im Tagebuchschreiben ist generell die Bedeutung einer möglichst sinnesnahen Ausdrucksweise zu betonen: Je mehr in einem Text gehört, gesehen, gefühlt, geschmeckt und geschnuppert wird, desto lebendigere innere Bilder werden bei Leserinnen und Lesern evoziert. Ebenso wichtig ist auch die bildhafte Vermittlung von Sinn: Innere Bilder werden sowohl durch sinnesnahe Schilderung als auch durch bildhafte Vergleiche evoziert. Trainieren Sie sich in beiden Schreibweisen:

✍ *Übung: Sinnesnah schreiben*
Nehmen Sie sich einen Augenblick Zeit und besinnen Sie sich auf Ihre Lieblingslandschaft. Wo sind Sie besonders gern? Am Meer? Im Gebirge? In einer Wiesenlandschaft? Im Wald? Notieren und skizzieren Sie die Landschaft kurz.

Beschreiben Sie so sinnesintensiv wie möglich, was in dieser Landschaft wahrzunehmen ist:

- Was gibt es zu sehen?
- Zu hören? Wasserplätschern? Vogelstimmen? Musik?
- Zu spüren? Sand unter den Füßen, Wind, Sonne, Regen auf der Haut?
- Zu riechen und vielleicht auch zu schmecken? Blumenduft, Duft und Geschmack von Früchten?

✍ *Übung: Von der Sinnesnähe zur Sinnhaftigkeit*
Gehen Sie auf diesem Weg noch einen Schritt weiter: Metaphorisieren Sie die gewählte Landschaft, suchen Sie bildhafte Vergleiche, für das, was die Landschaft für Sie, für Ihr Verständnis ausdrückt, spielen Sie mit dem Sinn Ihres Textes. Hier einige Vorschläge:

- Welche Vergleiche fallen Ihnen zu Ihrer Landschaft ein?
- Wie würden Sie sie als Wetterlage, als Musikinstrument, als Tier, als Stein beschreiben?
- Welches Symbol steigt vor Ihrem inneren Auge auf?

Stürmische See.
Geigen und Orgelbrausen.
Wilder Tiger oder sanfte Katze?
Ewiger Kreislauf.
Meer. (Gabriele, 51, Hausfrau)

5.3 Erste Hilfe bei Schreibblockade und Schreibrausch

Manchmal entlastet schon allein die konkrete Information rund um den phasenartigen Verlauf des Schreibprozesses von überhöhten Erwartungen rund um das Schreiben, die dann den Prozeß ungewollt bremsen können. Manchmal aber reicht dieses Wissen allein nicht, wir brauchen konkrete Handlungsalternativen: Dann nämlich, wenn uns ein Thema sehr drückt – auf die Stimmung vielleicht und auch auf den Schreibprozeß

Deshalb im folgenden einige spezielle Tips und Übungen rund um das Thema ‹Umgang mit der Schreibblockade›, gestuft nach Intensität des Blokkadeerlebens.

Die leichte oder die beginnende Schreibblockade

Der Beginn einer Schreibblockade kündigt sich häufig so an: Wir verspüren eine Art innerer Unruhe, die es uns unmöglich zu machen scheint, uns einfach hinzusetzen und anzufangen. Da meinen wir, wir sollten erst mal Kaffee kochen, die Fenster putzen, Telefonate erledigen, ehe wir uns zum Schreiben aufraffen, und dann kommen plötzlich Kopfschmerzen, oder uns fällt einfach nichts ein. Bei beginnender Blockade hilft oft am ehesten, über sie hinwegzugehen und sich selbst weiter einfach ‹auf der Spur zu bleiben›. ‹Durch Schreiben im Schreiben bleiben› heißt hier die Devise, und die Befriedigung, die das Schreiben verschaffen kann, ist dann nicht selten auch der Motor, der über kurz oder lang die Gefahr einer Blockierung wieder auflöst und uns im Schreibprozeß hält.

☛ Tip

Ist es Ihnen nicht so einfach möglich, am Thema und im Prozeß zu bleiben, hilft oft folgender Trick: Schreiben Sie ein paar Minuten lang frei über das Gefühl, das Sie jetzt, in diesem Moment beherrscht – z. B. über den Eindruck Ihrer Ohnmacht gegenüber der sich ausbreitenden Blockade. Zum Einstieg eignen sich dabei besonders diejenigen Schreibtechniken, die den freien Fluß

Ihrer Gedanken, Ideen und Gefühle fördern, also z. B. assoziative Schreibtechniken, wie Clustering, Freewriting, Freies Assoziieren und das Imaginative Schreiben.

✍ *Übung: Blockaden verstehen lernen*

Erinnern und notieren Sie eine Situation, in der Sie unter einer besonders quälenden Schreibblockade gelitten haben. Nutzen Sie dann bewußt die Freewriting-Methode und schreiben Sie, so schnell Sie können, eine halbe Seite zu Ihrem Befinden in dieser Situation. Beginnen Sie den Text mit dem Halbsatz: ‹Ich hielt es schwer aus ...›

Lesen Sie dann Ihren Text kritisch unter der Fragestellung: Welche Gedanken und Gefühle drücken sich hier aus? Fertigen Sie eine Liste, in der nur diese Gefühle benannt sind.

In einer zweiten Liste können Sie, wenn Sie möchten, festhalten, wie Sie noch mit diesen Gefühlen hätten umgehen können, statt sie in einer Schreibblockade auszuleben. Wie können Sie zum Beispiel Ihrem Anspruch gerecht werden, lebendig und zugleich ehrlich und authentisch zu schreiben, oder wie mit Ihrer Angst vor bestimmten Erinnerungen, die an Ihrem aktuellen Schreibthema hängen? Durch verschiedene kleinc Textfragmente, die Sie mit Hilfe verschiedener Techniken zum Thema produzieren? Dadurch, daß Sie das Thema aus der Sicht einer anderen Person beschreiben oder in der dritten Person? Phantasieren und notieren Sie verschiedene Lösungen und lassen Sie sich dabei inspirieren vom Unterkapitel ‹Selbsthypnose als Weg des kreativen Schreibens› im ‹Selbsttherapeutischen Tagebuch›.

Wenn Sie mögen, probieren Sie dann jetzt im nachhinein doch einmal diejenigen unter den gefundenen Möglichkeiten aus, die Ihnen am sympathischsten sind – für Ihr damaliges oder auch für ein jetzt aktuelles Thema!

☛ **Tip**

Diesen Perspektivenwechsel können Sie weiterhin kultivieren: Das Spiel mit verschiedenen Schreibtechniken unterläuft den lähmenden Ernst, den eine Schreibblockade oft entwickelt.

Die hartnäckigere Blockade

Der wichtigste Schritt für hartnäckigere Schreibblockaden, die sich so schnell nicht auflösen lassen: Nehmen Sie Ihre Blockade wichtig! Irgend etwas Wichtiges will sie Ihnen ganz sicher mitteilen. Also: Mit ihr umgehen, aber gleichwohl ‹im Schreiben bleiben›!

✍ *Übung: Der Blockade einen Sinn unterstellen*
Schreiben Sie fünf Aspekte auf, die Ihre Blockade unter irgendeinem Blickwinkel als sinnvoll erscheinen läßt. Beschreiben Sie dann, wie sich der versteckte Sinn hinter Ihrer Blockade in Ihrem Leben umsetzen läßt, statt über das Blockieren Ihrer Schreibkreativität.

✍ *Übung: Das Thema wechseln*
Schreiben Sie einfach mal mit einer Ihrer Lieblingsschreibtechniken zu einem ganz anderen Thema, einer anderen Fragestellung – einfach irgend etwas, was Ihnen Spaß macht. Das bringt Abstand zu Ihrem aktuellen Thema, läßt Ihnen aber die Freude am Schreiben als Ressource. Diese aber läßt sich dann nach einer Zeit des Abstands auch wieder auf das Thema übertragen, das zuvor blockiert war.

✍ *Übung: Den Schwerpunkt wechseln*
Ein ähnliches Vorgehen, schon wieder etwas themenzentrierter: Schreiben Sie einmal bewußt andere Schwerpunkte Ihres Themas an. Ziehen Sie das Ganze von einem anderen Ende her auf. Schreiben Sie über einen scheinbaren oder tatsächlichen Nebenaspekt, den Sie bisher weniger zur Kenntnis genommen haben. Manchmal hilft ein solcher Perspektivenwechsel, und manchmal steht auch auf einmal das gesamte Thema in einem anderen Licht da.

Die Phasen Ihres individuellen Schreibprozesses

Sie haben nun einen Überblick gewonnen über die einzelnen Phasen des Schreibprozesses, über ihre Bedeutung, ihre Chancen und über die Probleme, die sie enthalten können. Sie kennen die Fallstricke, die in den jeweiligen Phasen dazu führen können, daß sich der Schreibfluß in eine Schreibblockade wandelt. Und Sie haben Mittel und Wege kennengelernt, eine solche Schreibblockade wieder aufzulösen. Was Sie jetzt brauchen, um diese Informationen gegebenenfalls umsetzen zu können, hängt wieder mit Ihren persönlichen Ressourcen zusammen: Ihren ganz persönlichen Fahrplan nämlich durch den Dschungel der möglicherweise einmal auftretenden Schreibblockaden. Ihr Kompaß ist dabei das Phasenmodell des Schreibprozesses: Es kann Ihnen helfen, sich trotz eventuell vorhandener oder sich ankündigender Blockade zu orientieren. Es zeigt Ihnen, an welcher Stelle Ihres Schreibprozesses Sie sich gerade befinden und in welche Richtung es weitergehen sollte. Den ganz genauen Fahrplan aber – die Frage, welcher Rahmen, welche kreative Schreibtechnik oder welches Vorgehen sonst Ihnen helfen könnte, Ihren Weg weiterzugehen – müssen Sie sich selbst zusammenstellen. Nur Sie selbst kennen sich so genau, daß Sie klar genug sagen können, welches Vorgehen Ihnen guttun, was Sie jetzt unterstützen kann. Und wir denken, Sie haben durch die im Buch bislang vorgestellten Vorgehensweisen und Techniken auch bereits genügend Erfahrungen sammeln und beobachten können, mit sich selbst, mit Ihrem Schreibprozeß und mit verschiedenen Schreibtechniken.

Nun ist es eine jedem wohlbekannte Erfahrung, daß Fahrpläne sinnvollerweise eine Zeit vor einer Reise zusammengestellt werden, möglicherweise mit unterschiedlichen Alternativen, einfach, um rechtzeitig vorbereitet zu sein und die genaue Route auswählen zu können, wenn es dann losgeht. Unser Vorschlag: Stellen Sie sich auch Ihren Fahrplan für den Umgang mit möglichen Schreibblockaden rechtzeitig zusammen – nicht unbedingt dann, wenn Sie schon in der Blockade feststecken und scheinbar ‹nichts mehr geht›, sondern jetzt, da Sie dem Thema nahestehen und sich auch Ihren eigenen Ressourcen rund um das Schreiben gestellt haben.

✍ *Übung: Ihr persönlicher Fahrplan durch den Schreibprozeß*
Nutzen Sie dazu wiederum das Listenprinzip und notieren Sie sich zu jeder der vier Schreibphasen diejenigen Schreibtechniken und Vorgehensweisen, die Sie bevorzugen.

Phase des Schreibprozesses	Lieblingsvorgehensweisen

5.4 Transpersonale Krise – Erste Hilfe beim Schreibrausch

> *«Ohne irgendwelche bewußten Bemühungen ist mein Tagebuch zum Aufzeichnungsmedium für all die Male geworden, in der irgendein geheimnisvoller Prozeß sich in meinem Schreiben und in meinem Leben ausdrückt.»* Burghild Nina Holzer

Das Schreiben im Tagebuch kann uns allerdings durchaus auch einmal in Situationen bringen, mit denen wir kaum gerechnet hätten, in Situationen, in denen die Intensität, mit der wir uns auf einmal mit bestimmten Themen auseinanderzusetzen beginnen, die Intensität des Schreibens auch, die damit einhergehen kann, uns langsam oder auch schnell zu überfordern beginnt.

In diesem Unterkapitel möchten wir uns vor allem mit Problemen transpersonaler Art befassen, die im Prozeß des Tagebuchschreibens auftreten können. Probleme, die uns, einmal ins Bewußtsein gerückt, in Beschlag nehmen können und uns möglicherweise kaum einmal bewußt waren, ehe sie als Schreibstörung oder als regelrechte transpersonale Krise überraschten. Solche Überraschungen sind nicht sehr häufig – da tritt dann meist rechtzeitig unser inneres Sicherheitsventil, z. B. in Gestalt einer Schreibblockade, in Aktion. Solche Erfahrungen, die sich insbesondere als Schreibrausch manifestieren können, kommen aber vor. Was also tun, wenn wir bemerken, daß wir, aus welchen Gründen auch immer, während des Führens unseres Tagebuchs tiefer in eine transpersonale Krise hineingeraten, als wir erwartet hätten? Wenn wir uns verwirrt fühlen,überwältigt von den Erfahrungen, die sich beim Schreiben eingestellt haben – oder auch, die durch das Schreiben ‹wachgerüttelt›, ‹bloßgelegt› worden sind?

Spirituelle Entwicklung durch Meditation und kreative Schreibtechniken führen im Laufe der Zeit zur Erweiterung des Bewußtseins. Das passiert durch die Konfrontation mit dem Unbewußten, das sich in den Bildern, Symbolen und Personen des Schattens, der Persona und den Archetypen des Selbst zeigt. Diese Konfrontation kann bei echten Krisen von längerer Dauer Mana-Qualität, das «Alles-bin-Ich«-Syndrom, oder das «monströse Selbst» des «Egotrips» auslösen, wenn die natürlichen Widerstände und Verdrängungen überrannt werden (vgl. C. G. Jung: Das Verhältnis von Bewußtem und Unbewußtem, München 1990). Bei spirituellen Krisen kann aber auch eine Reaktivierung christlicher, meist fundamentalistischer Orientierungen eintreten, die sich bei Mitgliedern der christlichen Kultur besonders dann aufdrängen, wenn psychische Angstzustände und Verunsicherungen verkraftet werden sollen. Schließlich wird im besten Fall ein kreativer Schub ausgelöst, der nur von den üblichen Schmerzen des Wachstums begleitet wird.

Mit S. und C. Grof (1991) lassen sich zehn Formen von spirituellen Krisen unterscheiden, die verschiedenen Stufen der Religionsgeschichte entstammen:

1. Die Schamanische Krankheit
2. Das Erwachen im Kundalini-Yoga
3. Gipfelerlebnisse
4. Psychologische Erneuerung, Erweckungserlebnisse
5. Die Krise der mystischen Nacht
6. Erfahrungen aus früheren Leben
7. Kommunikation mit geistigen Führern (»Channeling«)
8. Nah-Todeserfahrungen
9. Erscheinungen von Geistern
10. Zustände von Besessenheit (S. u. C. Grof 1991, S. 38)

Allerdings ist stets zwischen Alltagsstreß und Entwicklungsproblemen, die aus den Lebensphasen (Identitätskrise des jungen Erwachsenenalters, Krise der Lebensmitte, Krise der Veränderung), wie sie E. H. Erikson: Identität und Lebenszyklus, Frankfurt 1976, entwickelt hat, und spirituellen Krisen zu unterscheiden. Erst wenn klar ist, daß keine allgemein menschlichen Krisenursachen vorliegen, kann auf eine spirituelle Krise geschlossen werden, wenn die Verunsicherungen eine hohe Intensität und eine langfristige Dauer umfassen.

Die meisten dieser Erfahrungen lassen sich durch die eine oder andere der im folgenden vorgeschlagenen Übungen mildern und letztlich überwinden. Sollten Sie allerdings den Eindruck haben, es schwer allein zu schaffen, könnte Ihnen zweierlei helfen:

Erstens: Sie distanzieren sich eine Zeitlang von Ihrem Tagebuch. Konzentrieren Sie sich, statt auf spirituelle Erfahrungen, auf Ihre ganz reale Umwelt und auf Ihren Körper. Essen Sie etwas Kräftiges, schlafen Sie genug, gehen Sie spazieren, betrachten Sie die Natur, betätigen Sie sich, wenn Sie mögen, auch körperlich. Kurzum: Erden Sie sich. Nichts hilft nachdrücklicher gegen spirituelles ‹Abdriften› als Erdung (s. auch: E. Bragdon: Spirituelle Krisen).

Zweitens: Sollte diese Form der Selbsthilfe nicht reichen, so zögern Sie bitte nicht, sich professionelle Hilfe zu suchen. Doch zunächst zur Selbsthilfe. Betrachten wir also das ‹Tagebuch Ihrer transpersonalen Krisen›.

Struktur nutzen

Die amerikanische Schreibtherapie hat herausgefunden, daß das reine Fließenlassen von Gefühlen im Tagebuch ein häufiger Grund dafür ist, daß Menschen an ihrem Tagebuch eher verzweifeln denn gesunden (vgl. z. B. K. Adams 1993). Allein die Bereitschaft, uns dem Schreibfluß zu überlassen, macht nämlich noch nicht unbedingt klarer und stärker. Der Schreibfluß kann befreiend wirken, er kann auch durchaus verwirren und uns in eine Art inneren Strudel hineinziehen. K. Adams plädiert deshalb – Sie haben es bereits in den ersten Kapiteln gelesen – in ihrer Tagebuchtherapie für ein strukturiertes Schreiben als Voraussetzung für die Arbeit mit Themen, die uns besonders bewegen. Schauen wir uns diese Forderung nun einmal etwas genauer an. Strukturiert schreiben kann nun mehreres heißen:

Einmal ist es wichtig, den äußeren Rahmen der eigenen Schreibaktivitäten strukturiert zu gestalten, wenn ich über ein wichtiges, mir nahe gehendes, irgendwie nicht einfach zu bewältigendes Thema schreibe.

✍ *Übung: Schreibrituale entwickeln*

Bedenken und notieren Sie, welche Rituale Ihnen besonders gefallen und helfen könnten – oder schon geholfen haben –, ins Schreiben zu finden und aus dem Schreiben wieder auszusteigen.

Legen Sie fest, mit welchen Ritualen Sie in Zukunft Ihr Tagebuchschreiben beginnen, begleiten und beenden möchten.

Schreiben Sie mit Hilfe einer Basisschreibtechnik nach freier Wahl einen kleinen Text zum Thema ‹Schreibrituale› und nutzen Sie dazu die gewählten Rituale.

Nehmen Sie sich vor, die Rituale beizubehalten, solange diese Sie stärken, und sie dann abzuwandeln, wenn Sie selbst den Eindruck haben, etwas Neues zu brauchen.

Wichtig über die Struktur des äußeren Rahmens hinaus kann aber auch die Struktur der Schreibarbeit selbst werden. Gerade für die Bewältigung belastender Erfahrungen ist es sinnvoll, mit besonders strukturierten Übungen und Techniken des kreativen Schreibens zu arbeiten – diese enthalten ebenfalls größere Möglichkeiten zur Distanzierung. Zu den Starttechniken, die helfen, ins Schreiben zu finden, Ideen und Assoziationen aufs Papier zu bringen und dabei innerlich klar und strukturiert zu bleiben, gehören dabei z. B. alle diejenigen Basistechniken, die in sich bereits eine gewisse Struktur aufweisen, d. h. insbesondere die Techniken:

- beobachtendes Schreiben,
- Listen führen,
- Schreiben nicht abzusendender Briefe,
- Schreiben von Dialogen.

✍ *Übung: Vom Fluß zur Struktur – Variationen zu einem Thema*

Suchen Sie sich einmal bewußt ein Thema aus, das für Sie nicht so leicht zu bewältigen ist – eine unverarbeitete Liebesgeschichte vielleicht, ein Rausschmiß, ein Streit in der Verwandtschaft. Irgendein Thema, von dem Sie bereits wissen: ‹Hierüber werde ich gerade nicht so leicht ins Schreiben kommen. Und wenn doch, dann wird es mich Kraft kosten, wieder Abstand dazu zu schaffen.›

Sorgen Sie dafür, daß es Ihnen gutgeht, widmen sie einige Minuten Ihrem Einstiegsritual.

Dann beginnen Sie doch einmal mit einer ‹Schreibstaffette in kleinen Häppchen› zu Ihrem Thema: Nehmen Sie sich einige Tage lang Zeit und probieren Sie – jeweils zehn, fünfzehn Minuten lang vielleicht, also wohlstrukturiert, ohne sich allzulange darin zu verlieren – verschiedene Basistechniken:

Wählen Sie Ihr Thema als Kernwort eines Clusters und clustern Sie drauflos!

Schreiben Sie aus den Assoziationen einen kurzen Freewriting-Text. Achten Sie darauf, den Text gut abzurunden: Nehmen Sie das Anfangsmotiv zum Schluß des Textes noch einmal auf!

Lesen Sie Ihren Text noch einmal durch in bezug auf Schlüsselwörter und -motive, unterstreichen Sie diese und formen Sie zu jedem dieser Motive ein kleines Gedicht.

Wählen Sie ein Motiv aus, und fertigen Sie eine Liste aller Vorzüge und aller Nachteile an, die Sie in bezug auf dieses Motiv für Ihr Leben sehen!

Schreiben Sie über die Erkenntnisse aus dieser Liste einen Brief an einen guten Freund.

Schließen Sie jede Übung zu diesem Thema mit einem angenehmen Ausstiegsritual ab: Genehmigen Sie sich eine Tasse Tee, joggen Sie, entspannen Sie, widmen Sie sich Ihrem Hobby oder was auch immer Sie sich zum Ausstieg vorgenommen haben. Und: Tun Sie das, was Sie dann tun, in dem Bewußtsein: Sie haben es sich verdient!

Betrachten Sie schließlich nach einigen Tagen Ihre Aufzeichnungen unter der Fragestellung:

- Was habe ich im Rahmen dieser Schreibstaffette Neues über mich erfahren?
- Und vor allem: Welche Art der Schreibübung hat dabei wie auf mich gewirkt? Was hat das strukturiertere und was hat das freiere Schreiben ausgelöst?

Schließlich kann es wichtig werden, sich mit der Erfahrung der Krise selbst im Tagebuch auseinanderzusetzen. Schreiben hilft verstehen lernen und kann heilend wirken – diese Erfahrung haben Sie mittlerweile häufig genug für sich gemacht. Allerdings – heilende Wirkungen passieren gerade bei der Bewältigung von Krisen eher im Laufe der Zeit als sofort und in einem Rutsch. Muten Sie sich deshalb die schreibende Auseinandersetzung mit der Krise und ihre Einordnung in lebensgeschichtliche Zusammenhänge erst dann zu, wenn Sie sich stark genug dafür fühlen – die Auseinandersetzung läuft Ihnen nicht weg. Notieren Sie sich einige Gesichtspunkte zu Ihren eigenen spirituellen Krisen, wie Sie sie bislang erlebt haben.

In den meisten Fällen ist der Mensch fähig, Störungen seiner spirituellen

Entwicklung selbst zu erkennen und sich selbst zu helfen. Sein Bewußtsein verarbeitet die Einbrüche des Unbewußten. Indem es die Einbrüche durcharbeitet, ordnet und sie in das System seiner Weltanschauung eingliedert. Er kann die Einbrüche auch aus biographischen und archaischen Träumen ableiten und sie in den Kontext seines Schattenarchetyps einordnen. Er kann so übertriebene Ängste mildern und geistige Zusammenbrüche und die Fixierung von Regressionen vermeiden.

✍ *Übung: Krisenbiographie*
Schreiben Sie einen kleinen Text über Ihre bisherigen spirituellen Störungen und wie Sie ihrer Herr geworden sind.

Gerlinde, 27 Jahre, Malerin, schrieb z. B.:

Kindliche Alpträume und nachts allein wachliegen
    Trostfreundin phantasieren
Großmamas Tod und keiner konnte es mir erklären.
    an sie denken
Heimweh
nicht mehr malen können
Die erste Liebe und Trennung
    schreiben
Religiöse Krise
    malen
wieder malen können
    weiter malen
Geburt meiner Tochter
    die kleinen Dinge des Alltags bewußt genießen

Wir unterscheiden spirituelle Krisen von längerer Dauer, die zu einer überraschenden Persönlichkeitsveränderung führen, von spirituellen Angriffen, die sich nur kurz bemerkbar machen und jeden Wachstumsprozeß der Person begleiten. Spirituelle Angriffe, als Angriffe auf das geistige Welt- und Selbstbewußtsein, können innerpsychische und außerpsychische Ursachen haben. Innerpsychische Angriffe können, tiefenpsychologisch betrachtet, aus dem Über-Ich, unserem Gewissen, aus dem Unbewußten, dem Es oder auch aus dem Ich selbst stammen.

✍ *Übung: Spirituelle Angriffe*
Sortieren Sie die spirituellen Angriffe, die Sie bisher erlebt haben, in einem dreigliedrigen Raster, das die Spalte Über-Ich, Es und Ich enthält.

Über-Ich	Es	Ich
Vaterbilder, die Angst, Schuld oder Verzweiflung auslösen	Mutterbilder, die Verschmelzung, Macht und Erlösung, im Aufgehen in anderen Personen versprechen	Doppelgänger-Begegnung mit dem Schatten, der alles Verdrängte nahe bringt

Außerpsychische Angriffe resultieren einmal aus interpersonellen, emotionellen Belastungen oder aus der Pluralität und dem Kampf letzter Seinschiffren und ihrer Vertreter, die den eigenen Weg in Frage stellen. (Vgl. hierzu auch Kapitel 4 unseres Buches, das ‹Philosophische Tagebuch›.) Der Kampf der Seinschiffren ist natürlich in einer pluralistischen Demokratie aufgeklärter Qualität prinzipiell in jeder Situation gegeben und auch der Hintergrund für viele psychische Belastungen des modernen Menschen.

Um für ganz natürliche oder auch weitergehende spirituelle Krisen und Angriffe gewappnet zu sein, ist die *geistige Selbstverteidigung* notwendig, deren Grundtechniken im folgenden besprochen werden sollen.

Erdung:
Alle geistigen Exkurse brauchen Erdung, die Rückkehr in den Alltag, ins Hier und Jetzt. Die beste Erdung ist die Kontaktaufnahme mit den Körpersinnen:

- Das ruhige Sehen der Dinge um mich herum, mit der die Subjekt-Objekt-Spaltung bestätigt wird.
- Das Betrachten des eigenen Gesichts, das kaum verändert ist, auch wenn im Kopf die Gedankenstürme wandern.
- Das Spüren von Ruhe und Schwere des Körpers (ohne beunruhigende Gedanken), wie es das Autogene Training vermittelt.

✍ *Übung: Erdung*
Notieren Sie sich einige Stichpunkte zum Thema Erdung.

Schutzsymbole und Schutzgedanken
Um bei Gefühls- und Gedankenstürmen eine Orientierung zu behalten, sind Ordnungssymbole und Schutzgedanken brauchbar.

Ordnungssymbole der Welt sind etwa:

- Die vorsokratischen vier Elemente: Feuer, Wasser, Luft, Erde
- Die christlichen Symbole: Kreuz, Rose, Gral, Taube
- Die östlichen Symbole: Buddha-Figur, Yin-Yang-Kreis

Persönliche Schutzgedanken kann man aus der Existenzerhellung (K. Jaspers 1956, Bd. 2) oder aus der Selbsttherapie, aus der Psychotherapie oder der Selbstanalyse gewinnen (L. v. Werder 1980, L. v. Werder/J. Peter 1982). Persönliche Schutzgedanken umfassen die Kenntnisse der *eigenen Biographie,* ihrer Traum- und ihrer richtigen und falschen Abwehrmechanismen, das Bild des eigenen Charakters, seiner Fixierungen und die Umrisse der eigenen archetypischen Ladung (C. G. Jung 1988, Bd 9).

Überpersönliche Schutzgedanken sind aus dem Transzendieren, dem Philosophieren über Sein und Transzendenz zu gewinnen (vgl. K. Jaspers 1956, Bd. 3). *Die Chiffren des Seins,* wie sie die griechische und abendländische Metaphysik hervorgebracht hat, sind eine Hilfe, um sich des Bezuges von Existenz und Transzendenz, von Person und kosmischer Ganzheit zu vergewissern (vgl. K. Jaspers 1990).

Auch die eigene Biographie und die Transzendenz kann in Schutzsymbolen konzentriert werden, deren Visualisierung die eigene Verortung in der geistigen Welt sichert und jederzeit eine Erdung möglich macht (vgl. M. Hopel 1987).

✍ *Übung: Schutzsymbole, Schutzgedanken*

Zeichnen Sie Ihre Weltordnungssymbole. Entwickeln Sie einige Sätze zu Ihren persönlichen und überpersönlichen Schutzgedanken. Zeichnen Sie dann noch einmal persönliche und überpersönliche Schutzsymbole.

Schutzrituale – Jeder spirituelle Prozeß sollte einen klar benannten Anfang und ein abschließendes Ende haben. Der Raum und die Zeit für die spirituelle Arbeit sollte klar festgelegt, mögliche spirituelle Schwierigkeiten sollten am Anfang der Arbeit bedacht werden. Widerstände sollten ebenso akzeptiert wie individuelle Varianten des Schutzverhaltens toleriert werden.

✍ *Übung: Schutzrituale*

Entwickeln Sie ein paar Vorschläge für Ihnen einleuchtende Schutzrituale.

Hilfen bei Katharsis und Trance – Sollten tiefere Stufen des Trauerbewußtseins oder der Versenkung durch sie selbst nicht aufhebbar sein, so nehmen Sie Hilfe an. Eine Gruppe z. B. wird immer auf extreme Gefühlsausbrüche oder Versenkungsdurchbrüche reagieren und Ihnen helfen, Schutzgedanken und Schutzsymbole zu reaktivieren, Erdungen zu vollziehen oder sich in den Kreis von Schutzritualen zu begeben.

✍ *Übung: Hilfe bei Katharsis und Trance*
Schildern Sie in einigen Stichworten die Art und Weise Ihres Umgangs mit Trauerbewußtsein oder Versenkung.

Spezielle Hilfen bei spirituellen Angriffen
Reinkarnationsideen – Oft sind tiefe Regressionen ins Es mit der Stimulierung energiegeladener Archetypen verbunden. Die eigene Person wird von diesen Archetypen attackiert, und wer den Angriffen erliegt, greift oft auf die Reinkarnationslehre (Karma) zurück und versteht sich dann z. B. als «Reinkarnation des Pharaos Echnaton», als Messias, Prophet oder Erleuchteter usw. (vgl. M. Hope 1987). Die Gegenwehr gegen solche überrumpelnde Reinkarnationszwänge können sich auf folgende Argumente stützen:

- Jede historische Figur gibt es nur einmal. In ihrer Einmaligkeit liegt nämlich auch ihre historische Qualität.
- Wir verlieren unsere Person sehr leicht, wenn wir «unser Unterbewußtsein dem Ozean kosmischen Bewußtseins» öffnen (M. Hope, S. 801).
- Viele Reinkarnationserinnerungen sind nur archetypische Reflexe der eigenen Kultur oder der eigenen religiösen Sozialisation oder Splitter aus dem kosmischen Bewußtsein.
- Für Europäer ist die Frage der Reinkarnation, die aus Asien stammt, eher verwirrend und voller Widersprüche.
- Bei hartnäckiger Reinkarnationsidee hilft Amplifikation des Archetyps und biographische Analyse der eigenen Affinität zum Archetyp. (Zur Amplifikation vgl. C. G. Jung in der Darstellung von Jolande Jacobi 1980, S. 87ff.).

✍ *Übung: Reinkarnationsideen*
Notieren Sie sich eine Überlegung, welche Heros- und Heroinenfigur Ihnen nahestehen könnte.

Logengründung – Das Erlangen von spirituellem Wissen führt oft zur Idee der Bildung von Hierarchien. In der Geschichte entstanden so die «Geheimlogen«. Sie sind und waren ein Tummelplatz für Manaenergien und «Größenselbste«. Die Logenidee ist dadurch abzuwehren, daß man besser man selbst bleibt und alle Phantasiediplome ablehnt. Es gibt kein Diplom für Weisheit. Das Sein ist radikaldemokratisch.

✍ *Übung: Logengründung*
Notieren Sie Ihre Gedanken zur spirituellen Hierarchie.

Innerer Seelenführer – Früher sind wir auf den Begriff des des ‹Inneren Seelenführers› gestoßen als Vorbild und Leitbild. Dieser Seelenführer kann nicht nur positive, er kann auch negative Seiten haben. Er oder sie kann Wachstum fördern oder Wachstum gefährden. Wichtig ist, den Seelenführer oder die Seelenführerin bei gefährlichen Impulsen nicht zu verdammen oder hochmütig abzukanzeln, sondern mit ihr oder mit ihm im Gespräch zu bleiben. Die eigenen Abweichungen von den Vorschlägen des inneren Seelenführers und von seinen Hilfsmöglichkeiten sind in Liebe, Freundschaft und Anerkennung auszuhandeln. Die letzte Instanz muß aber immer die eigene Vernunft bleiben.

✍ *Übung: Innerer Seelenführer*
Entwerfen Sie das Bild eines idealen Seelenführers und machen Sie sich dann Gedanken über seine positiven und negativen Seiten.

Spirituelle Angriffe als Hilfe getarnt – Wenn Sie beim Tagebuchschreiben auf Kräfte stoßen, die Sie in einer Weise beanspruchen, daß Ihr Alltag durcheinanderkommt (plötzlich nächtliches Aufwachen, das Abhalten von Verpflichtungen, das Entdecken von scheinbar sinngeladenen Zusammenhängen, die keine sind usw.), dann stehen dahinter keine hilfreichen Kräfte. Analysieren Sie das Auftauchen dieser Kräfte oder sagen Sie diesen Kräften Ihre Meinung und schicken Sie sie weg. Am besten schicken Sie sie dahin, woher sie auch immer gekommen sein mögen.

✍ *Übung: Spirituelle Angriffe als Hilfe getarnt*
Notieren Sie einige nervöse Störungen, die Sie öfter behelligen.

Spirituelle Selbstsuche im praktischen Leben – Tagebuchschreiben ist ein Medium auf dem eigenen Weg und wie jedes andere Medium auch eines, das, exzessiv betrieben, auch von uns, unserer Person wegführen kann. Der Weg der Persönlichkeitsentwicklung und auch der spirituell-transpersonale Weg führt nicht nur nach innen oder nach außen, sondern ins Leben, in die Beziehung zum anderen Menschen und zu den Problemen der Gesellschaft, Natur und Welt.

✍ *Übung: Spirituelle Selbstversuche im praktischen Leben*
Machen Sie Pläne für gesellschaftliche Aktivitäten und skizzieren Sie zwei soziale Projekte, mit denen Sie Ihr gesellschaftliches Engagement ausdrücken wollen.

5.5 Körperliche Reaktionen beim Tagebuchschreiben

Dem Körper als Medium des Schreibens, der Erstellung, aber zugleich auch wiederum der Verarbeitung von Texten, wird für gewöhnlich eher wenig Aufmerksamkeit zugewandt. Die Auseinandersetzung mit demZusammenhang von Schreiben und Körper ist sowenig verbreitet wie die Auseinandersetzung mit den kognitiven und emotionalen Seiten des Schreibprozesses. Mit häufig verheerenden Folgen: So verspannen wir vor lauter Engagement während des Schreibens zum Beispiel unsere Schultermuskulatur, klemmen auf diese Weise die Duchblutung zum Hirn ab – unsere Kreativität erlahmt. Schade, wenn wir erst an diesem Punkt auf den Zusammenhang von Schreiben und Körper aufmerksam werden – und noch dazu völlig überflüssig, denn mit einer günstigen Sitzhaltung und regelmäßiger Schulterlockerung wäre uns diese Erfahrung erspart geblieben! Oder: Wir schreiben und schreiben, intensiv, lebendig, unseren eigenen, auch schmerzlichen Gefühlen nahe – und schreiben uns in eine Krise hinein. (Zu solchen Gefahren des Schreibrausches kommen wir noch ausführlich im nächsten Punkt dieses Kapitels.) Wenn wir einigermaßen gesund sind, macht unser Körper das nur bis zu einem bestimmten Punkt mit. Dann sperrt er sich und reagiert – mit psychosomatischen Beschwerden vielleicht oder auch mit einer Schreibblockade. Eine kleine Entspannungsübung, rechtzeitig in den Schreibprozeß eingebaut, hätte uns Stabilität verschaffen können, ein Stück inneren Abstand zu diesem prekären Thema und längeres Durchhaltevermögen beim Schreiben.

Letztlich ist der Prozeß, den ein Individuum während der Tätigkeit des Schreibens durchläuft, eben eigentlich nur ganzheitlich zu verstehen: als Prozeß, an dessen Zustandekommen Körper und Geist gleichermaßen beteiligt sind. Und letztlich können wir über längere Zeit hinweg auch nur dann lustvoll ‹im Schreiben bleiben›, wenn wir unseren Körper in unseren Schreibprozeß ebenso mit einbeziehen wie unser Denken und unsere Emotionen.

Im folgenden deshalb noch einige Informationen zu diesen speziellen Zusammenhängen, die durchaus alle drei Phasen des Schreibprozesses durchziehen – unser Körper ist die ganze Zeit unseres Schreibens über am Prozeß beteiligt, kann uns unterstützen oder auch blockieren. Vor allen Dingen aber wieder einige Übungsvorschläge, die das lustvolle, auch körperlich lustvolle, lustvoll-entspannte Schreiben fördern und auf diese Weise unsere Kreativität lebendig halten können.

Der Prozeß des ‹learning by writing›, den Sie auf diese Weise durchlaufen können, kann im besten Fall mehreres bewirken:

Einmal liefert er klare und nachvollziehbare Informationen zum Schreibprozeß. Dazu eröffnet er neue Erfahrungsmöglichkeiten mit sich selbst und dem eigenen Körper und bereitet Sie damit auf ein entspannteres Umgehen mit sich selbst vor.

Zur Einheit sprachlicher und neuronaler Prozesse

Der Linguist Alfred Korbzyski ging von der Annahme aus, daß mental-linguistische und mental-neuronale Prozesse einander entsprechen (vgl. Jochims 1995, S. 34). In anderen Worten: Die Art und Weise, wie wir sprechen oder schreiben, also der Weg, den wir wählen, einem anderen Menschen oder aber im ganz privaten Schreibprozeß, z. B. im Tagebuch, uns selbst etwas mitzuteilen, entspricht bestimmten neurophysiologischen Prozessen, die zugleich in unserem Hirn ablaufen. Scheinbar eine Binsenweisheit – wer wüßte nicht, daß das, was ausgedrückt und damit ja gedacht ist, zugleich auch etwas ist, was sich im Hirn abspielt?

Beim zweiten Hinsehen allerdings, im Rahmen unserer Auseinandersetzungen mit dem Zusammenhang zwischen Hirnphysiologie und Schreibprozeß fanden wir den Gedanken der Parallelität zwischen Schreib- und hirnphysiologischen Prozessen dann gar nicht mehr so banal, sondern im Gegenteil noch einmal in besonderem Sinne spannend – und damit auch die Argumentation Korzybskis. Besonders deshalb, weil Korzybski selbst zu seinen Lebzeiten eigentlich noch gar nicht hat ahnen können, was die hirnphysiologische Forschung später zu den Themenbereichen ‹Denken und Physiologie› und ‹Kreativität und Physiologie› entwickeln und beschreiben würde. Und die Forschung in beiden Bereichen bestätigte sein Axiom in vielfältiger Weise: Die Art und Weise, in der wir denken und geistig arbeiten, spiegelt sich wider in der Art der Spuren, die dieser geistige Prozeß in unserem Hirn hinterläßt (vgl. z. B. R. Johnson 1995, S. 54ff.).

Haben wir uns mit diesen Zusammenhängen ein wenig vertraut gemacht, so können wir sie – und damit sind wir wieder ganz bei unserem Thema ‹Tagebuchschreiben› – gleich in doppelter Weise gezielt nutzen:

- einmal, um unseren Schreibprozeß zu optimieren und
- einmal, um schreibend unser psychisches und körperliches Wohlbefinden zu verbessern.

Meditation und Schreiben

Eine Veränderung der Hirnwellenfrequenz wurde bei Menschen im Wachzustand beobachtet, die gerade konzentriert und kreativ arbeiten, ebenfalls jedoch auch bei Menschen in Entspannung, Hypnose und vertiefter Meditation.

Insofern lohnt es durchaus, sich auch in bezug auf den Umgang mit Schreibstörungen noch einmal die Frage zu stellen: Inwieweit ist es eigentlich möglich, die Veränderung der Hirnwellenfrequenz selbst zur Steigerung der eigenen Kreativität anzustreben: Könnte z. B. regelmäßige Meditation neben Entspannung und Selbsthypnose ein Weg sein, kreative Arbeitszustände zu vertiefen?

✍ *Übung: Meditation als Schreibhilfe*

1. Praktizieren Sie regelmäßig die eine oder andere Meditationsform? Probieren Sie einmal die Verbindung aus:

Nehmen Sie sich Zeit zum Meditieren und schreiben Sie nach dieser Erfahrung:

Zunächst einmal zu den Erlebnissen der Meditation. Das kann ein Schreiben zur Stille sein, die Sie erfahren haben, zum Fließen Ihres Atems oder wozu auch immer Sie gerade meditiert haben. Vertiefen Sie die Meditationserfahrung im Schreiben und schaffen Sie sich damit ganz nebenbei eine Art ‹Anker›, wie es das NLP ausdrückt, eine Erinnerung, die Sie im Alltag immer hervorholen können:

Steht das nächste Mal eine streßreiche Situation ins Haus, so nehmen Sie sich vorher Zeit, einmal Ihr Tagebuch zu konsultieren, lesen Sie die dort beschriebenen Erfahrungen noch einmal nach und erleben Sie sie auch ein Stückchen nach – sicher nicht so intensiv wie in der Meditation selbst, aber doch u. U. intensiv genug, um sich ein Gegengewicht zu dem zu schaffen, was gerade um Sie herum passiert und Sie bis eben noch belastet hat.

Vor allem aber: Nehmen Sie sich den Text als Anker zur Konzentration vor, als Erinnerung an diesen Zustand, in dem Sie ganz bei sich waren, nicht abgelenkt, an diesen Zustand, der im Grunde auch der geistigen Arbeit gut ansteht. Vergegenwärtigen Sie sich, wie gut Sie sich manchmal konzentrieren können, machen Sie sich diese Erfahrung durch den Blick auf den Text unmittelbar wieder zugänglich und nutzen Sie die Kraft, die damit vom Text ausgeht, Ihre eigene geistige Kraft für den jetzt anstehenden Prozeß der geistigen Arbeit.

Intensivieren können Sie diese Erfahrung, indem Sie den frei heruntergeschriebenen Text in eine Kurzform bringen und ihn dadurch auf das Wesentliche reduzieren: Machen Sie aus der Erfahrung ein kleines Gedicht oder fassen Sie die Essenz in drei Sätzen zusammen. Auf diese Weise kommt die besondere Qualität der inneren Erfahrung noch einmal in einem inneren Bild komprimiert zum Ausdruck. Und innere Bilder in ihrem Symbolgehalt haben die Eigenschaft, uns auf verschiedenen, auch unbewußten Ebenen unserer Wahrnehmung gleichzeitig anzusprechen (vgl. z. B. Gordon 1990) und damit besonders intensiv zu wirken und zu ‹ankern›.

Atem fließt leise
Gedanken wandern weiter
in mir die Stille

Ist Ihnen Meditation bislang eher fremd? Probieren Sie eine einfache Variante: Still und enstpannt sitzen und den Fluß des eigenen Atems beobachten. Möglicherweise werden Sie sich zunächst abgelenkt fühlen: Von den Geräuschen um Sie herum und auch von eigenen Gedanken, die auftauchen, verschwinden und wieder hervorkommen. Seien Sie sich bewußt, daß das Auftauchen, aber auch das spontane Verschwinden von derlei Gedanken ebenso normal ist, wie im entspannten Zustand vor dem Einschlafen:

‹Gedanken, Geräusche kommen und gehen wie Wolken am Himmel› ist z. B. eine Formel im Autogenen Training, die helfen kann, dieses Auf und Ab der Gedanken zu bannen und sich auf das eigentliche Anliegen zurückzubesinnen.

Verfahren Sie dann mit der Erfahrung wie oben in der Anleitung ‹Schreiben und Meditation› beschrieben. Schreiben Sie zu Ihrer Erfahrung, zum Fluß des Atems, zum Auf und Ab der Gedanken, poetisieren Sie diese Erfahrung eventuell und nutzen Sie diese Möglichkeiten schließlich auch, um unmittelbar vor dem Schreibprozeß Ihre Konzentration zu bündeln.

✍ *Übung: Meditation als Schreibhilfe II*

Eine andere Möglichkeit: Meditieren Sie einmal direkt vor dem Schreibprozeß, intensivieren Sei ihn womöglich dadurch. Zum Beispiel so:

Legen Sie sich Ihr Thema zurecht, werfen Sie eventuell noch einen Blick auf die Frage, die Sie besonders beschäftigt. Dann lehnen Sie sich zurück oder wechseln sogar kurzfristig den Platz.

Entspannen Sie sich, versenken Sie sich auf die gewohnte Weise nach innen, konzentrieren Sie sich auf sich, auf das Jetzt und auf die Vielfalt Ihrer geistigen Kräfte: Denken, das Denken loslassen, offen werden für Einfälle und Ideen und .... schließlich auch wieder zugreifen, die Ideen halten können, die Energien bündeln und sich auf etwas konzentrieren – all das ist möglich.

Vielleicht erreicht Sie in der Stille der Meditation eine Idee, die zuvor im Getümmel vieler unterschiedlicher Gedanken nicht den Weg in Ihr Bewußtsein finden konnte – vielleicht geschieht aber auch gar nichts oder doch scheinbar gar nichts: Sie werden einfach ruhig und konzentriert, wie auch sonst meist bei einer Meditation. Und schon auf diese Weise sind Sie in der Verfassung, die auch Ihrem Schreibprozeß förderlich sein wird – ruhig und konzentriert.

Lösen Sie sich aus der Meditation und gehen Sie am Schreibtisch sofort an die Aufgabe, mit der Sie sich vor der Meditation beschäftigt haben. Lenken Sie die Kraft Ihrer Konzentration auf die Frage oder das Thema, das Sie vorhin haben liegenlassen. Sie wird so lange anhalten, wie Sie sich einerseits weiterhin konzentriert mit einem Thema befassen – Ihrem Hirn ist es egal, ob dieser Gegenstand der Konzentration z. B. ein Mantra oder aber eine bestimmte Textstelle ist, mit der Sie sich gerade auseinandersetzen. Und andererseits natürlich, solange es Ihnen körperlich gut genug geht, um konzentriert zu bleiben. Hunger, Durst, Müdigkeit, Entspannnungs- und Bewegungsbedürfnis lassen sich nur bei sehr gekonnt und erfahren Meditierenden längerfristig ausschalten...

Wichtiger Hinweis

Sie können den Schreibprozeß auf diese Weise regelrecht ritualisieren: Häufig hat ein Vorgehen wie das hier beschriebene einen ähnlichen Effekt wie das Behalten des Lernstoffs für ein Prüfungsthema kurz vor dem Schlafengehen: Verbunden mit einem letzten Blick darauf und dem anschließenden Liegenlassen und entspannten Rückzug in den Schlaf, sind die Voraussetzungen dafür geschaffen, daß der Prozeß unbewußt weiterlaufen und sich verankern kann.

Entspannung und Schreiben

Wie schon angesprochen, geht ein solcher Zustand der Alphawellenhirnstromaktivität im Wachzustand bei erhöhter Konzentration oder auch bei Meditation für gewöhnlich einher mit einem erhöhten Maß an körperlicher Entspannung (vgl. Ornstein/Naranjo 1988, S. 195).

Entspannungsverfahren – in erster Linie natürlich dazu gedacht, den Körper zu entspannen, sich körperlich zu erholen – machen sich den beschriebenen Effekt manchmal in umgekehrter Weise zunutze: Im Rahmen der zunehmenden körperlichen Entspannung ändert sich auch der Rhythmus der Hirnwellen – und damit auch die Konzentrationsfähigkeit. Dieser Zustand erhöhter geistiger Konzentration bei vertiefter körperlicher Entspannung ist dann vielfältig nutzbar, z. B., um sich Probleme vorzulegen und Lösungsmöglichkeiten anzudenken – eine Methode des fortgeschrittenen Autogenen Trainings –, aber auch, um konzentrierter eine geistige Arbeit anzugehen.

✍ *Übung: Schreiben zu einer Entspannungsphantasiereise*

Probieren Sie diesen Effekt einmal für sich aus:

Entspannen Sie sich in einem gemütlichen Sessel so, wie es Ihnen gewohnt und angenehm ist, aber: Versäumen Sie nicht, zuvor Ihr Schreibbuch und einen Stift neben dem Sessel zurechtzulegen.

Träumen Sie ein wenig, denken Sie an etwas Schönes – und kommen Sie nach einer Weile wieder zu sich.

Nehmen Sie nun den wichtigsten Eindruck aus der Entspannung – ein Bild, ein Gefühl, eine Frage, was auch immer –, und nehmen Sie diesen Eindruck zum Kernwort für ein Cluster. Clustern Sie, schreiben Sie einen kurzen Text zu den Cluster-Eindrücken.

Kreta im Sonnenschein, Bananenbäume und alles weit weg, was an die Arbeit daheim erinnert.

Wolken, und was ist blauer? Der Himmel, das Meer? Hätten wir zu Hause dieses Licht, wie es hier leuchtet, so wäre wohl jeder Alltag etwas heller. Griechisches Licht, wie kann ich dich einfangen und halten, auch in mir?

(Katharina, 27 Jahre, Malerin)

Wichtiger Hinweis

Meist ist es so, daß ein Text dann spontan entsteht, Ideen sozusagen ‹aufs Papier fließen›, wenn diese Ideen uns selbst nahe genug, klar, bewußt, vertraut oder auch eindrucksvoll sind. Ideen, die wir schon lange im Sinn haben und die wir nun endlich zu Papier bringen wollen. Oder wir stoßen auf ganz neue Ideen, von denen wir spontan begeistert und überzeugt sind. Diese Art von Ideen und Schreibimpulsen, die uns selbst gefällt und die wir gern und lustvoll in Worte fassen, entspannt uns sozusagen automatisch und nebenbei – bis in den Körper hinein. Resultat: Wechsel auf gesteigerte Konzentration – das Schreiben gelingt leicht und bereitet Vergnügen.

Schwieriger wird es, wenn wir um Ideen ringen müssen – geistige und körperliche Anspannung erschweren uns die gerade jetzt so dringend benötigte Konzentration und damit auch den Schreibprozeß –, ein Teufelskreis bahnt sich an. Hier hilft oft das kurzfristige ganz bewußte Unterbrechen dieses Kreislaufs – natürlich durch alles, was überhaupt entspannt und die gute Laune erhält.

Gerade bei längeren Schreibprojekten, die Sie stark fordern, und bei Themen, deren Bearbeitung Ihnen ‹an die Nieren geht›, ist es wichtig, für genügend Ausgleich zu sorgen – sonst schlägt die Schreibblockade zu: eine sehr gesunde Reaktion unseres Körpers übrigens, uns vor dem beschriebenen Teufelskreis zu schützen.

Ein Tip, wenn Sie merken, daß Sie sich ‹verbissen› haben,

daß der Teufelskreis zuschlägt: Tun Sie zunächst einmal etwas, wobei Sie sich rein körperlich wohl fühlen und sich wieder entspannen – bewegen Sie sich, nehmen Sie ein warmes Bad, trinken Sie eine Tasse Tee – und vertiefen Sie dann eventuell diese lustvolle Entspannung noch in einer regelrechten Entspannungsübung, die Ihnen hilft, erst mal ‹loszulassen› – oder auch im Gegenteil: Ihre Konzentration wieder zu bündeln.

✍ *Übung: die Muskeln entspannen, das Hirn gut durchbluten lassen, konzentriert weiterschreiben*

Eine gute Hilfe, körperliche Anspannung aufzuspüren und aufzulösen, bietet das Verfahren der progressiven Muskelentspannung.

Versuchen Sie, wahrzunehmen, wo in Ihrem Körper Verspannungen ‹festsitzen›, wo Sie Verspannung wahrnehmen: Die deutlichsten Verspannungen gibt es bei Schreibenden häufig im Schulterbereich oder im Bauch, aber auch überall im Körper können wir uns angespannt fühlen. Konzentrieren Sie sich auf einen Bereich Ihres Körpers, der Anspannung verrät, und versuchen Sie gar nicht erst, diese loszulassen. Im Gegenteil: Schauen Sie, ob Sie Ihre Muskeln in diesem Bereich noch ein klein wenig stärker anspannen können – natürlich nicht so weit, daß es Sie regelrecht schmerzt, und auch nicht allzulange –, ein paar Sekunden lang vielleicht. Dann lassen Sie Ihre Muskeln bewußt und langsam locker – und genießen Sie die sich nun für gewöhnlich doch ausbreitende Entspannung. Das Angenehme an diesem Verfahren: Sie arbeiten nicht bewußt gegen die Anspannung – dafür fällt das Entspannen vielen Menschen dann um so leichter.

Wenn Ihnen dieses Verfahren gefällt, lohnt es sich vielleicht, es in der Gänze zu lernen – Volkshochschulen z. B. bieten preisgünstig Kurse in der Progressiven Muskelentspannung an.

Für zwischendurch, als Prophylaxe, um entspannt zu bleiben, genügt oft eine Minimalversision der Übung: Ziehen Sie am Schreibtisch öfter einmal Ihre Schultern hoch und lockern Sie sie wieder. Wenn sie ein wenig im Autogenen Training geübt sind, können Sie durch folgendes Übungsmodul des Autogenen Trainings den Lockerungseffekt noch intensivieren: Phantasieren sie das Erlebnis angenehmer Wärme, ein warmes Tuch, eine gute Massage im Schulter-Nacken-Bereich.

Lockere, gut durchblutete Schultern bedeuten für unsere Gesamtbefindlichkeit und Arbeitsfähigkeit zweierlei:

- Einmal die Entspannung in den ganzen Körper hinein: Wessen Schultern locker sind, dessen Gesamtmuskulatur lockert sich automatisch ein Stückchen mit. Sie können das beobachten, wenn Sie junge Kätzchen betrachten, die von der Mutter am ‹Schlafittchen› gepackt werden: Die Tiere lassen ‹alle viere› hängen, weil die Schulterentspannung sich überall im Körper bemerkbar macht. Und so geht es allen Säugetieren, also auch uns Menschen. Regelmäßige Schulterentspannung bedeutet, den Körper entspannt zu halten und dadurch auch leichter konzentriert zu bleiben.
- Die Gewährleistung einer guten Durchblutung im Schulterbereich bedeutet darüber hinaus auch die Gewährleistung der Durchblutung derjenigen Nervenstränge, die das Hirn mit Blut versorgen. Zusätzliche Konzentrationshilfe neben der Entspannung: Ein gut durchblutetes Gehirn – also ein Kopf, der auf entspannten Schultern ruht – kann besser denken und schreiben!

Andererseits können Übungen zum kreativen Schreiben den Effekt von Entspannungsübungen offenbar erheblich vertiefen. Untersuchungen an der Universität von Maryland ergaben z. B., daß Entspannungsübungen bei solchen Menschen erheblich besser anschlugen, die gleichzeitig mit dem Entspannungstraining begonnen hatten, regelmäßig Tagebuch zu führen (Seaward 1994, S. 168).

✍ *Übung: Schreibend enstpannen – entspannt schreiben*

Entspannung kann sich auf vielerlei Weise einstellen, uns Erholung bringen und unseren Schreibprozeß unterstützen. Wir können ein Entspannungsverfahren nutzen, wir können uns in Phase 3 in Texten unseres ganz privaten Tagebuchs über Phantasien und Tagträume entspannen, die uns zugleich den einen oder anderen Schreibimpuls liefern können. Für beide Vorgehensweisen haben wir oben ein Übungsbeispiel. Wir entspannen uns andererseits u. U. auch schreibend – gerade dann, wenn wir gut ‹im Fluß› sind – was sich wiederum auf unsere körperliche Befindlichkeit auswirken kann.

Schreiben Sie doch einmal eine Seite frei herunter zu einem Thema, das Sie besonders bewegt und anspricht – vielleicht eine kurze Beschreibung Ihrer letzten Ferienreise. Und beobachten Sie nach dem Schreiben Ihre körperliche Befindlichkeit: Wie entspannt oder angespannt fühlen Sie sich jetzt?

In den Schultern, im Nacken, im Bauch, in Armen und Beinen?

Nun gönnen Sie sich Entspannung über ein genau gegenteiliges Vorgehen: Schreiben Sie herunter, was oder wer Sie in der letzten Zeit wirklich wütend gemacht hat. Waren es bestimmte Umstände? War es eine Person? Lassen Sie Ihrem Ärger über diese Person schreibend freien Lauf! Schreiben Sie dabei ruhig wieder eine Seite herunter. Und beobachten Sie anschließend wiederum Ihre Körperreaktionen. War das Herunterschreiben Ihrer, auch unangenehmen, Empfindungen

- befreiend,
- oder haben Sie sich – auch das gibt es manchmal – eher in die unangenehmen Gefühle hineingesteigert?

Sollte letzteres der Fall sein, dann war die Situation, um die es ging, wahrscheinlich allzu gefühlsbelastet und braucht einiges mehr an Aufarbeitung, als so ein einzelnes Schreibspiel leisten kann. Setzen Sie sich, wenn Sie möchten, noch öfter, mit Hilfe verschiedener Schreibtechniken, mit dem Problem auseinander, bis Sie es klarer sehen, oder lassen Sie es einfach ruhen. Doch häufig genug machen Menschen auch die Erfahrung: ‹Schreiben befreit›, und zwar bis in die körperliche Befindlichkeit hinein.

Warum also nicht das regelmäßige Schreiben zur ganz individuellen, situationsbedingten Tagesbefindlichkeit als Entspannungsmethode mit in Ihr Fitneßprogramm aufnehmen?

Carlo, hätte ich gewußt, wie Du mit Deinem Auftrag umgehen würdest, ich hätte ihn liebend gern selbst ausgeführt. Oder an andere delegiert. Oder im Team bewältigt. Carlo, meinst Du, ich sei auf Dich angewiesen, auf Deine Unzuverlässigkeit, Deine Halbwahrheiten? Mitleid hatte ich und wollte Dir auch mal was zukommen lassen! Mein Fehler, ich hätte wissen können, wie Du hinter meinem Rücken über mich sprichst. Oder – hätte ich es eigentlich wissen können? Wissen müssen? Muß man oder frau immer gleich das Schlechteste annehmen? Carlo, verlaß Dich drauf, der nächste Auftrag geht an jemand anders!

Schreiben als Zusammenspiel von Körper, Seele und Geist

Die Begriffe ‹Denken, Kreativität und Physiologie› haben wir oben sozusagen in einem Atemzug genannt. Natürlich deshalb, weil wir damit bestimmte Zusammenhänge aller drei betonen möchten. Denken und Kreativität gehören ja auf eine Weise zusammen, die einerseits sehr offensichtlich sein kann: In kreativen Prozessen geistiger Arbeit, wie eben in Schreibprozessen, sind beide kaum voneinander zu trennen. Andererseits gibt es natürlich noch weitere Aspekte des kreativen Prozesses als ‹nur› den des Denkens. Gerade das Zusammenspiel von Gedanken, Gefühl und inneren Bildern, die sogenannte Intuition, macht einen gut Teil unseres kreativen Handelns aus. Und schließlich ist kaum eine kreative Aktivität ohne den Einsatz des Körpers zu denken. In der bildenden und darstellenden Kunst ist das sowieso eindeutig: Bilder müssen gemalt, Plastiken gehauen oder gegossen, Theater- und Filmrollen gespielt werden. Und auch in der Musik liegt es auf der Hand: Im Spielen eines Instrumentes oder im Gesang ist der Körper gefordert. Beim Schreiben allerdings wird diese Seite häufig vergessen. Der mentale Prozeß des Denkens scheint sich im Schreiben unmittelbar auszudrücken, als flössen die Gedanken ‹unbesehen› aus dem Hirn, in Buchstaben gegossen, aufs Papier. Daß dies tatsächlich aber durchaus nicht so ist, wissen wir aus Erfahrung: Einmal ist ja unsere Hand oder, beim Schreiben auf der Maschine oder auf dem PC, sind unsere beiden Hände am Schreibprozeß beteiligt, es existiert also eine Hirn-Hand-Koordination als Voraussetzung für den Schreibprozeß. Dazu kommt, daß im Schreiben, im realen Auf-das-Papier- oder Auf-den-Monitor-Bringen von Gedanken gleich wieder eine Vielzahl von Gedanken ausgespart wird – wir müssen uns ja schreibend konzentrieren und damit beschränken! Im Schreibprozeß kommen uns vielleicht und gerade durch das Ausformulieren wieder neue Gedanken, die den bisherigen Gedankenfluß in eine neue Richtung lenken – und entsprechend wird anderes Gedankenmaterial gleich wieder verdrängt. Das heißt, unser Hirn ist – während wir schreiben – auf vielfältige Weise gleichzeitig gefordert. Gerade im Prozeß des Schreibflusses legen wir so durch den einfach von unseren materiell-körperlichen Gegebenheiten her notwendigen Grundstein zu einer neuen Verdrängung unserer Kreativität.

Der kreative Prozeß ist also eine Einheit körperlicher, seelischer und geistiger Prozesse und als solche auch durch diese drei Komponenten begrenzt.

✍ *Übung: Die Koordination von Hirn und Hand steuern*

Wechseln Sie einmal beim Schreiben zu ein und demselben Thema zwischen den Schreibuntensilien:

Beginnen Sie mit der Hand zu schreiben, z. B. zum Thema: ‹Schreiben macht mir Spaß, wenn ...›

Listen Sie fünf Minuten lang auf, was Ihnen einfällt.

Fahren Sie dann fort, indem Sie diese Liste mit dem PC oder mit der Schreibmaschine abschreiben und ergänzen.

Notieren Sie dann dort, was Ihnen zum Thema einfällt: ‹Schreiben fällt mir schwer, wenn ...›,

und ergänzen Sie diese Liste nach Ausdruck handschriftlich.

Notieren Sie schließlich, welche Unterschiede Ihnen zwischen beiden Formen des Schreibens aufgefallen sind, also zwischen den unterschiedlichen Formen der Hirn-Hand-Koordination:

- Wann ‹floß› Ihr Schreiben leichter?
- Wann kamen Ihnen mehr innere Bilder in den Sinn, mehr Motive, mehr Einzelheiten?

Experimentieren Sie evtl. ein wenig, um herauszufinden, welche Form des Schreibens für Sie gut in welche Arbeitssituation paßt, und notieren Sie sich Ihre Erfahrungen! Z. B. in einem seriellen Gedicht:

Schreiben fällt mir leicht, wenn ich allein bin.
Schreiben fällt mir leicht, wenn ich weiß,
Du kommst heute abend.
Schreiben fällt mir leicht, wenn der Schreibtisch leer ist.
Schreiben fällt mir leicht, wenn es privat ist.
Schreiben fällt mir leichter unter Zeitdruck.

Das Zusammenspiel der Hirnhälften schreibend ausbalancieren

Häufig betonen Forscher heute noch einen ganz anderen Zusammenhang zwischen hirnphysiologischen und kreativen Prozessen: Im kreativen Prozeß funktioniert nachweislich das Zusammenspiel von rechter und linker Hirnhälfte besonders gut. Die linke Hirnhälfte, verbunden mit unserer rechten Körperhälfte – also auch mit der rechten Hand –, ist nach dieser Theorie für Logik, Rationalität und auch Grammatik zuständig, die rechte – verbunden mit der linken Körperhälfte – für die innere Bilderwelt. Und bestimmte Übungen fördern dieses Zusammenspiel und damit zugleich unsere Kreativität. Um so spannender, kreative Schreibtechniken zu nutzen, die der Synchronisation beider Hirnhälften Vorschub leisten.

Übung: Hand-Hirnhälften-Synchronisierung

Schreiben Sie einmal eine halbe Seite zu einem Thema, das Sie bewegt, zu dem Sie sich mit Fragen herumschlagen.

Anschließend wechseln Sie zur schreibungewohnten Hand: Als Rechtshänder nehmen Sie den Stift nun in die linke, als Linkshänder in die rechte Hand. Schreiben Sie noch zwei Minuten lang weiter und werten Sie dann den Gesamttext aus: Was sind die Kernaussagen des ersten und was die des zweiten Textteils? Und: Worin unterscheiden sich beide Textteile?

Die meisten Menschen vermerken, daß der mit der schreibungewohnten Hand geschriebene Text mehr bildhafte, intuitive Motive enthält – und häufig unerwartete Antworten auf die Fragen, die sie gerade bewegen.

Für diese Erfahrung gibt es eine Reihe von Gründen, die mit der Synchronisation beider Hirnhälften zusammenzuhängen scheinen:

Die Koordination von Händen und Hirnhälften verläuft beim Menschen ‹überkreuz›. Das heißt: Die rechte Hand ist mit der linken, bei Rechtshändern also mit der kognitiv ausgerichteten Hirnhälfte koordiniert, und die linke Hand mit der rechten, intuitiv arbeitenden. Das heißt, daß das Arbeiten mit der schreibungewohnten Hand einen Zugang zum bildhaft-intuitiven Denken eröffnen kann.

☛ **Tip**

Einmal die schreibungewohnte Hand benutzen, wenn die Ideen versiegen: Schreiben Sie als Rechtshänder mit der linken oder als Linkshänder mit der rechten Hand einfach das herunter, was Ihnen als erstes zum Thema einfällt. Tun Sie das auch dann, wenn Ihnen diese Ideen zunächst befremdlich oder mit dem Thema in keinem Zusammenhang zu stehen scheinen. Durch Anregung der Koordination beider Hirnhälften kommen häufig ungewohnte, aber letztlich besonders kreative Ideen und Formulierungen zustande! Außerdem:

- Das Schreiben mit der schreibungewohnten Hand ist ein langsames Schreiben, und langsames Schreiben bedeutet: Jede Idee, jedes Bild, das aufkommt, hat genügend Zeit, sich zu entwickeln, ehe es aufgeschrieben wird. Auf diese Weise kann es passieren, daß Bilder geradezu ‹andrängen›, daß wir uns langsam mit Bildern auffüllen, die geschrieben sein wollen, so daß schrittweise ein ganzer Bilderpool ‹hochkommt›. Wenn das der Fall ist: Schreibhand wechseln, den Fluß, der jetzt einsetzen möchte, nutzen, die Bilder aufs Papier bannen!
- Die Verlangsamung des Schreibens hat ganz nebenbei noch einen anderen Effekt: Wir fühlen uns auf einmal bei einer normalerweise doch ganz selbstverständlich erscheinenden Tätigkeit ganz schön hilflos. Möglicherweise fühlen wir uns in die Schulzeit zurückversetzt, in die Zeit, in der wir das Schreiben gerade erst gelernt haben. Diese ungewohnten, kindlichen Gefühle können mit einer gewissen Regression einhergehen, einer Änderung unseres Denkstils hinein ins kindlichbildhafte Denken. Auch auf diese Weise können mehr Bildmotive und damit Schreibimpulse freigesetzt werden. Und auch das bedeutet wieder: Wenn es soweit ist – Schreibimpuls nutzen und die Schreibhand wieder wechseln!

Wichtig: Wenn Sie dann gut drin sind, auch wieder rechtzeitig zur schreibgewohnten Hand wechseln und wieder auf die gewohnte Weise in den Schreibprozeß einsteigen!

rechtshändig:

Wohin ich gehe, wenn unsere Zeit vorbei ist – wer weiß? Wohin willst Du, ohne all das, was wir gemeinsam aufgebaut haben? Welche Wege können auf jeden von uns warten, wenn nicht die, die zu gehen wir gemeinsam begonnen haben? Fragen, die sich mir stellen, Fragen, die sinnlos sind?

linkshändig:

Du hattest immer auch Wege im Sinn, die mir fremd waren. Du hattest immer Freunde, die mich befremdet haben. Ich dachte, unser Weg ist klar; aber so manche Deiner Schritte haben mich verwundert, von Anfang an. Deine Reisen, allein, bis nach Lima... Hatte ich all das vergessen?

Vor dem Hintergrund der Theorie der Hirnhälftensynchronisation entwickelten die Creative-Writing-Trainer G. Rico (1989) und T. Buzan (1976) unabhängig voneinander die Techniken des Clustering und des Mindmapping (s. in diesem Buch Kapitel 1: Basistechnik, Nr. 3). Beiden Techniken ist gemeinsam: Sie helfen, Ideen und Gedanken so abzubilden, wie sie uns spontan in den Sinn kommen, und ermutigen damit zu einer erhöhten Kreativität. Und – und das ist, meinen wir, besonders erfreulich – dieser Vorgang gilt auch umgekehrt: Durch ein enstpannt-kreatives Schreiben, das die Synchronisierung beider Hirnhälften vorantreibt, können wir wiederum lernen, uns auch körperlich zu entspannen. Probieren Sie es aus!

✍ *Übung: Synchronisation durch Ideenpools – Clustering und Mindmapping nutzen*

Suchen Sie sich ein Thema, zu dem für Sie eine Entscheidung ansteht.

Clustern Sie nun zunächst zu diesem Thema, um sich damit einen Eindruck davon zu verschaffen, wo Sie selbst in bezug auf die Frage stehen, um die es geht.

Dann entwickeln Sie aus den bedeutsamsten Assoziationen ein Mindmap, das alle Aspekte enthält, die Ihnen zu dieser Angelegenheit wichtig erscheinen.

Lassen Sie das Mindmap einen Tag lang liegen und werfen Sie am nächsten Tag erneut einen Blick darauf. Ergänzen Sie es, wenn notwendig, und nehmen Sie sorgsam wahr, inwiefern sich im Rahmen der weiteren Auseinandersetzung mit Ihren Aufzeichnungen eine Entscheidung herauskristallisieren kann. Und nehmen Sie Ihr körperliches Feedback auf diesen Prozeß wahr, notieren Sie es möglichst.

Beantworten Sie sich schließlich die Frage: Wie fühlen Sie sich jetzt, nachdem die Entscheidung gefallen ist? Achten Sie vor allem auf Verspannungen und Entspannung. Was hat sich verändert?

✍ *Übung: Körpersprache entschlüsseln und beschreiben*
Auch im Zusammenhang mit Krankheit, Verspannung, Unwohlsein können Sie Ihr Schreiben einsetzen: Schreiben Sie sich gesünder!

Konzentrieren Sie sich doch einmal bewußt auf die Frage: Welcher Teil Ihres Körpers hat schon besonders viel ‹durchgemacht›? Welcher Teil ist Ihnen besonders nahe oder auch Ihr Sorgenkind? Der mehrfach gebrochene Arm? Die empfindlichen Augen?

Konzentrieren Sie sich auf diesen Körperteil und schreiben Sie eine Frage auf: Was brauchst Du? Mit einem andersfarbigen Stift vermerken Sie dann, was Ihnen als Antwort in den Sinn kommt.

Etablieren Sie auf diese Weise einen Dialog, den Sie zeitlich oder ‹räumlich› begrenzen sollten, einfach deshalb, weil so eine Konzentration nach innen ein ganz schönes Maß an Kraft kosten kann: auf fünf Minuten beispielsweise oder auf eine Seite.

Beenden Sie den Dialog ganz bewußt mit einem freundlichen Abschied.

Am nächsten Tag oder zu gegebener Zeit können Sie ihn dann wiederaufnehmen und fortsetzen, um noch mehr zu erfahren.

Linker Arm, wie geht es Dir?
Schmerzen.
Was war denn los heute, daß Du wieder Schmerzen entwikkelt hast? Habe ich Dich zu sehr belastet?
Zu schwer gehoben. Gestern schon.
Gestern? Ach, richtig, die beiden Einkaufstüten. Ich dachte, es ginge schon wieder!
Ging vielleicht auch gerade. Aber dann heute, das Fahrrad schleppen war zuviel. Und auch zwischendurch- überhaupt keine Ruhe!
Keine Ruhe? Ich habe mich doch öfter ausgeruht.

Mich nicht. Viel angenehmer ist es, wenn ich in Ruhepausen hochgebettet liege.
Hochgebettet! Ja, so haben Sie es im Krankenhaus gemacht! Reicht es Dir, wenn ich Dich auf ein Kissen bette? Probieren wir doch mal!
Gut, viel angenehmer.
Danke, linker Arm, daß Du mir sagen konntest, was Du brauchtest!

Literatur

Bergler, E.: The writer and Psychoanalysis, New York 1950.

Buzan, T.: Das Mindmap-Buch, Landsberg 1996.

Förster, H.-P.: Corporate Wording. Konzepte für eine unternehmerische Schreibkultur, Frankfurt/New York 1994.

Gordon, D.: Therapeutische Metaphern, Paderborn 1990.

Jochims, I.: NLP für Profis, Paderborn 1996.

Johnson, R.: Ich schreibe mir die Seele frei, Freiburg, 3. Aufl. 1995.

Koch-Klenske, E.: Wer schreibt, ist noch lange nicht bei sich, in: Psychologie heute, Heft 2, 1984.

Kruse, O.: Keine Angst vorm leeren Blatt, Frankfurt 1993.

Ornstein, E. R./Naranjo, C.: Psychologie der Meditation, Frankfurt a. M. 1998.

Peter, J.: Deutsche Akademiker haben Angst vor dem beruflichen Schreiben, in: HDZ-Info '95, (HDZ der ASFH), Berlin 1995.

Reimann, Brigitte: Die geliebte, die verfluchte Hoffnung, Darmstadt 1984.

Schiwy, M.: A Voice of Her Own, New York 1996.

Ders.: Erinnern, Wiederholen, Durcharbeiten, Berlin 1996.

Seaward, B.: Managing Stress, Boston 1994.

Wendland, W.: Entspannung im Alltag, Weinheim, Basel 1992.

Werder, L. von: Lehrbuch des wissenschaftlichen Schreibens, Berlin 1994.

Kapitel 6

Wie gründe und begleite ich eine Gruppe von TagebuchschreiberInnen?

«Ursprünglich schrieb ich diese Seiten nur für mich selbst...
Als ich aber weiterschrieb und mich gleichzeitig
mit anderen Frauen unterhielt, stellte ich fest,
daß ich mit meinen Ansichten keineswegs
allein dastand.» ANNE MORROW LINDBERGH

«Der Impuls zu schreiben wird stimuliert und intensiviert
durch die vielen Menschen, Lebenserfahrungen
und Tagebuchschreibstile.» MARLENE SCHIWY

«Diese eigenständige Arbeit,
die wir doch nicht allein vollbringen können.»
Unbekannter Workshopteilnehmer,
nach IRA PROGOFF

Tagebuchschreiben bewegt. Tagebuchschreiben tut gut. Tagebuchschreiben wühlt auf. Tagebuchschreiben klärt. Und: Tagebuchschreiben macht manchmal – scheinbar – einsam. ‹Wie das?› Hören wir manche und manchen von Ihnen fragen. ‹Das Tagebuchschreiben hat mich bislang doch gestärkt, trotz mancher Tiefen und Irritationen, die ich dabei zu ertragen hatte. Ich habe begonnen, mich selbst besser zu verstehen. Natürlich – zum Tagebuchschreiben ist es meist wichtig, allein zu sein. Das hilft, sich auf sich selbst zu konzentrieren. Aber ist das Einsamkeit? Oder ist es nicht gerade das Gegenteil – der Beginn einer vertieften Beziehung zu sich selbst?›

Auf eine solche Reaktion können wir nur antworten: ‹Wunderbar. Genau das ist Tagebuchschreiben in seinen besten Seiten. Und sollten wir Sie in den vorangegangenen Kapiteln dahingehend unterstützt haben, daß Sie in dieser Richtung Erfahrungen sammeln konnten, dann hat das Buch seinen Zweck eigentlich bereits erreicht.› Und doch. Wie in so vielem auf dieser Welt gibt es auch hier ein ‹Und doch›. Tagebuchschreiben, damit fängt unser ‹Und doch› an, benötigt häufiger ein Alleinsein, um der Konzentration auf uns selbst, der Beziehungsaufnahme mit uns selbst Raum zu geben. Dieses Alleinsein ist keine Einsamkeit in dem Sinne, wie das Wort heute meist verstanden wird, als Verlorenheit etwa oder als Verlassenheit, im Gegenteil: Ein solches Alleinsein ist die Voraussetzung dafür, daß wir zu uns finden und zu uns stehen. Es macht uns stark, wie es uns überhaupt stark macht, wenn wir lernen, gerne einmal mit uns allein zu sein. Mit dem Tagebuchschreiben lernen wir das ganz nebenbei. Und sind auf diese Weise meist auch in der Gemeinschaft mit anderen stärker.

Und gerade dieses Finden einer neuen Beziehung zu uns selbst und anderen, dieses Näher-dran-Sein an inneren Prozessen, kann im Laufe der Zeit manchmal ein bestimmtes Bedürfnis vertiefen: das Bedürfnis nämlich, diese Erfahrungen mit anderen zu teilen, andere Menschen an unseren inneren Prozessen teilhaben zu lassen und auch umgekehrt Erfahrungen anderer kennen- und verstehen zu lernen. Sollten Sie im Laufe der Zeit Ihres Tagebuchschreibens an einen solchen Punkt stoßen, kann das der Zeitpunkt sein, an dem Sie überlegen, ob vielleicht die Gründung einer Selbsthilfegruppe der angemessene nächste Schritt sein könnte.

Eine Gruppe bietet uns viele Vorteile, z. B.:

- Wir können uns austauschen über die Erfahrungen, die wir mit dem Schreiben gemacht haben.
- Wir können uns über die Themen austauschen, auf die wir beim Schreiben gekommen sind.
- Wir können einander Tips geben.
- Wir teilen unsere Kreativität mit anderen.
- Wir bauen einen vertrauten Kreis von Menschen um uns herum auf.

Natürlich kann es auch ein Stück innere Überwindung bedeuten, eigene Prozesse mit einer Gruppe zu teilen. Und der erste und wichtigere Schritt, gerade beim Tagebuchschreiben, ist ganz bestimmt immer der, eine eigene Beziehung zum Schreiben und den begleitenden inneren Prozessen aufzubauen, uns also in uns selbst zu gründen. Setzen Sie sich also nicht etwa unter Druck, zusätzlich zu Ihrem Tagebuchschreibprogramm eine Gruppe zu initiieren, wenn Sie das zur Zeit gar nicht reizt. Aber seien Sie auch nicht zu überrascht, wenn Sie irgendwann ein solches Bedürfnis eben doch verspüren. Denen, die diesen Wunsch empfinden, möchte dieses Kapitel einige Anregungen und Tips geben.

Eines allerdings haben wir alle wohl schon oft genug in unserem Leben erfahren: daß nämlich das Teilen tieferer innerer Prozesse eine schöne und bereichernde Erfahrung sein kann, aber ebenso manchmal auch eine irritierende, ja, nicht selten eine kränkende. Letzteres vor allem dann, wenn wir diesen Prozeß nicht mit den Menschen durchlaufen, die auch tatsächlich gut zu uns passen. Was bedeutet das für die Gründung einer Gruppe von Tagebuchschreibern? Ganz einfach:

- daß wir einerseits natürlich genau hinschauen sollten, mit wem wir uns zu einer Gruppe zusammenschließen;
- daß andererseits jedoch die Chancen nicht gerade schlecht dafür stehen, in dieser Hinsicht eine gute Erfahrung zu machen. Menschen, die wie Sie Tagebuch schreiben oder damit beginnen möchten, haben in manchem den gleichen Hintergrund wie Sie. Sie haben ähnliche Prozesse durchlaufen und haben mit einer gewissen Wahrscheinlichkeit ähnliche Bedürfnisse entwickelt.

6.1 Wie finde oder gründe ich eine passende Gruppe?

Natürlich müssen Sie erst einmal auf Menschen stoßen, die dieses Interesse mit Ihnen teilen. Im Kontext der amerikanischen Szene des Creative writing ist es vergleichsweise üblich und selbstverständlich, daß Tagebuchschreibende einander z. B. über Workshops für effektives und kreatives Tagebuchschreiben kennenlernen und durch die anschließende Gründung einer Selbsthilfegruppe dann auch miteinander in Verbindung bleiben. Bei uns wäre der erste Schritt erst einmal herauszubekommen, welche Menschen in Ihrer näheren oder weiteren Umgebung Tagebuch führen und darüber hinaus auch noch an einem Austausch interessiert sind. Wie können Sie hier vorgehen?

Ist es der richtige Weg, sich in Ihrem Freundes- oder Bekanntenkreis umzuhören? Wissen Sie vielleicht sowieso schon von einigen Ihnen nahestehenden Menschen, die Tagebuch schreiben? Manchmal kann es sehr bereichernd sein, in einen schon bestehenden Kreis ein neues Medium, wie z. B. in diesem Fall das Tagebuch, einfließen zu lassen. Es kann allerdings auch gerade umgekehrt sein: daß Ihr Freundeskreis nämlich eher von gemeinsamen Aktivitäten oder von Gesprächen über aktuelle Fragen lebt, ja, daß Sie vielleicht gerade deshalb harmonieren, weil bestimmte private Bereiche eher ‹außen vor› bleiben und nur je nach Situation und aktuellem Bedarf einmal thematisiert werden. Insofern kann das Gleichgewicht einer bestehenden Gruppe durch Veränderungen, Einführung neuer Rituale o. ä. auch durchaus irritiert werden.

Wie schätzen Sie Ihren Kreis an diesem Punkt ein? Wollen Sie die Irritation wagen?

Oder wünschen Sie sich auch einmal eine ganz neue Gruppe? Eine Gruppe, die gemeinsam auf dem gleichen Stand anfängt? Was halten Sie von einer Annonce in einer Publikation, die Sie selbst und die vermutlich auch Menschen Ihrer Art gerne lesen? Etwa so:

> Tagebuchschreiben macht Spaß, aber manchmal auch etwas einsam. Es gibt Tage, da würde ich mich gern mit jemandem über meine Erfahrungen unterhalten. Wem geht es auch so? W., 37, Fotografin im Raum 4, sucht Gleichgesinnte für 14tägige bis monatliche Treffen.

Nicht unbedingt notwendig, aber sehr hilfreich kann es auch sein, eine Gruppe in einem bestimmten institutionellen oder teilinstitutionellen Rahmen aufzubauen. Selbsthilfeorganisationen z. B. stellen Gruppen häufig kostenlos Räume und Werbemöglichkeiten zur Verfügung und bieten für Zeiten, in denen der Gruppenprozeß und die gemeinsame Arbeit sich schwierig gestalten, kurz- oder auch längerfristige kompetente Begleitung durch Sozialpädagogen oder Psychologen. Nachfragen lohnt!

6.2 Welche Arten der Gruppenarbeit mit dem Tagebuch lassen sich vorstellen?

Eine Gruppe ist nur dann eine Gruppe, wenn sie sich regelmäßig trifft. Wie häufig Sie Ihre Treffen ansetzen, sollte gemeinsam beim ersten Treffen entschieden werden, im Rahmen eines allgemeinen Kennenlernens. Auch die Dauer der Treffen wird sinnvollerweise gleich zu Beginn festgelegt. Mögen Sie einander lieber häufiger für kürzere Zeit – etwa eineinhalb bis zweieinhalb Stunden treffen? Mögen Sie – zu Beginn, um einander genauer kennenzulernen, oder vielleicht gerade später, wenn Sie einander schon genauer kennen und bestimmte Themen gezielt bearbeiten möchten – auch einmal En-bloc-Treffen veranstalten, z. B. einen Samstag lang?

Neben diesen Formalien gilt es natürlich auch zu bedenken, auf welche Weise denn in der Gruppe mit dem Tagebuch umgegangen werden kann.

Prinzipiell lassen sich in der Schreibbewegung in den USA mindestens drei Arten von Gruppenarbeit unterscheiden:

Sie schreiben nur zu Hause Tagebuch und sprechen in der Gruppe über Ihre Erfahrungen: über die Erfahrungen mit dem Schreiben und über die Dinge, die Sie schreibend über sich selbst erfahren haben.

Sie bringen auch Texte aus Ihrem Tagebuch mit in die Gruppe. Zur Illustration dessen, was Sie besprechen möchten, lesen Sie aus Ihrem Buch (oder verteilen sogar Kopien von Textstellen).

Sie schreiben auch einige Texte direkt in der Gruppe – z. B. nach Anregungen aus diesem Buch. Anschließend tauschen Sie sich in der Gruppe über Ihre Erfahrungen aus und lesen einander gegebenenfalls aus Ihren Texten vor.

Selbstverständlich lassen sich auch Kombinationen aus diesen Vorgehen denken:

Sie sprechen in der Gruppe über Ihre Erfahrungen der letzten Zeit und entwickeln aus dem Gespräch ein Thema, über das Sie in der Gruppe schreiben. Anschließend lesen und besprechen Sie die Texte.

Sie legen aus dem Gruppengeschehen heraus ein Thema fest, über das alle bis zur nächsten Sitzung noch einmal schreiben werden, und beginnen die nächste Gruppensitzung mit einer Leserunde.

Ganz wichtig: Im Gespräch und beim Vorlesen rücksichtsvoll miteinander umgehen, Regeln festlegen, wie mit den Texten und – vor allem – wie mit den Menschen, die diese schreiben, lesen, erzählen. In Punkt 6.6 gehen wir hierauf noch einmal genauer ein.

6.3 Was sind die spezifischen Unterschiede zwischen Gruppen- und Einzelschreiben?

Einmal kann es natürlich eine besondere Erfahrung sein, in einer Gruppe zu schreiben. Falls Sie schon einmal an einem Kurs oder einem Workshop ‹Tagebuchschreiben› teilgenommen haben, ist Ihnen diese Erfahrung bereits vertraut und sicher recht eindrücklich. Das Erlebnis, sich gemeinsam den Freiraum ‹Schreiben› zu gestatten, mit anderen Menschen zusammen in einer Tätigkeit engagiert und dabei so ganz bei sich zu sein, ist schon ein sehr besonderes, das häufig lange nachwirkt und den eigenen Schreibprozeß nachhaltig befördert. Manche Menschen, die regelmäßig in Gruppen schreiben, haben uns gesagt, sie brauchen diesen Stimulus, zumindest in bestimmten Abständen, geradezu, um wirklich auch zu Hause an ihrem eigenen Schreiben ‹dranzubleiben›. Das gemeinsame Ritual befördert dann auch die Bereitschaft, zu Hause eigene Schreibrituale zu entwickeln und ihnen treu zu bleiben.

Letztlich wirkt das Schreiben in der Gruppe, wenn der Gruppenprozeß gelingt, doppelt: einmal als Inspiration für den eigenen kreativen Prozeß und zum anderen gesundheitsfördernd in der Erfahrung der Solidarität, wie sie eine gute Gruppe bieten kann. Sowohl Kreativitäts- als auch Gesundheitsförderung können wir also auf diese Weise für uns erfahren. Schließlich, so drückt es der Münchener Schreiblehrer und Psychotherapeut J. vom Scheidt (1989) aus, sind Kreativität, Selbstmanagement und Psychotherapie Prozesse, die kaum voneinander getrennt werden können: Lernen wir, unsere Kreativität gezielt zu nutzen, werden wir auch psychisch gesünder und umgekehrt. Auf diesem Prinzip basiert die Kunst- und auch die Schreib- und Poesietherapie.

Daß diese Kombination nun in einer Gruppe besonders gut gelingen kann, liegt ja eigentlich auf der Hand:

Sie tauschen einander aus über Techniken, Schreibrituale, Umgang mit Blockaden. Das Schreiben als Thema, das Sie für gewöhnlich mit sich selbst auszumachen haben, wird auf einmal zu einem Thema, das Sie bereden, bedenken, bearbeiten können. Der Schreibprozeß selbst bleibt lebendig, er bekommt stetig neue Impulse.

Und ebenso die Themen, über die Sie schreiben. Selbstverständlich steht es Ihnen frei, zu entscheiden, welche Ihrer Tagebuchthemen und -texte Sie in einer Gruppe vorstellen und welche Sie für sich behalten möchten. Doch allein schon die Freiheit, über private Dinge mit anderen vertraut sprechen zu können, über Fragen, mit denen Sie persönlich sich intensiv auseinandergesetzt haben, kann ungeheuer entlastend wirken. Und die Möglichkeit, andere Ansichten und Erfahrungen zu Ihrer Thematik zu hören, nachdem Sie allein so dicht ‹herangegangen› sind, wie es Ihnen eben möglich war, kann eine große Stärkung der eigenen Sicherheit bedeuten und ein starkes Geborgenheitsgefühl vermitteln.

Andererseits kann eine Gruppe auch dann Unterstützung geben, wenn in keinem Moment über Texte und Inhalte miteinander gesprochen wird, sondern wenn Sie sich einfach gemeinsam Zeit nehmen, in ihren Tagebüchern zu schreiben. Sich gemeinsam und dabei jeder für sich den Freiraum zu geben, an persönlichen Fragen zu arbeiten, kann gerade das entscheidende Moment sein, das Sie dabei unterstützt, sich wieder sich selbst zuzuwenden. Deshalb spricht der berühmte Journal-Workshop-Leiter Ira Progoff in seiner schon legendären Anleitung zum Tagebuchgruppenschreiben ‹At a Journal Workshop› (New York 1975) von einem Moment von ‹Privacy in the Group› (a. a. O., S. 46ff.) und von einer ‹active quality of many working together each in his own depths› (a. a. O., S. 53).

6.4 Was kann die Schreibgruppe leisten?

Genau besehen, ist die Tagebuchgruppe also mindestens zweierlei: eine Schreibtrainingsgruppe und eine autobiographisch orientierte Selbsthilfegruppe – nicht mit psychotherapeutischem Anspruch, aber unter Umständen durchaus mit Effekten, die an die psychotherapeutisch arbeitender Gruppen heranreichen. Untersuchungen des Psychoanalytikers M. L. Moeller (1978) haben bereits in den siebziger Jahren ergeben, daß längerfristig an Lebensgeschichten und Alltagsfragen arbeitende Selbsthilfegruppen zwar länger als psychotherapeutische Gruppen brauchen, um diesen vergleichbare Effekte zu erzielen – langfristig aber erzielen sie diese großenteils. Und das aus eigener Kraft und kostengünstig ohne bezahlten Psychotherapeuten! Voraussetzung ist allerdings eine strenge Organisation Ihrer Gruppe. Auch hier ist einiges von den Selbsthilfegruppen zu lernen (s. u.).

Und ein dritter Effekt kann, vor allem, falls Ihre Gruppe irgendwann einmal an eine wie auch immer geartete Öffentlichkeit treten sollte, der gesellschaftliche sein: Warum nicht in bestimmten Settings auch die Öffentlichkeit an Ihren Erfahrungen teilhaben lassen?

Z. B., indem Sie bestimmte Texte, die die Gruppe besonders bewegt haben, oder bestimmte Themen, zu denen viele aus Ihrer Gruppe geschrieben haben, gezielt literarisch weiter bearbeiten (s. hierzu z. B. L. von Werder 1991 und 1996) und dann veröffentlichen:

- als kleine Broschüre vielleicht
- oder im Rahmen einer Lesung, die Sie mit Hilfe örtlicher Schreibgruppen oder Schreibbüros anbieten (s. untenstehendes Adressenverzeichnis in diesem Kapitel)?

Oder Sie initiieren in bestimmten Abständen – jährlich, vierteljährlich, monatlich – ein literarisches Café. Hier können Sie nicht nur eigene verfremdete und literarisierte Texte aus Ihren Tagebüchern vortragen, hier können Sie die Besucherinnen und Besucher auch zu kleinen kreativen Schreibübungen – z. B. aus diesem Buch – einladen und die dabei entstehenden Texte und Schreiberfahrungen besprechen. Sie können von Ihren Erfahrungen als Gruppe sprechen und die Initiierung weiterer Tagebuchschreibgruppen anregen, Sie können eine regelmäßige Beratung für Tagebuchschreibende und Gruppen anbieten oder anderes.

In solchen Cafés können sich Lücken schließen, die heute mehr denn je zwischen privater und öffentlicher Erfahrung klaffen und Menschen in unverschuldete und unverdiente Einsamkeit stoßen. Die amerikanischen Psychotherapeuten G. Butler und T. Hope beklagen explizit diese Differenz und machen gerade sie in besonderer Weise verantwortlich für das von vielen Menschen beklagte Erleben von Leere und Unerfülltheit im Lebensalltag (G. Butler/T. Hope 1997, L. von Werder 1997).

Ein solches Hineingehen in die Öffentlichkeit ist natürlich erst dann sinnvoll, wenn eine Gruppe bereits eine Zeitlang miteinander arbeitet. Erst dann kann es oft überraschend gewinnbringend sein, auch diese Erfahrungen wiederum weiterzugeben und einen öffentlichen Diskurs anzustoßen.

Vielleicht stoßen Sie ähnliche Prozesse bei anderen Menschen an, wie Sie selbst – als Gruppe und als Einzelne – sie durchlaufen haben. Und wer weiß – am Ende initiieren Sie nebenbei die Bildung weiterer Tagebuchschreibgruppen.

6.5 Welche Probleme können in der Gruppe auftreten?

Selbstverständlich liegen nicht nur Chancen in der Gruppenarbeit, sondern auch Krisenmomente und Gefahren. Das ist in der Tagebuchschreibgruppe nicht anders als in jeder Selbsthilfegruppe. Im Gegenteil: Gerade Gruppen, die intensive Prozesse auslösen, können auch Probleme aufwerfen. Diese Probleme sind denen psychotherapeutischer Gruppen häufig recht ähnlich:

Intensive Schreiberfahrungen wie auch intensive Gruppenprozesse können starke Gefühle und Erinnerungen auslösen. Diese können angenehmer und schmerzlicher Art sein und sowohl die Einzelnen wie die Gruppe verwirren, sei es nun die Erfahrung von Nähe, die man miteinander teilt, oder seien es Gefühle von Schmerz oder Zorn, die plötzlich aufkommen können – durch das Schreiben eines Textes oder durch die Interaktion mit einem anderen Gruppenmitglied.

In einer Gruppe bilden sich manchmal Rollen heraus, die einer produktiven Arbeit im Wege stehen: Jemand möchte immer im Mittelpunkt stehen, jemand weiß, ‹wo es langgeht›, jemand schließt sich aus, jemand hält sich für etwas ganz Besonders: den verkannten Dichter, das arme Opfer o. ä.

6.6 Wie können wir mit Problemen umgehen?

Der erste Schritt, ehe Sie mit der inhaltlichen Arbeit beginnen, ist die Festlegung von Gruppenregeln. Wie gehen Sie in der Gruppe miteinander um, um den größtmöglichen Gewinn für alle zu garantieren und Krisen möglichst zu vermeiden?

Natürlich gibt es auch spezielle Umgangsregeln für die Arbeit mit selbstgeschriebenen Texten in einer Gruppe und mit den Emotionen, die mit dem Schreiben und Lesen der Texte einhergehen können (vgl. z. B. L. von Werder 1989). Die wichtigsten:

Das Vorlesen und Besprechen der Texte muß eine freiwillige Sache sein und sollte es unter allen Umständen auch bleiben. Überreden Sie niemanden, eigene Texte und Erfahrungen der Gruppe vorzustellen, der oder die dies gerade nicht will.

Die Texte, die jemand vorliest, und die Erfahrungen, die angesprochen werden, bleiben Gruppengeheimnis. Alle können sich darauf verlassen, daß niemand etwas aus den Gruppengesprächen nach ‹draußen› trägt.

Alle Texte sind der Gruppe gleich viel wert. Es geht nicht darum, daß jemand Schriftsteller werden, für die eigene vertrackte Lebensgeschichte Mitleid einheimsen will o. ä.

Denken Sie im Gespräch daran, daß jeder Text eine Gefühlsäußerung ist. Gehen Sie deshalb entsprechend warm und interessiert mit vorgestellten Texten und Textelementen um. Hilfreich ist es, jede Textäußerung als ein Geschenk zu betrachten, das die Gruppenmitglieder einander machen. Das bedeutet nicht, daß wir keine Kritik an einem Text oder an seinen Gedanken äußern dürften. Vielmehr geht es darum, wenn vorhanden, Verständnis zu äußern und ansonsten vorsichtig nachzufragen oder auch einfach den eigenen Gefühlen Ausdruck zu geben. Hilfreich ist dabei die Technik des ‹aktiven Zuhörens› (Schultz von Thun 1989). Diese bedeutet:

Bewußt auf den anderen hören; versuchen wahrzunehmen, was er oder sie ‹eigentlich› sagen will; sich öffnen auch für ‹Zwischentöne›.

Allerdings nicht einfach ‹drauflos› interpretieren, sondern nachfragen, sich vergewissern: ‹Habe ich dich richtig verstanden, daß du eigentlich meinst...?› – ‹Möchtest du damit sagen, daß...?› etc.

Schließlich kann es trotz aller Gruppendisziplin einmal passieren, daß der Prozeß entgleitet, daß eine Krise ausbricht, die die Gruppe allein nicht mehr auffangen kann (vgl. auch die Ausführungen im Kapitel ‹Chancen und Krisen im Tagebuchschreiben›). Das wird aber nur ganz selten der Fall sein. Sollten Ihr eigenes Potential sowie die Tips zum Krisenmanagement aus Kapitel 6 nicht mehr ausreichen, kann es sinnvoll sein, kurzfristig professionelle Hilfe in Anspruch zu nehmen – als Einzelne/r oder auch einmal als ganze Gruppe. Wenden Sie sich an ein kommunales Selbsthilfezentrum in Ihrer Nähe oder nehmen Sie Kontakt auf mit einem Therapeuten oder einer Therapeutin Ihres Vertrauens. Wenn Sie niemanden kennen: Die Gesundheitsämter und Krankenkassen helfen Ihnen weiter.

6.7 In welchen Institutionen lassen sich Tagebuchschreibgruppen initiieren?

Prinzipiell lassen sich zur Etablierung von Tagebuchschreibgruppen alle Institutionen vorstellen, in denen mit Menschen gearbeitet wird, die des Schreibens mächtig sind. Im folgenden stellen wir einige exemplarische Möglichkeiten vor, die einen passenden Rahmen für eine Tagebuchschreibgrupppe bilden können und in denen sich z. T. – sei es bei uns in Europa oder sei es im amerikanischen Raum – Gruppen Tagebuchschreibender bereits regelmäßig treffen. Dabei sind diese Möglichkeiten vor allem als Anregung gedacht – aus Ihrem eigenen Lebensumfeld fallen Ihnen vielleicht noch ganz andere Möglichkeiten ein. Machen Sie davon Gebrauch – sei es als Interessierte/r oder sei es auch als potentielle/r professionelle/r Begleiter, falls Sie z. B. in der psychosozialen Versorgung tätig sind.

Bereich Schule

Die Schule mit ihrer Notengebung nach Leistungsprizip erscheint vielleicht zunächst einmal als ein Bereich, der einer so privaten Angelegenheit wie dem Tagebuchschreiben besonders fernsteht. Doch gerade die Schule ist auch der Ort, an dem die Lust am Lernen und der inneren Auseinandersetzung mit der Welt gefördert werden will. Und bei dieser Förderung spielt das Angebot eines auch subjektiven Zugangs zu Lerninhalten eine große Rolle.

Insbesondere die Fächer Deutsch und Philosophie lassen sich als Orte denken, in denen zumindest die Anregung zum Tagebuchschreiben vermittelt wird, einfach deshalb, weil in diesen Fächern die Introspektion besonders wichtig ist. Und warum nicht spezifische Schreibtechniken – z. B. die Warming-up-Schreibtechniken aus Kapitel 2 – nutzen, um sich bestimmten Fragestellungen, wie z. B. denen der Interpretation von Texten, auf authentische, lebendige Weise zu nähern? Aus solchen ersten gemeinsamen Schreiberfahrungen in der Klasse könnte dann der Hinweis auf weitere Schreibtechniken folgen, z. B. aus den Kapiteln 2 und 4 dieses Buches, und die Anregung, solche einmal über eine bestimmte Zeit hinweg auszuprobieren.

Bereich Hochschule

In den USA ist es seit langem selbstverständlich: das Führen eines Studienjounals – eines ‹student portfolio› – vom ersten Semester an (vgl. z. B. R. Calfee/ P. Perfumo, 1996, S. 63 ff.). Hier haben Notizen über gelesene Texte Platz, Listen des noch zu lesenden oder zu bearbeitenden Materials, Fragen und Antworten rund um das Studienfach, um die Lerninhalte des Semesters, aber auch um die ganz persönlichen Eindrücke, die jemand an und in der Hochschule gesammelt hat. Manche Dozenten geben ihren Studierenden auch Gelegenheit, dieses ‹portfolio› zu einem ‹personal journal› zu erweitern. Wie der Ausdruck selbst sagt: Die Studierenden bekommen – im Seminarraum, während der Veranstaltung – Zeit und Raum, ganz persönliche Erfahrungen schriftlich festzuhalten und zu reflektieren (vgl. z. B. F. Hallberg, in: T. Fulwiler 1987, S. 289 ff.). Selbstverständlich ist der Einsatz dieses didaktischen Instrumentes dort einfach auch deshalb geworden, weil man in Amerika längst erkannt hat:

Die persönliche Auseinandersetzung mit den Lehrenden, den Lerninhalten, dem Lernort ‹Hochschule› *und* mit der eigenen Person ist eine Methode, die hilft, das eigene Denken zu klären, Fragen präzise zu formulieren und nach Antworten zu suchen, Gelerntes besser zu verarbeiten, eine Methode also, die letztlich auch das inhaltsbezogenene Lernen beflügelt.

In den USA ist es auch selbstverständlich, daß Studierende einander aus ihren Journalen vorlesen und sich über die dort beschriebenen Erfahrungen austauschen: Aus den zunächst unzensiert, quasi privat geschriebenen Texten werden zum Ende einer mehrwöchigen Schreibphase hin einige ausgewählt und für das sogenannte ‹show portfolio› gegebenenfalls so bearbeitet, daß dieser Austausch für alle annehmbar scheint. Ziel dieses Austausches ist es, daß alle Studierenden die eigenen Lernerfahrungen in der Gruppe noch einmal reflektieren und einander Feedback geben können. Und ebenso selbstverständlich: Der Dozent/die Dozentin führt ihr eigenes Tagebuch über den Werdegang dieser Arbeitsphase – als Element der Selbstkontrolle und Selbstevaluation.

Ein Tip des bekannten amerikanischen Hochschullehrers Hallberg (a. a. O., S. 296): Legen Sie eine solche Schreibphase in die Mitte eines Semesters – nachdem die Teilnehmenden Ihres Seminars (das für eine solche Arbeit nicht mehr als 15 Personen umfassen sollte!, die Verf.) einander als Gruppe bereits gefunden und andererseits noch genügend Zeit haben, aus den gemeinsamen Erfahrungen zu profitieren.

Unser Vorschlag: Nutzen Sie zum Einstieg die Basisschreibtechniken aus Kapitel 1 dieses Buches, für Seminare in den Bereichen Germanistik und Literaturwissenschaft die Vorschläge aus Kapitel 2, für Studierende der Psychologie und der Sozialwissenschaften lassen Sie sich von Kapitel 3 anregen, und für den Bereich Philosophie durch Kapitel 4.

Bereich berufliche und außerberufliche Bildung

Die amerikanischen Psychotherapeuten G. Butler und T. Hope (1997, S. 23) machen auf folgendes Phänomen aufmerksam: In den großen Buchhandlungen der westlichen Welt lassen sich immer wieder überraschende Überschneidungen finden zwischen den Abteilungen ‹Selbsthilfe, Psychotherapie› und ‹Berufliche Bildung, berufliches Selbstmanagement›. Kein Wunder, daß dem so ist, die Bereiche Privat- und Berufsleben lassen sich immer weniger trennen. Menschen suchen in ihrem Beruf nicht nur die Möglichkeit, Geld zu verdienen, sie suchen Erfüllung ihrer Interessen, sie wollen Karriere machen und sich bestätigen. Unsere Lebensspanne verlängert sich und auch die Lebenszeit, für die wir erwarten können gesund, leistungs- und lernfähig zu bleiben. In ihrem Buch ‹Ich fange noch mal an› beschreibt Susanne Kubelka die Lebensgeschichten von Frauen und Männern, die zweite und dritte Karrieren gewagt und erfolgreich bewältigt haben. Wer sein Leben auf diese Weise als ‹auf dem Wege› und in Lernprozesse eingebunden begreift, wird häufig das Bedürfnis haben, diese Prozesse auch zumindest ansatzweise festzuhalten, um sie auch später noch verfügbar und nachvollziehbar zu haben. Hier bietet sich das Tagebuch an als Begleiter auf dem persönlichen wie auf dem beruflichen Weg und auf allen Stationen, die dazwischenliegen.

‹Wie sehe ich mich in meiner beruflichen Sphäre?›
‹Welches sind meine Interessen, meine Fähigkeiten?›
‹Wohin möchte ich mich längerfristig bewegen?›
‹Wie stehe ich zur Institution, in der ich tätig bin, und sie zu mir?› –

sind Fragen, die sich mit Hilfe eines Tagebuches in Worte fassen und diskutieren und in gut funktionierenden Arbeitsgruppen dann auch besprechen lassen.

Insbesondere die Einstiegsfragen aus dem ersten Kapitel und die Übungen aus den Kapiteln 3 und 4 können hier bei Interesse zum Einsatz kommen.

Bereich Frauenzentrum und Frauengruppe

Weibliches Schreiben und speziell weibliches Tagebuchschreiben haben eine eigene, eine besondere Tradition. Für lange Zeit war das Tagebuch für Frauen nahezu der einzige Ort, an dem sie ehrlich ausdrücken konnten, wie ihnen zumute war. Und vermutlich hat das Tagebuchschreiben einer Vielzahl von Frauen geholfen, unter gesellschaftlichen Bedingungen zu überleben – manchmal auch vergleichsweise gut zu leben –, unter denen sie sonst zerbrochen wären. Heute sind Frauengruppen ein solcher Ort, an dem Frauen einen geschützten Raum finden können, der ihnen erlaubt oder es ihnen doch leichter machen kann, ‹sie selbst zu sein›. Insofern kann das Tagebuchschreiben in einer reinen Frauengruppe beides gut kombinieren: die Tradition des Zu-sich-Findens mit dem modernen Raum der Solidarität und gegenseitigen Unterstützung. Ja, in manchen zielgruppen- oder themenspezifisch arbeitenden Gruppen kann das Tagebuch und das Miteinanderteilen von Erfahrungen über gelesene Texte sogar das Medium sein, das eine wirklich offene Auseinandersetzung über erlittene Erfahrungen erst regelrecht ermöglicht. So machen die beiden amerikanischen Autorinnen E. Bass und L. Davis in ihrem Buch «Trotz allem» entsprechende Vorschläge für eine Gruppenarbeit mit sexuell mißbrauchten Frauen.

Aufdeckende Arbeit ist zum Beispiel möglich mit Hilfe der Übungen aus Kapitel 2 und 4 dieses Buches; Trost, Optimismus und Hoffnung kann die Arbeit mit Techniken aus Kapitel 3 vermitteln.

Bereich ‹Freizeit›

Dies ist der klassische Bereich, in dem in Mitteleuropa das Schreiben seinen Platz hat. Viele Volkshochschulen bieten heute Kurse im kreativen Schreiben an, einige auch bereits speziell im Tagebuchschreiben. Nach unseren Recherchen gab es an deutschen Volkshochschulen im Jahre 1997 ca. 2000 Schreibwerkstätten, Tendenz z.T. steil steigend! (vgl. L. von Werder 1997b). Ein Nachfragen bei den entsprechenden Dozenten oder Fachbereichen Ihrer örtlichen VHS lohnt in jedem Fall. Auch Familienbildungsstätten, Nachbarschaftsheime, Gemeindezentren und Institutionen der Kultur- und Kultursozialarbeit sind für Schreibkurse häufig aufgeschlossen. Überlegen, ob Sie eine breit orientierte oder eher eine spezifisch auf bestimmte Fragestellungen ausgerichtete Tagebuchschreibggruppe einrichten möchten. Lassen Sie sich anregen von den Vorschlägen dieses Buches.

Bereich Selbsthilfe, Psychotherapie, Gesundheitsbildung

Von der gesundheitsfördernden Wirkung des Schreibens haben wir in Kapitel 2 gesprochen. Leider sind diese Wirkungen, in den USA eine Binsenwahrheit, bei uns noch viel zuwenig bekannt. Ausnahme: Die Verhaltenspsychotherapie arbeitet seit langem mit Schreibübungen – von der Planung der intendierten Verhaltensänderung über Selbstkontrollisten bis hin zu inneren Dialogen. Ein wenig davon haben Sie in den Übungen zu Kapitel 5: ‹Chancen, Krisen und Störungen› kennengelernt. Doch gerade in Kapitel 3 dieses Buches, ‹Das selbsttherapeutische Tagebuch›, haben Sie wahrscheinlich auch die heilenden Effekte des Schreibens mit einer Vielzahl von unterschiedlichen therapeutischen Schulen verbundenen Schreibtechniken kennengelernt. Argumente und Evaluationsergebnisse zum Thema ‹Therapeutische Effekte des Schreibens› enthält das Kapitel 3 ebenfalls (und zwar in Punkt 3.1, ‹Geschichte und Theorie der Schreibtherapie›) . Und besonders in bezug auf spezifische gesellschaftliche Gruppen (Senioren, Paare u. a.) und Symptomkreise – denken Sie an die erwiesene Reduktion von Streß durch Schreiben. Es könnte sich durchaus lohnen, Argumente und Zahlen aus Kapitel 3.1 einmal der eigenen Krankenkasse oder der therapeutischen Institution mit der Anregung darzulegen, eine entsprechende Gruppe einzurichten. Sinn macht in diesem Zusammenhang insbesondere die zielgruppenhomogene Tagebucharbeit:

Tagebuchschreibgruppen gegenüber aufgeschlossener, weil selbstfinanziert, sind meist private Träger der Gesundheitsbildung. An einem Ort, an dem Bewegungsschulung, Entspannung, Arbeit mit kreativen Medien angeboten wird, macht sich auch eine Tagebuchschreibgruppe gut, die z. B. mit Übungsangeboten aus unseren Kapiteln 2 und 3 arbeiten könnte – von der gesundheitsfördernden Wirkung des Tagebuchschreibens auf solche körperbetonten Angebote, wie sie in 3.1 ebenfalls dargestellt ist, einmal ganz abgesehen!

In welchen Institutionen lassen sich Tagebuchschreibgruppen längerfristig anleiten?

Dies ist natürlich auch eine Möglichkeit für diejenigen unter Ihnen, die z. B. im Gesundheits-, im Freizeit- oder im psychosozialen Bereich arbeiten. Möchten Sie nach längerfristiger eigener Erfahrung im Tagebuchschreiben eine solche Gruppe im Rahmen Ihres Tätigkeitsfeldes anbieten, so können Sie möglicherweise auch von Anfang an etwas tiefer und gezielter arbeiten, als dies in einer Selbsthilfegruppe möglich ist. Allerdings ist es sinnvoll, sich neben der Eigenerfahrung ein breites Wissensspektrum rund um das Thema ‹Führen von Tagebüchern› anzueignen. Vorschlag für ein Curriculum für Anbieter von Tagebuchschreibgruppen:

1. Workshop:	Basisschreibtechniken für das kreative Tagebuch
2.–4. Workshop:	Das literarische, selbsttherapeutische oder philosophische Tagebuch
5. Workshop:	Aufbau einer Gruppe
6. Workshop:	Chancen, Krisen und Strategien der Gruppenarbeit

Ein Curriculum, das die Inhalte der Module 1–4 abdeckt, könnte als großes Programm die Arbeit in einer Tagebuchschreibgruppe über ein Jahr und länger bestimmen. Ebenso lassen sich natürlich zielgruppen- und schwerpunktbestimmte Angebote zu einem der drei Modulinhalte vorstellen, z. B. ein Kurs ‹Ein literarisches Tagebuch schreiben›.

Und diese Literatur zum Thema Tagebuchschreiben sollte unserer Einschätzung nach – neben einer guten Auswahl an Originaltagebüchern – in der Handbibliothek jedes Gruppenleiters/jeder Gruppenleiterin vorhanden sein:

Adams K.: The Way of the Journal: A Journal Therapy Workbook for Healing, Arvada 1993.
Bass, E./Davis, L.: Trotz allem. Wege zur Selbstheilung für sexuell mißbrauchte Frauen, Berlin 1990.
Görner, R.: Das Tagebuch, München 1986.
Hocke, G. R.: Europäische Tagebücher aus vier Jahrhunderten, Frankfurt/M. 1991.
Progoff, I.: At a Journal Workshop: The Basic Text and Guide, New York 1975.
Ders.: The Practise of Process Meditation, New York, 8. Aufl., 1989.
Schiwy, M.: A Voice of Her Own, New York 1996.

Literatur

Bass, E.,/Davis, L.: Trotz allem. Wege für sexuell mißbrauchte Frauen, Berlin 1990.
Butler, G./Hope, P.: So bleibt Ihre Psyche fit, München 1997.
Calfee, R./Perfumo, P.: Writing Portfolios in the Classroom, New Jersey 1996.
Hallberg, F.: Journal Writing as Person Making, in: Fulwiler, T. (Ed.): The Journal Book, Portsmouth, 1987.
Kubelka, S.: Ich fange noch mal an. Glück und Erfolg in der zweiten Karriere, München 1992.
Moeller, M.-L.: Selbsthilfegruppen, Reinbek 1996.
Progoff, I.: At a Journal Workshop, New York 1975.
Werder, L. von: Lehrbuch des kreativen Schreibens, Berlin 1991.
Ders.: Schreiben als Therapie, München 1989.
Ders.: Das philosophische Café, Berlin 1997.
Ders.: Der Boom des kreativen Schreibens in Deutschland, HDZ-Info Nr. 6, 1997.
Scheidt, J. von: Kreatives Schreiben, Frankfurt 1989.
Schiwy, M. A.: Voice of her own, New York 1996.
Schultz von Thun, F.: Miteinander reden, Teil I, Reinbek 1989.

Allgemeines Literaturverzeichnis

Adams, K.: The Way of the Journal, Lutherville 1951.

Adams, K.: Journal to the Self. 22 Paths to Personal Growth, New York 1990.

Baldwin, C.: One to One. A new and updated Edition of the Classic Self-Understanding Through Journal Writing, New York 1991.

Bronnen, B.: Die Stadt der Tagebücher, Frankfurt 1996.

Calfee, R./Perfumo, P.: Writing Portfolios in the Classroom, New Jersey 1996.

Capacchione, L.: The Creative Journal, Ohio 1979.

Capacchione, L.: The Creative Journal for Teens, North Hollywood 1992.

Carr, J. B.: Communicating with Myself. A Journal, Dubuque 1991.

Dunne, P. B.: Creative Journal, Los Angeles 1995.

Ellenberger, H. F.: Die Entdeckung des Unbewußten, Bern 1972 (Bd. 1–2).

Fulwiler, T. (Ed.): The Journal Book, Portsmouth, 1987.

Goldberg, B.: Room to Write. Daily Invitations to a Writers Life, New York 1996.

Görner, R.: Das Tagebuch, München 1986.

HDZ-Info 1997, Heft 6.

Hocke, R.: Europäische Tagebücher aus vier Jahrhunderten, Frankfurt/M. 1991, München 1978.

Holzer, B. N. A.: A Walk between Heaven and Earth. A Personal Journal on Writing and the Creative Process, New York. 1994.

Johnson, D.: Creative Guide to Journal Writing. How to enrich your life with a written Journal, Louisville 1989.

Jung, C. G.: Die Beziehungen zwischen Bewußtsein und Unbewußtem, Zürich/Leipzig 1938.

Ders.: Erinnerungen, Träume, Gedanken, Olten 1986.

Junker, H. (Hrsg.): The Writer's Notebook, San Francisco 1995.

Mallon, T.: A Book of One's Own. People and their Diaries, New York 1984.

Neubauer, J. R.: Dear Diary. The Art and Craff of Writing a creative Journal, Salt Lake City 1995.

Progoff, I.: At a Journal Workshop: The Basic Text and Guide, New York 1975.

Ders.: The Practise of Process Meditation, New York, 8. Aufl. 1989.

Rainer, T.: The New Diary. How to use a Journal for Self-Guidance and Expanded Creativity, Los Angeles 1979.

Rich, A.: What is found there. Notebooks and Poetry and Politics, New York 1993.

Schiwy, M.: A Voice of Her Own, New York 1996.

Schulte-Steinicke, B.: Autogenes Training und Kreatives Schreiben, Berlin 1997.

Werder, L. von: Lehrbuch des kreativen Schreibens, Berlin 1991.

Ders.: Erinnern, Wiederholen, Durcharbeiten. Die eigene Lebensgeschichte kreativ schreiben, Berlin 1996.

Anhang

Adressen von Schreibgruppen und Ausbildungsinstituten

Die folgende Auflistung von Schreibgruppenleiter/innen und Ausbildungsinstituten zum kreativen Schreiben in Deutschland und der Schweiz ist lückenhaft. Sie ist auch nicht spezifisch auf das Tagebuchschreiben ausgerichtet. Sie ist jedoch der vollständigste Überblick über Gruppen- und Ausbildungsangebote rund um das Schreiben, den wir zusammentragen konnten. Wir bitten um Ihre Ergänzung für weitere Auflagen dieses Buches! Vielen Dank.

Adressen von Schreibgruppenleiterinnen und -leitern

Deutschland

Bamberg:
Otto Schober, Am Friedrichsbrunnen 8,
96049 Bamberg
Karl Schuster, Mattenheimer Str. 9,
95050 Bamberg

Berlin:
Claus Mischon, Bamberger Str. 52,
10777 Berlin
Frank Schubert, Winterfeldstr. 56,
10777 Berlin
Barbara Schulte-Steinicke, Zillestr. 107,
10585 Berlin
Paul Schuster, Fregestr. 76,
12159 Berlin
Prof. Dr. Lutz von Werder,
Bamberger Str. 52,
10777 Berlin

Bochum:
Gabriele Schumann, Dirschauer Str. 9,
44789 Bochum
Karsten Finke, Bessemer Str. 77,
44793 Bochum
Ulrike Derwahl, Am Knüpp 21,
44799 Bochum
Brigitte Gronau, an der Malstatt 18,
44892 Bochum
Franz Großmann, Brennscheder Str. 66,
44799 Bochum
Michael Starcke, Paulinenstr. 28,
44799 Bochum
Heidemarie Grabski,
Wiemelhauser Str. 255,
44799 Bochum

Bonn:
Monika Winkelmann,
Kündinghovener Str. 43,
53227 Bonn

Coesfeld:
Prof. Winfried Pielow, Neutorstr 3,
48653 Coesfeld

Dorsten:
Elke Pavlovic-Sandheigl, Wiener Str. 44,
45768 Marl
Klaus P. Busse, Klosterstr. 108,
46282 Dorsten

Dortmund:
Ewa Gust, am Gardenkamp 1,
44227 Dortmund
Roswitha Iasevoli, Lindemannstr. 42,
44289 Dortmund
Elisabeth Salzmann, Roonstr. 29,
44143 Dortmund
Gisela Schalk, Baumwirtsweg 21,
44319 Dortmund-Husen

Duisburg:
Silvia Kaffke, Am Welchenhof 29,
47138 Duisburg
Sigrid Kruse, Düsseldorfer Str. 5,
47051 Duisburg

Essen:
Olaf Eybe, Kortumstr. 47,
45130 Essen
Herbert Somplatzki, Laurahöhe 3,
45289 Essen
Ulrich Straeter, Lambertstr. 4,
45131 Essen

Fleckenbovenden:
Burkhard Garbe, Rauschenwasser 11,
37120 Fleckenbovenden

Gelsenkirchen:
Gruppe Gelsenkirchener Autoren,
Irmgardstr. 12,
45888 Gelsenkirchen
Monika Kummerhoff, Ebertstr. 9,
45879 Gelsenkirchen

Gladbeck:
Ruth Weilandt-Matthaeus,
Horster Str. 15,
45964 Gladbeck

Hagen:
Gernot Burgeleit, Hahnenbergs Garten 8,
58119 Hagen-Hohenlimburg

Halstenbek:
Bullerdiek Boko, Rotdornstieg 10,
25469 Halstenbek

Hamburg:
Bothe, Katrin, Warnckesweg 27,
22453 Hamburg
Bütow, Thomas, Trillupper Weg 34,
22397 Hamburg
Kruse, Norbert, Brodersweg 12,
20148 Hamburg
Rammoser, Günter, Uhlenhorster Weg 19,
22085 Hamburg
Rohweder, Inge, Alte Königstr. 18,
22767 Hamburg
Ueckert, Charlotte, Lutherhöhe 2b,
22761 Hamburg
Würth, Anna, Schlüterstr. 56,
20 146 Hamburg

Hamm:
Petra Philipp, Werler Str. 89,
59063 Hamm

Herford:
Thomas Schneider, Bahnhofstr. 17,
32052 Bünde

Herne:
Anneliese Skiba, Frauenlobstr. 52b,
33806 Bochum
Daniel Kleibörner, Plutostr. 4,
44651 Herne

Hönow:
Rainer M. Halmen, Mehrower Str. 24,
15366 Hönow

Kamen:
Helga Piepenbrink, In der Dille 78,
59192 Bergkamen

Kiel:
Therese Chromik, Gerhardstr. 49,
24105 Kiel

Kirchzarten:
Maria Bosse-Sporleder, Gütleackerstr. 1,
79139 Kirchzarten

Köln:
Riefert-Miethke, Marinanne,
Umerstr. 17,
50739 Köln

Lüneburg:
Joachim Fritzsche, Schillerstr. 37,
21335 Lüneburg

March-Hugstetten:
Günter Waldmann, Schwarzwaldstr. 14,
79232 March-Hugstetten

Marl:
Jürgen Wolter, am Alten Sportplatz 31,
45770 Marl

München:
Dr. Jürgen vom Scheidt,
80751 München Postfach 440238

Münster:
Werner Klöpper, Kiregerweg 63,
48153 Münster
Hermann Wallmann,
Mauritz-Lindenweg 52,
48145 Münster

Nürnberg:
Martina Haag, Im Schmausengarten 7,
9040 Nürnberg

Paderborn:
Anja Telgenbüscher, Dr.-Röhrig-Damm 85,
33102 Paderborn
Eberhard Chronz, Am Stadelhof 10,
33098 Paderborn

Recklinghausen:
Gunthild Bläsing, Herzogswall 12,
45657 Recklinghausen

Rheine:
Michael Hirschmeier, Alemannenallee 8,
48429 Rheine

Schondorf:
Fritz Gesing, Obere Str. 5,
86938 Schondorf

Siegen:
Gertrud Hanefeld, Untere Dorfstr. 25,
57074 Siegen-Bürbach

Schwerte:
Grete Rommel, Auf der Böcke 12,
58239 Schwerte

Tecklenburg:
Hannes Luck, Postfach 12 26,
49545 Tecklenburg

Unna:
Dr. Gerhard Rademacher,
Schlehenweg 3,
59425 Unna-Uelzen
Agnes Doering, Aspersweg 1b,
59423 Unna

Uttenreuth:
Ingrid von Engelhardt, Zeisigweg 6,
91080 Uttenreuth

Wiesbaden:
Valentin Merkelbach, Klopstockstr. 21,
65187 Wiesbaden
Fritz Winterling, Volkerstr. 56,
65187 Wiesbaden

Schweiz

Mario Andreotti, Birkenweg 1,
9034 Eggersriet

Alice Baumann, Brunngasse 27,
3011 Bern

Marie Louise Biaggi-Biner, Unterdorf 21,
5264 Gipf-Oberfrick

Clo-Duri Bezzola, Säntisweg 6,
8618 Oetwil am See

Pankraz Blesi, Berninastrasse 59,
8057 Zürich

Guido Bruggmann, Heldswilerstrasse 32,
9214 Kradolf

Walter Büchi,
8532 Warth

Bruno Dörig, Schitterstr. 7a,
9413 Oberegg

Ruth Erat, Gruebstrasse 89,
9424 Rheinegg

Freitag Edith, Haltenstrasse 103,
8706 Meilen

Michael Guggenheimer,
Biserhofstrasse 20,
9011 St. Gallen

Beatrice Herbst-Spiess, Bernerstr. 4,
8610 Uster

Peter Hinnen, Reitbach,
8608 Bubikon

Hans-Bernhard Hobi, Sixer,
7320 Sargans

Reinhard Kaul, Döltschiweg 169,
8055 Zürich

Fritz Keller, Bachmannweg 19,
8046 Zürich

Jochen Kelter, Hauptstrasse 87,
8274 Tägerwilen

Rolf Kugler, Leimatt B,
6317 Oberwil

Walo Landolf. SABZ, Zielweg 29,
3014 Bern 23

Gabriele C. Leist, Falkensteinstrasse 74,
9000 St. Gallen

Leuenberger Michel, Bahnhofstrasse 7,
4133 Pratteln

Peter Morf, Clausiusstrasse 40,
8006 Zürich

Hans Peter Niederhäuser, Magdenau-
strasse 3, 8570 Weinfelden

Josef Nigg, Büelweg 62,
7204 Untervaz

Oberholzer Rene, Weinbergstrasse 9a,
9500 Wil

Julia Onken, Hauptstrasse 3,
8274 Tägerwilen

Gisela Roloff-Kaufmann, Sonnenrain,
6235 Winikon

Theres Roth-Hunkeler, Müller-Fried-
bergstrasse 16, 9000 St. Gallen

Gina Schibler, Wolfbachstrasse 33,
8032 Zürich

Irene Schwander, Notkerstrasse 19,
9000 St. Gallen

Corinne Schweitzer, Steinberggasse 8,
Postfach 505,
8401 Winterthur

Kurt Schwob, Riedmattstrasse 2,
4500 Solothurn

Peter Schwob, Claragraben 137,
4057 Basel

Edwin Städeli, Trottenstrasse 20,
5400 Ennetbaden

Franco Supino, Schöngrünstrasse 20, 4500 Solothurn

Reinhild Traitler, Voltastrasse 27, 8044 Zürich

Barbara Truog, Wehrenbachhalde 45, 8001 Zürich

Aglaja Veteranyi, Feilengasse 3, 8008 Zürich

Mara Wegmann, Hönggerstrasse 139, 8037 Zürich

Ursula Walser-Biffiger, Aeschstrasse 49, 5430 Wettingen

Werner Wüthrich, Wattenwylerweg 26, 3006 Bern

Doris Zollikofer, Freiestrasse 23, 8002 Zürich

Emil und Christa Zopfi, Dorf, 8875 Obstalden

Hanspeter Züst, Seeblickstrasse 8, 8280 Kreuzlingen

Literaturbüros und -häuser in Deutschland

Aachen: Literaturbüro in der Euregio Masas-Rhein e. V., Süsterfeldstr. 99a, 52072 Aachen

Berlin: Literaturhaus Berlin e. V., Fasanenstr. 23, 10719 Berlin

Berlin: Neue Gesellschaft für Literatur (NGL). Bismarckstr. 17, 1000 Berlin 12

Bonn: Haus der Sprache und Literatur, Linnéstr. 46, 53113 Bonn

Bonn: Literaturbüro Bonn, Prof.-Neu-Allee 20, 5300 Bonn 3

Bottrop: 1. Literaturbüro RUHRgebiet, Böckenhoffstr. 7, 46236 Bottrop

Braunschweig: LiteraturBüro, Steintorwall 3, 38100 Braunschweig

Bremen: Bemer Literaturkontor e. V., Villa Ichon, Goetheplatz 1, 28203 Bremen

Darmstadt: Haus der Literatur, Kennedyhaus, Kasinostr. 3, 654293 Darmstadt

Detmold: Literaturbüro Ostwestfalen-Lippe, Hornsche Str. 38, 32756 Detmold

Dresden: Literaturbüro Dresden, Hauptstr. 5 b, 01097 Dresden

Düsseldorf: Literaturbüro NRW e. V., Bolker Str. 6, 40213 Düsseldorf

Erfurt: Literaturbüro Thüringen e. V., Anger 37, 99084 Erfurt

Erlangen: Literaturbüro der Stadt Erlangen, Einhornstr. 2, 91054 Erlangen

Feldberg: Literaturzentrum Neubrandenburg, Hans-Fallada-Haus, Eichholz 3, 18258 Feldberg

Frankfurt/Main: Hessisches Literaturbüro im Mousonturm e. V., Waldschmidtstr. 4, 60316 Frankfurt

Frankfurt/Main: Literaturhaus Frankfurt am Main e. V., Bockenheimer Landstr. 102, 60323 Frankfurt

Frankfurt/Oder: Deutsch-Polnisches Literaturbüro Oderregion e. V., Haus der Künste, Lindenstr. 7, 15230 Frankfurt/Oder

Freiburg: Literaturforum Südwest e. V., Literaturbüro Freiburg/Südbaden und Übersetzerwerkstatt, Marienbad, Dreisamstr. 21, 79098 Freiburg

Gießen: Literaturbüro Gießen, Mühlstr. 32, 35390 Gießen

Gladbeck: Literturbüro NRW-Ruhrgebiet, Friedrich-Ebert-Str. 8, 45956 Gladbeck

Göttingen: Literaturbüro Südniedersachsen, Barfüßerstr. 5, 37073 Göttingen

Halle/Saale: Literaturbüro Halle, Markt 13, 06108 Halle/Saale

Hamburg: Literaturhaus Hamburg e. V., Schwanenwik 38, 22087 Hamburg

Hamburg: Literaturzentrum e. V., Schwanenwik 38, 22087 Hamburg

Hamburg: Neue Literarische Gesellschaft Hamburg, Volksdorfer Weg 41 c, 2000 Hamburg

Hamburg: Writer's Room, Stresemannstr. 374, 22761 Hamburg

Hannover: Literaturbüro Hannover e. V., Krausenstr. 54, 30171 Hannover

Kiel: Literaturhaus Schleswig-Holstein e. V., Poppenkamp 2, 24145 Kiel

Leipzig: Literaturbüro Leipzig e. V., Haus des Buches, Gerichtsweg 28, 04103 Leipzig

Lüneburg: Literaturbüro Lüneburg e. V., Heinrich-Heine-haus, Postfah 2540, Am Ochsenmarkt 1, 21315 Lüneburg

Magdeburg: Literaturhaus Magdeburg, Thiemstr. 7, 39104 Magdeburg

Mainz: Literatur-Büro Mainz e. V., Dahlberger Hof, Klarastr. 4, 55116 Mainz

München: Münchener Literaturbüro, Milchstraße 4, 81667 München

München: Stiftung Buch-, Medien- und Literaturhaus München, Salvatorplatz 1, 80333 München

Neubrandenburg: Literaturzentrum Neubrandenburg e. V., 4. Ringstr. 38, 17033 Neubrandenburg

Oldenburg: Literaturbüro im Kulturamt der Stadt Oldenburg, Postfach 24 27, 26105 Oldenburg

Osnabrück. Literaturbüro Westniedersachsen, Am Ledenhof 3–5, 49074 Osnabrück

Potsdam: Brandenburgisches Literaturbüro, Hegelallee 53, 14467 Potsdam

Rostock: Literaturhaus Kuhtor, Ernst-Barlach-Str. 5, 18055 Rostock

Saarbrücken: Literaturbüro Saarbrücken, Kaiserstr. 2, 6600 Saarbrücken

Stuttgart: Stuttgarter Schriftstellerhaus e. V., Kanalstr. 4, 70182 Stuttgart

Unna: Westfälisches Literaturbüro in Unna, Friedrich-Ebert-Str. 97, 59425 Unna

Wien: Literaturhaus, Seidengasse 13, A-1070 Wien

Lehr- und Forschungsprojekte ‹Kreatives Schreiben› und Angebote für Schreibberatung an deutschen Hochschulen

Aachen:
Rhein.-Westf. Techn. Hochschule Aachen
Institut: Germanistisches Institut,
Projekt «Kreatives Schreiben»
Anschrift: Eilfschornsteinstr. 15,
52056 Aachen
Ansprechpartner:
Prof. Dr. Ludwig Jäger,

Berlin:
Hochschuldidaktisches Zentrum der Alice-Salomon-Fachhochschule für Sozialpädagogik und Sozialarbeit Berlin (ASFH)
Anschrift: Alice-Salomon-Platz 5,
12629 Berlin-Hellersdorf
Ansprechpartner:
Prof. Dr. Lutz von Werder,
Barbara Schulte-Steinicke, Dipl. Psych.

Bielefeld:
Universität Bielefeld.
Institut: Das Schreiblabor
Anschrift:Postfach 10 01 31,
33501 Bielefeld
Ansprechpartner: Dr. Andreas Frank,
Detlef Hollmann, Dipl.-Soz.,
Gabriele Ruhmann, M. A.

Bonn:
Rheinische FriedrichWilhelms-Universität
Institut: Germanistisches Seminar
Anschrift: Am Hof 1 d,
53113 Bonn
Ansprechpartner:
Prof. Dr. Klaus-Jürgen Göbel,
Prof. Dr. Schemme

Chemnitz:
Techn. Universität Chemnitz-Zwickau
Institut: Philos. Fakultät, Fachgebiet Germanistik, «Schreibwerkstatt»
Anschrift: Postfach 9 64,
09009 Chemnitz
Ansprechpartner: Dr. Monika Hähnel,
Albert-Funk-Str. 69,
08066 Zwickau

Erlangen-Nürnberg:
Universität Erlangen/Nürnberg
Institut: Erz.-Fak. Lehrerausbildung Deutsch
Ansprechpartner: Dr. Karl Schuster,
Mattenheimer Str. 9,
96050 Bamberg

Halle:
Martin-Luther-Universität Halle-Wittenberg
Institut: Fachbereich Sprach- und Literaturwissenschaften, Germanist. Institut
Anschrift: Luisenstr. 2,
06099 Halle
Ansprechpartner: Prof. Dr. Gerd Antons

Hamburg:
Universität Hamburg,
Institut: Arbeitsstelle für Schreib-Lehr-Lern-Forschung
Ansprechpartner: Prof. Dr. Wilfried Hartmann, von Melle Park 8,
20146 Hamburg

Hannover:
Universität Hannover
Institut: Seminar für Deutsche Literatur und Sprache
Anschrift: Welfengarten 1,
30167 Hannover
Ansprechpartner: Prof. Dr. Ludwig,
Entenfang 36,
30938 Beergwedel

Kiel:
Pädagogische Hochschule Kiel
Institut: Seminar für Deutsche Sprache und Literatur und ihre Didaktik
Anschrift: Olshausenstr. 75,
24118 Kiel
Ansprechpartner: Prof. Dr. W. Biesterfeld

Köln:
Universität Köln
Institut: Autorenwerkstatt der Universität Köln
Anschrift: Zülpicher Str. 182,
50937 Köln
Ansprechpartner: Ingo Jacobs

Oldenburg:
Universität Oldenburg
Institut: FB 11, Lehrstuhl für Literaturtheorie
Anschrift; Postfach 35 03,
26111 Oldenburg
Ansprechpartner: Prof. Dr. J. Dyck

Osnabrück:
Kath. Fachhochschule Norddeutschland
Anschrift: Detmarstr. 2–8,
49074 Osnabrück
Ansprechpartner:
Prof. Dr. W. Wittstruck

Siegen:
Universität Gesamthochschule Siegen
Institut: FB 2, Erziehungswissenschaften
Anschrift: Adolf-Reichwein-Str.,
5900 Siegen
Ansprechpartner: Prof. Dr. Chr. Möller, Prof. Dr. K. Riha

Tübingen:
Universität Tübingen
Institut: Seminar für allgemeine Rhetorik
Anschrift: Wilhelmstr. 50,
72074 Tübingen
Ansprechpartner: Porf. Dr. G. Ueding

Adressen von Ausbildungsinstitutionen für Kreatives Schreiben in Deutschland

Bertelsmann Stiftung, Bernd Zanetti, Postfach 103, 33311 Gütersloh

Bundesakademie für kulturelle Bildung Wolfenbüttel e. V. , Fachbereich Kreatives Schreiben, Postfach 1140,
38281 Wolfenbüttel,
PRBA@aol.com

Deutsche Gesellschaft für Poesie- und Bibliotherapie, Kühlwetterstr. 49,
40239 Düsseldorf: Prof. Dr. Petzold

Deutsches Literaturinstitut, Leipzig, Universität Leipzig, Wächterstr. 34,
04107 Leipzig, http://www.uni-leipzig.

Institut für Kreatives Schreiben e. V., Bamberger 52, 10777 Berlin

Institut für Kreativitätstraining
Dr. Jürgen vom Scheidt
Postfach 440238, 80751 München